U0935200

中国道教典籍丛刊

伍柳仙宗

（明）伍冲虚　（清）柳华阳　著

九州出版社
JIUZHOUPRESS

图书在版编目(CIP)数据

伍柳仙宗／(明)伍冲虚，(清)柳华阳著.—北京
:九州出版社，2013.8(2015.5重印)

ISBN 978-7-5108-2306-0

Ⅰ.①伍… Ⅱ.①伍… ②柳… Ⅲ.①道教-气功-中国-明清时代 Ⅳ.①R214

中国版本图书馆CIP数据核字(2013)第210431号

伍柳仙宗

作　　者	(明)伍冲虚　(清)柳华阳 著
出版发行	九州出版社
出 版 人	黄宪华
地　　址	北京市西城区阜外大街甲35号(100037)
发行电话	(010)68992190/3/5/6
网　　址	www.jiuzhoupress.com
电子信箱	jiuzhou@jiuzhoupress.com
印　　刷	北京毅峰迅捷印刷有限公司
开　　本	880毫米×1230毫米　32开
印　　张	12.5
字　　数	350千字
版　　次	2013年12月第1版
印　　次	2015年5月第2次印刷
书　　号	ISBN 978-7-5108-2306-0
定　　价	38.00元

序

自后世黄白之说兴，妖僧盲道往往挟其术以幻弄愚人。大者倾家资、蹙寿算，小者惑于采阴补阳，美妾艳姬，淫媾狎亵，几等神仙于邪魔。即使太上如来现身说法，皆沉迷而不知返，非茫茫众生一浩劫哉？近得读伍冲虚《天仙正理》、《仙佛合宗》，柳华阳《慧命经》、《金仙证论》二氏书，左道旁门扫除尽净，乃知神即性，气即命。尽性致命为圣贤之真传，炼气归神乃仙佛之真谛。无所谓铅汞，心肾即铅汞也。无所谓药物，任督即药物也。无所谓橐籥，呼吸即橐籥也。无所谓火候，胎息即火候也。其炭则阴阳，其炉则天地，其鼎则黄庭丹田。炼后天之气，以还先天最初之气。炼后天之神，以还先天不敝之神。神完气足，命合性存，沌沌然如婴儿之甫试笑啼，绵绵然如姹女之不假铅饰。不著色相，不堕爱嗔，弃筌蹄而成正果，乃不负两真人著书立说之苦衷矣。吾友邓君云笠深得力于此书，故年踰五十无老态，无悴容。接人温温，无喜愠色。殆曾向桃花源问津者乎？今合梓之，以公同好，俾有志斯道者皆知所取法焉。

光绪二十二年丙申岁，十有十九日，江津春台程德灿，序于东山精舍。

合刻伍柳真人书叙

夫道者，上天之所秘密者也。古圣真不忍斯道之无传，而又惧违天诫以直泄其秘，爰借鼎炉丹砂铅汞以为喻。讵意喻益纷，道愈晦。愚者因喻以失真，而奸邪又借喻以市其惑世诬民之术。正道沉沦，致使大千世众咸奔逐于荆棘丛莽，无由识康庄之途，滔滔者历数千百年矣。迄明季伍子为直浅之说，以开其先，国朝柳子为证论以衍其绪。或合妙谛于仙宗，或证慧命于佛果。云肤廓，存质腋条分缕析，不厌求详。不惟读者易解，且可使修炼家不误歧途，诚至道之津梁也。无如书各为部，求全匪易，而坊本复谬误不堪，久有校订付梓之愿，而力不逮。丙申夏，二三友人晤谈及此，皆欣然乐从，遂募资襄厥成功。合二子之书为一秩，题曰《伍柳仙宗》。不斯年灿然明备，友乃执书愿予曰：天下人皆得读二子之全书矣。即可见仙佛之全体，不障于伪，不迷于邪，非大快欤？子之愿不克偿欤？予慨然叹曰：吁！信云然矣！然予愿未已也。古云性由自悟，命必师传。予冥心此道廿余年，望道茫茫，渺不知诞登之岸，敢信云书在是，道即在是耶？窃维宇宙之大，岂必无具大志大慧，立愿普度者，悯其绌，鉴其诚，或不我遐弃，是则大愿也已。友乃矍然曰：愿诚大矣！然必证二子之道，始云能读二子之书。道不绝于天壤，不可为有志者期其成耶？则凡读是书者，咸遂斯愿，是诚吾与子之所共愿也夫！

光绪二十三年丁酉，八月中秋日，古云安云笠邓徽绩谨叙于自然自在之轩。

目　录

天仙正理增注直论

仙佛合宗语录

金仙证论

慧命经

天仙正理增注直论

冲虚子伍守阳　撰并注
真阳子伍守虚　同　注
受业徒孙　静虚子恭参校订

重刻天仙正理序

余慕玄学，历久而不得其旨圭者。盖为婴姹龙虎之法象，火药男女之譬言，兼遇黄冠者指炉火为服食，贪彼家作真铅，或执于有为，或偏于枯寂，茫然多岐，罔有适从，以致眩目惑心有年矣。继因虔诚感格，得获《天仙正理》，潜心细阅，其尽性至命之学，先天后天之分，何者为药，何者名火，讲解详明，俾数哉团一旦冰释，虽未敢曰见是书便见是道，然参此可以徵吾学之邪正，执此可以辨遇师之圣凡，实能不为玄学津梁者哉？但惜原板藏于楚北长春观中，购求甚难。而浅见之夫，虽有秘藏，或藉此以射利欲，宁不负真人染笔时一字一泣之慈心者耶？由是与冉君性山，互相推美，付之剞劂，公诸同志，使好学见之，豁然心目，庶不被邪说之惑矣。余本无学识，岂敢言明此理？只以深体真人救迷之心，急欲相传，故序明篇者，愿我同人宝之勿秘是幸。

时嘉庆七年，壬戌之夏，后学弟子李纯一，敬书于古渝之静观斋中。

复刻天仙正理序

盖闻皇天无二道，道释之所谓仙佛，即儒之所谓圣贤。教虽分三，理则一也。故儒无不克己复礼之圣贤，道释亦无不欲净理纯之仙佛。然而丹经众矣，门户多矣，在祖师要皆度世婆心，无奈后之人言高远者每忽近以求，守卑近者恒执迷不悟，是以学者众而成者难。真人伍冲虚公悯念后学，不惜苦口，著为是书。自下学以至了却，直指详言，尽泄天机。虽时子月圆，不无口诀。然未有不身心清净，而能窥其籓篱者。冲虚公由儒悟道，因道证果，而其始不外扫净灵合，独露真全，所谓明善复初，而后可语超凡入圣。仙则天仙，理则正理也。独惜是书虽有藏板，尚未及广行宇内，遍播寰中。冉子清真久思重刊，恨力不及，谋诸李子文粹纯一者，庚申冬，方欲付梓，而（仆）有嘉陵之游，癸亥返渝，板成，冉子清真命（仆）为之序。（仆）何知，安敢应命？却之至再，第思君子不没人之善，李子文粹，髫龄好道，参学有年，即与清真诸子朝夕讲贯，已非一日。晚年有悟，奉是书为珍璧，一片婆心，独力刊行，是伍真人以度世为念，而能体真人之志者，惟李子，则李子亦真人高弟也。读是书者，倘能悟澈本来，直达彼岸，真人之赐也。而李子亦与有微劳焉。是以不揣固陋，而为之序。

时皇清嘉庆九年，甲子春，虔撰于渝郡巴子园寻源旅邸，茅山二十二代弟子，武定全薰沐稽首。

本序并注

伍冲虚子自序曰：昔曹老师语我云：仙道简易，只神炁二者而已。

修仙者，必用精炁神三宝。此言只神炁二者，以精在炁中，精炁本是一故也。一神一炁，即是一阴一阳。

予于是知所以长生者以炁，

炁者，先天炁，即肾中真阳之精也。人从此炁以得生，亦修此炁而长生，唯用修而得长其生，故称修命。陈希夷所以云留得阳精，决定长生是也。

所以神通者以神。

神者，元神，即元性。为炼金丹之主人。修行人能以神驭炁，及以神入炁穴，神炁不相隔碍，则谓之内神通；能以神大定，纯阳而出定，变化无穷，谓之外神通，皆神之能事，故神通即驭炁之神所显。

此语人人易晓。第先圣惓惓托喻显道，

托喻者，以神喻姹女、喻离女、喻妇、喻妻、喻我、喻汞、喻砂也；以元炁喻婴儿、喻坎男、喻夫、喻彼、喻金、喻铅也。喻虽多，不过心肾中之二物。

而世多援喻诳人，

借古者，以人喻为言者，便假说以女人为彼家，以阴户为鼎器，以行淫为配合，以淫媾久战而诳人曰采取。取男媾之秽精、女媾之浊涕，而吞之，曰服食，此《广胎息》书之异说也。岂可以犬马媾后，而啖遗精之事而教人乎？有借古者以外丹药喻为言者，便用砒硫胆硇盐矾硝皂杂物，烧炼炉火以诳人，而阴为提手，行其拐骗之诈谋。

致道愈晦；

世人贪女鼎之乐，以淫媾而失精，反称曰采补，本催死之事，反称不死之道。宁贪数年之淫乐，无证果而速死，不学百日筑基成而得长生。愈行假路，愈不识性命之真宗。又有世人贪求横财，烧炼炉火，只学点茅假银，反称为点化金丹，意图赚钱而得大利，反遭折本而倾家。愈信方士愚弄，愈不识真金丹之妙药。此所以道之不明，而曰愈晦。

故先圣又转机而直言神炁矣。

喻本为明道而设，言其近似。邪人执喻为道，而道反受害于喻矣。故自我丘真人以来，诸祖不得不直言神炁二者，以决言道之真。

群书之作，或有详言神，则未有不略于炁者；或有详言炁，亦未有不略于神者；是亦天机之不得不秘也者。奈后世又不能究竟，无全悟何？无完修何？

仙道以元神、元炁二者双修而成，故说性命双修为宜。古圣详神略炁，及后世愚人不明乎炁，只妄言后天呼吸之事，所以不能全悟完修而成道。古圣详炁略神，后世愚人不知所主者在神，只妄猜修命不修性，犯吕真人所言，如何能入圣？所以亦不能全悟完修而成道。流祸至于人人易视仙道而轻谈，僧人小视仙道为不足证。

予亦正欲均详而直论之：夫既谓炁为长生之本，

有命之蒂也。

宁不以神受长生之果者乎？

有性之根。

将谓神为修长生之主，宁不以炁定长生之基者乎？

一日，户部郎四愚张公，名学懋，来冲虚子道隐斋中，问曰：此四句是如何说？伍子答曰：此性命双修之说也。炁为长生本者，言先天炁即真阳之精，世人耗尽此精炁则能丧命，返还得此精炁则能长生，所以古云炁是添年药，又云留得阳精，决定长生是也。我言学者要知长生之本为先天精炁，当知非容易可得者，必由神而驭之，而得长住长生，则此长生之果，唯是神长住之所受用者，故说受长生之果是神。神为修长生主者，言若不以元神主乎炁，便不得真长生之元炁，经云神行即炁行，神住即炁住，我故说修长生之主是神。然神非得炁定基，而长凝神入于炁穴，则神堕空亡，而无所长住，而不能长生。必得真炁为不死，而后神随之以不死。双修之理，少一不得，少神则炁无主宰不定，少炁则神堕顽空不灵。

是炁也，神也，仙道之所以为双修性命者也。

《西山记》云：虽知养性之理，不悟修行之法，则生亦不长。虽知修炼之方，不得长生之道，则修亦无验。

且谓今也以二炁为论，所以明生人、生仙佛之理也。

炁曰二者，以其先天炁及后天气分二体，而二其用也。先天必因后天而采取，而烹炼，而入穴凝神，方能神炁合一。后天必因先天则有归依，有证果，还伏而寂定。唯二者当并用，故并论之。然欲明生人之理，其先后天之炁，曰生身、曰成身，皆以顺行，及住世间亦皆顺。欲明生仙佛之理，其二炁随神而返身中，皆逆用而还伏为静定，寂灭而真空。若二炁不顺行，则人不能生；二炁不逆行，则仙佛亦不生。

药物为论，所以明脱死超生之功也。

人生有必老病死之理，唯真精、元炁为救老病死之药物。修炼之，而服食之，除其老病苦，得不死而长生者。

而火候集古为经，所以合群圣仙机，列为次第之宜也。

世人皆知圣人传药不传火，为见薛道光之言故也。及我博观，则见圣圣皆有传火之言。但不全言而皆略，即我所说略于炁者。我欲全言之，又不敢下口。便下口言之，而人未必信征，未必能用，与不言等耳。故集众圣之略言者，而成我欲全言之志。集过去世高真上圣度世之言，留为未来世圣真为常行不易之经，故独以经名，永灭却未来世言有候、言无候者之偏疑耳。且知众圣皆已言之，精明慎密如此，非我臆说杜撰之言也。真有切于度世矣。

喻筑基，论二炁渐证于不漏；

定息还精炁，谓之筑基。息定精还，谓之基成不漏。若有漏则不能为胎神之基，无漏则身可久生，而为伏炁胎神之法界也。

借炼药，论二炁成一而不离；

药不炼，则金木间隔。炼之者，金木合一，火药适均，即所谓相见结婴儿者。

阐伏炁，论藏之内而不驰诸外；

阐者，前人皆秘而不言，此独阐扬直论之也。外驰者，炁散而神无所归依。伏者，即所谓若欲长生，神炁相住之谓。

虽反复言炁，而不见其繁，立一名，彰一义也。

言后圣见名，当思所以用实义，勿作世间时文套语忽过。

论炼己者，论其成始成终之在真我，

真我者，是言己之本来面目，即元神本性之别号也。凡所为采药炼药，基之筑成于始者，皆由炼己，证本来面目之成于始者，即所以修性于始也。所为伏炁胎息，为脱胎出神，成还虚于终者，皆由炼己，证本来面目之成于终，即所以修性于终也。始终皆是本性而成仙。能复真性者，即仙也。非真性者，即非仙也。世之愚人，不知仙即是性，与佛即是性同，所以举世谈仙而莫知所学，而亦莫有所成。但仙圣始言炼己者，以其有诸相对者，是性之用于世法世念中，而逆回者言之也。终言炼神还虚者，是性之无相对者，独还于虚无寂灭而言之也。其实只是一个性真而已。世之愚人堕于邪说外道者，妄执邪见，偏于谈仙谈佛，谓仙不是性，而佛是性，谓佛毕竟与仙不同，不信《法华经》所谓仙人授佛妙法，如来因之成佛，不信《华严经》所谓如来大仙道，微妙难可知。既不信佛言，何必强谈佛？予谓不但不知仙、不知佛，并亦不知自己性，而徒妄言诳语以惑世自堕。可惜于仙佛法海中不能见一浮沤，真可怜也！

专言神而不见其简，操一机，贯一义也。

元神本性，主宰乎性命而双修。始也，欲了命，为长生超劫之基，则以性而配命为修，固双修之一机；终也，欲了性，为长生超劫运之性，则以长生之命配性而为修，亦此双修之一机也。此正显明直捷全机，简而不简者也。

鼎器之论，见神炁之互相依。

此即命依性而了命，性依命而了性，炁依神则能化炁，神依炁则能化神。

胎息之论，密指胎其神而息其炁。此又合神炁而归其妙、化于神而虚者也。

胎息之初，炼炁以化成神，即经所谓不出不入，自然常住者。如佛之龙宫一定七日，菩提树下一定七日。仙曰胎圆，佛曰灭尽定。及阳神出现，仙曰出神，佛曰始成正觉、如来出现。从此皆名顿法，仙曰炼神还虚，佛曰虚空界尽，我此修行，终无有尽。此皆神而虚无之极境也，所以能超过天地劫运者。仙佛皆要如此而后可。

如此语成九章，道明无极。复以曹老师昔为我浅说道原者发明之，亦成一篇，冠之《直论》之首，先揭其大纲。

曹老师昔云：古圣所言修行之事，及我素所言者，皆节目，即儒家所谓人道之当然者。我今再为尔浅说其道之原，即儒家所谓天道之所以然者。若知人而不知天也，不可。何也？凡曰大修行，非止于了此一生之事而已，必要证无上之上。先要知大道所以然之真，而后修得证所以然之妙，始可信心直行到极处。不然，何所往而何所证？岂不误大圣大真之大志哉！我今亦揭道之原，发明于篇首，以示修行之总纲。

而道体之全，已尽精微于《直论》，又致广大于《浅说》。且广大之不废详，精微之不废捷。

凡广大之言，皆止于大略。唯《浅说》之广大，而兼详明，无疏略处。凡精微之言，皆近于隐秘，或繁琐，唯《直论》之精微而更捷要，无隐繁处。

二者全备，出世而世，始全仙道矣。

予论说全备成书，真足为世之鉴观者。虽有奸邪棍党，欺诳世之初学浅见，谓妙诀不载书，必要我口授方知秘法。斯言固足取信于人，以施邪计。若有志学者，必要得是书，而先观之，则求道有指示，而人不可欺以邪；已得真传仙道者，而后观之，则有印证，而可知玄妙之所以然而当然；已行真仙正道，而后观者，则所行与道合不合，其功成不成，有所考据。若所闻、所行合是书，即可信、可成。若不合是书，即必不可信，必无可成。所以孔子云：夏殷之礼，吾能言，杞宋不足征，文不足也。子思云：上焉无征不信，下焉不尊不信。而谓《直论》全书可少乎哉？故陈泥丸亦云若未逢师且看诗，诗中藏诀好修持。虽然未到蓬莱路，也得人间死较迟是也。

倘有不彻诸书之简语，

语简而少，必不能发明至玄妙之大道，学者何以得彻悟？抱朴子亦云：五千言虽出于老子，其中不肯全举其事，诵而不得要道，直为徒劳耳。文子、庄子、尹喜之文章，永无至言。或齐生死为无异，或以存活为劳役，殂殁为休息，其去神仙已千万亿里远矣。

必当从此，证会其全；

古仙佛诸书，皆详一而略一。如仙书只详言炼精化炁以出欲界，曰采取、曰烹炼、曰成丹、曰服食。至于十月之炼炁，但曰守中，不尽其化神之说，此皆书之所简也。如佛书只详言禅定色界四禅之理，用之以出色界，即仙之炼炁转神入定也。至于欲界，离欲除淫，如仙之炼精化炁者，但曰不除淫，修禅定如蒸砂石，终不成饭。如来涅槃何路修证？明明言淫之当戒，而不言淫机身心何以得断，淫根何以无漏，而成漏尽通不死之阿罗汉，亦是语之所以简也。我故曰：佛言详于终，而略于始。所以无始者必无终。仙言详于始，而略于终。所以有安于成始，而忽于成终者有之。亦即此序所谓详炁略神，详神略炁者。我见诸书俱是如此，故以炼精炼炁，化炁化神而全言之。又炼神还虚，为超出无色界之所必由，皆为从前仙圣之所略言者。但曰九年面壁，我乃以大定常定之至玄至妙者，而历历全言，全之又全，愿后之人人得与仙佛齐肩，皆从此《直论》一书悟入。

有不悟诸书之隐言，

言隐则拟议者难以知，隐即喻也。如《参同契》之喻乾坤、喻坎离、如喻日月、喻水火、如喻彼我、喻男女、喻夫妇、如喻龙虎、喻乌兔、喻龟蛇、如喻药物、喻铅汞、喻金木、如喻甲庚乙辛、喻丙丁壬癸、喻戊己、喻火候、喻鼎器。如此多喻，即令人能以喻悟正，犹且难知。无奈妖人，又且借喻叛正，以惑学者，人将何以参悟哉？故抱朴子云考览奇书，既不少矣。率多隐语，难以卒解。而意之所疑，又无可谘问是也。

必当从此证钻其显。

人身中只有精炁神三宝为得生之本。此论所说，神与精，只用先天，忌至后天，而炁不能无先后天之二用，此语说得何等显明。《心印经》曰：上药三品，神与炁精。已直言之矣。百日内之理，我显言精炁神者，亦遵之也。养胎定神，只有神炁二者。《胎息经》曰：若欲长生，神炁相住。已直言之矣。为十月内之理，我于此显言神炁者，亦祖述之也。固不敢巧立幻言以为显，又不敢重立喻言而终成不显。熟计古昔诸书，近于有道之世，可易明易悟，虽借喻言亦无害。今之世，旁门邪说横行，遍满天下，各立门户，借喻诳人，令学者无所从由。于此不可复用喻言之世，不得不显言直论，以开正门、辟正路，接引后圣，而易悟入，我之愿也。敢不勉焉而直论之哉？

读此者，了然解悟，

后圣得《直论》而读者，必得顿然解悟。我以四十余年究竟之力而悟，后圣不终三日，彻见而彻知，并解悟二经之法旨，不大便益耶？

则其超凡入圣，端在兹乎？

古人有一字之师，有一句之师，曾谓此论注，已六万言矣，不可师教未来际圣真哉？即其解悟能由于此，修证亦必由于此矣。其因果必不昧。

时大明崇祯十二年己卯秋，丘真人门下第八派，分符领节弟子，冲虚伍守阳，序于南都灯市道隐斋中

道原浅说篇

本曹还阳老师平常言教之目，门下伍子发明为总纲。

伍子《道原浅说》发明曰：仙家修道为仙。初证则长生不死。

伍真阳注云：人人同此生，有长其生而不死者，乃仙宗有修有证之圣人也，与无修证有生死之凡夫不同。所以欲高出于人之上者，不可无修证也。修之初，炼身中之元精，不离元炁，而复还化元炁，古圣谓之炼精化炁。炼到炁足，即为初修之证。炁果足，而无漏窍，便长生不死，成漏尽神通，出欲界矣。此由筑基

之果成。钟离真人《传道集》谓是初学之小成是也。昔吉王太和问曰：人言长生不死，最难得者、最大之事。老师今浅明言之，但曰初证者，请再详之。冲虚子曰：初修炼肾中真阳之元精，谓之筑基。阳精炼得不漏，而返成炁，渐修渐补得元炁足，如童子之完体，方是筑基成者。基成则永无漏之果从此始，故曰初证。此由百日之得果也。后面有十月化神，九年还虚，正是大事，与天地同久，正得大果，谓之大成者是也。世人不知后证之大，只止于此，便以此为大，故吕祖云：修命不修性，如何能入圣？以其神不通灵，故又言寿同天地一愚夫是也。太和曰：今闻教，始知天仙之道为至大。

极证则统理乾坤。

真阳曰：由色界之修证而上，历无色界之修证而超出，永与虚空同体，证天仙矣。钟离真人谓之中成、大成是也。得到天仙，即理天上之事，与天地同长久。丘真人云寸地尺天，皆有所辖，无空隙处是也。昔吉王殿下问曰：天仙虚无之极，如何统理乾坤？冲虚子曰：初修时，主颠倒乾坤，主天地交泰，亦是统理之始。道成时，如太上三大天尊之主玉清、上清、太清者。玉帝为万天之主者。玄帝之北极镇天者。东华之帝东方者。世尊在西天救世度人者。天官管天，地官管地，水官管水者。三清有九霄、三十六洞天之理者，有二十四治之理者，如张天师管阳平治之类。尘世之下有八十一洞天之理者，有五岳之主者，唐李靖主中岳者，汉张子房主王屋山者，许旌阳为丹台宫主者，王喜先生为蓬莱上岛主者，涓子为中岛主者，陈抟为蓬莱下岛主者，钟离真人为南州讲法师者，邵坚为匡庐山主，杨太君为天台山主，三茅真君主三元罪福事。此皆出于《太清玉华仙书》之说，及世人传诵者。以此观之，丘真人之言，亦先发明之者矣。王曰：是。

古今人人羡慕而愿学者。

世闻仙能不死，又有神通，谁不羡慕？又见紫阳云：学仙须是学天仙，唯有金丹最的端。谁不愿学？又《因果经》云：佛启父王曰：我欲出家，为有四愿，愿不老，愿恒少壮，愿无病，愿不死。此见仙佛同愿。

但道理精深，人人未必能晓。

古圣高真借法象为喻，而法象实非真我性命，权指身心粗迹之近于己者以示人，而实悟入于未有身、未有心之上，斯所谓精深也。后世人遂以法象而执之，如铜人身上用针灸，何以愈人身之病？所隔者远也。遂冒认身心而揣摩，如将甘蔗囫囵一吞，抑何得有其滋味？此由未能晓之故也。

予欲为众浅说之，以发明前圣之所未发者。

前所未发者亦多，如炼神还虚之理，如炼精止火之机，如辨采药之何为真精，如剖周天之何为大、何为小，如超脱以五龙之捧，如常定喻乳哺之养儿皆是。今皆有发明精切语。

夫所谓道者，

道字即人所以生死，所以修证，必然由之而不可无者，不可不知者。

是人所以得生之理，

道之用于化生，谓之精炁神。化生而为人之身，故精炁神之化生人，即是道之化生人。

而所以养生致死之由。

既生有其身，由精炁神盛旺，则生得所养而全天年，由道也。精炁神衰竭，则形枯而致死，亦由道之所致。

修道者，是即此得生之理，保而还初，使之长其生而不死之法。

真阳曰：按昔《太上养生胎息气经》云：精全炁全，精泄炁泄。唯精与炁，须保全真。是此义也。故此书亦直说修炼精炁神，保守真元，补还具足如初，即所谓三真三全，必定神仙是也。

得生之理者，一阴一阳，为一性一命，二者全而为人也。

真阳曰：既性命双全，方成得一个人，亦必性命双修，方成得个仙佛。未有二者不全，而能成人、成仙佛。必以顺之成人者，以逆成仙佛，所以知为仙佛由于为人。

何以谓之阴阳性命？当未有天地，未有人身之先，总属虚无，如《易》所谓无极而太极时也。

真阳曰：太极是一炁之极至处，无极是一炁之极无处。无极在太极之先。太极虽有一炁，无阴阳动静，所谓鸿蒙未判之时也。

无中恍惚，若有一炁，

正言鸿蒙未判而将判者。判言分也，未分阴阳动静也。

是名道炁，亦名先天炁。

以恍惚将判，言先天炁，必如此时此景象之炁，方是虚之极、静之笃者，为至清可炼金丹之药物。不如是炁非先天。

此炁久静而一，渐动而分。阳而浮为天，比如人之有性也；阴而沉为地，比如人之有命也。

冲虚云：此言阴阳性命，皆在动分后说的，不兼静一说。吉王问曰：动分已与静为二矣。动后又可于动言分阴阳为二乎？冲虚云：古云一生二，二生三，见得是如此，便说如此。

阳动极而静，阴静极而动。

动静原是循环不已的。

阴阳相交之炁，而遂生人。

阴阳不交，则天地不能生。无炁之人，必不能修无元炁之仙佛。必阴阳二炁交，而后生人、生仙佛也。

则人之所得为生者，有阴阳二炁之全，有立性立命之理。故曰人身一小天地者也。

此结上阴阳性命之说。以下正说修行之事。

禀此阴阳二炁顺行，随其自然之变化则生人。逆而返还，修自然之理，则成仙成佛。是以有三次变化而人道全。

人道者，生身成人之道也。一次变化，是父母初交，二炁合为一炁而成胎也。二次变化者，是胎完十月，有炁为命，有神为性，而将产也。三次变化者，是产后长大成人，精炁盛极，十六岁时也，谓之三变者。

亦有三关修炼而仙道得。

初关炼精化炁，中关炼炁化神，上关炼神还虚，谓之三关修炼而所以成仙者。

顺行人道之三变者，言一变之关，自无炁而合为一炁也。父母二炁初合一于胞中，只是先天一炁，不名神炁。

此时母胞胎中无呼吸无神。

及长似形，

胎之长，似有人形。

微有气，似呼吸而未成呼吸，正神炁将判未判之时。及已成呼吸，而随母呼吸，则神炁已判，而未圆满之时。

胎之十月未满。

但已判为二，即属后天。

此之二，非离一而为二，是一之显然似有二之理。二尚精微而未成粗迹，从此以渐长胎之时。

斯时也，始欲立心立肾，

胎中渐生五脏，渐分立心肾之形。

而欲立性立命矣。

有心即具有性之元，有肾即具有命之元。

神已固藏之于心，炁已固藏之于脐。

神即性，是心中所有，固不离于心；炁即命，是肾中本有，固不离于肾。

及至手足举动翻身，而口亦有啼声者，十月足矣，则神炁在胎中已全。此二变之关，言一分为二也。出胎时，先天之炁仍在脐，后天之气在口鼻，而口鼻呼吸，亦与脐相连贯。先天之神仍在心，发而驰逐为情欲。由是炁神虽二，总同心之动静为循环。

此言性有动静，命亦有动静。即前所谓一分二，二亦有动静之说。如人之睡时，炁也静，性也静。及其觉时，本炁之觉，炁也动，性也动，即后所谓神炁同动者。儒亦言炁一则动志者似此。

年至十六岁，神识全矣，精炁盛矣。到此则三变之关在焉。或有时而炁透阳关，

命根元炁之动于中，未有不发散驰于外者，故到阳关，亦是常行之处，谓之熟境。

则情欲之神亦到阳关，

神有通天彻地之能，亦有知内知外之能，内外总摄于一神。内有动，神也知；外有动，神也知。驰于知外，世人多堕于世事。

神炁相合则顺行，为生人之本，此炁化精时也。谓之三变者如此。修炼三关者，使精返为炁，

即百日关中筑基之工也。《法华经》中，佛亦说百日之期。

炁炼为神，

即十月关中转神入定之工也。

神还为虚，

九年面壁之大定也。

即是从三变返到二变，从二变返到一变，从一变转到虚无之位，是为天仙矣。

由此虚之而又虚，虚到无极，便是天仙升迁到极尊处。

此处合用修炼之工，

三变者以前，是说人所以得生之理，自然须行者。自修炼三关以后，俱说使之长生不死者。说到此，是说人真修实悟之时至，必当用修炼之工，不可不知。

正宜浅说之者。

此下皆浅说性命之道，浅说修炼之工。

夫炁与神，皆有动静。

自此至而已耗精者之修也止，一大段，详言成仙佛之真宗，大修行之全旨，《直论》中之总要，《合宗语录》之秘机，提纲于此尽之矣。

而静极之际，正有动机。

动之机，顿然之觉，不着世事，故言机。

炁动，即有神动，

时至神知也。神不知，便教当面错过。

即此动机，便可修仙。

炁动而化精，行世法而耗尽以死者之必致。真人即于动而还静之为修以不死。机者，虽若动，而不为动用，方可逆修而为仙。

缘此机为生人、生仙佛之分路，

分路者，分顺逆之行也。机动时，顺此机而行，即以生人。逆转，动而还静，即成仙佛。故《道经》云：动者静之机。佛祖云：若要真不动，动上有不动。

入死入生之要关。

动机乃人之可生可死者，盖人之求长生者紧要的。

炁机既以属动，将欲出阳关，而为后天之精者。

陈泥丸曰：子时炁到尾闾关。

《道藏》经云：精者妙物，真人长生根。

此《太上胎息气经》语也。《黄庭经》亦云：留胎止精可长生。

正言此未成后天精质之先天炁，名元精者是也。

先天炁即元精。

夫此炁虽动，不得神宰之，而顺亦不成精；

如童子辈，有真阳之炁，亦不无动静。但神无妄觉，不能宰之，何曾成精？

不得神宰之，而逆亦不返炁。

吕祖真人云：龙虎不交，安得黄芽？黄芽既无，安得大药？

修仙者，于此逆修，不令其出阳关。

钟离真人云：勒阳关，则还元炼药。

即因身中之炁机，合以神机，

元炁发动之机，元神妙觉之机。

收藏于内，

返归于元炁之根。

而行身中之妙运；

采取烹炼，皆此时至妙之运用。

以呼吸之气，而留恋神炁，

《黄庭经》云：呼吸元炁以求仙。

方得神炁不离，则有小周天之气候。夫小周天云者，

天之周围三百六十五度有零，只是一个。天无二天，何有小大之异名？以用者小其机，故名曰小。

言取象于子丑寅十二时，如周一日之天也。

一日天之行，周十二时之名。神炁配合时，炁之行住，亦若周十二时之候也。

然炁有行住，必有起止。

炁之为物，不能偏于行，不免于住；不能偏于住，不免于行。故道一禅师亦云：未有行而不住，未有住而不行。行住而曰不离这个，是以这个行住，即不离这个。行住犹有起止，白玉蟾云：起于虚危穴，以虚危宿在坎宫子位也。起于是，亦止于是，亦为一周天也。如是则行所当行，住所当住，起所当起，止所当止也。

炁行有数，忌其太多。

数者同于周天者。周于天，则动者已复静矣。再多则着于拘滞，徒为废时失事，于理无益。

炁行有时，忌其太久。

时即数之义。周天十二时候，非有时，亦不拘着于时，但取象于时，以为节制程限耳。又，陈朝元曰：凡炼丹，随子时阳气生而起火，则火力方全。余时起火不得，或太久，或不及，皆火力不全。

不使之似于单播弄后天气者，恐以滞其先天炁之生机故也。生机滞，则后天呼吸无所施。

后天气用之不已，而先天炁不生。古云：鼎内若无真种子，犹将水火煮空铛是也。

此修仙之至紧至秘之工，故以周天三百六十限之。

虽曰周天，实非天也。心中妙用，略有似于天之周数，为妙用之程限者。

子行三十六，积得阳爻一百八十数；午行二十四，合得阴爻一百二十数。

五位阳爻用九也，故共一百八十者，除卯时不同爻用。五位阴爻用六也，故共一百二十者，除酉时不同爻用。

以卯酉行沐浴以养之。

古圣不轻传火，故云沐浴不行火。今此说云行沐浴，非异也。不行者，不行其所有事；行者，行其所无事。学者当知其有妙用。若还持疑不决，请看钟离真人所云，一年沐浴防危险者，已言矣。

运此周天积累动炁，以完先天纯阳真炁。

一次火候，运一次周天之数。已完足一周，则真精真炁归复于命根，而愈旺其发动生长之机。此只是真炁在根本处，自纯阳不失，非从外得，有所增补积累。

故凡一动，则一炼而周。使机之动而复动者，则炼而复炼，周而复周。

此言凡遇有一动之炁，即要炼之，以完一周天。若一天不炼，则真炁不长旺而速于神化。又不可一周完而不歇。虽无大害，亦迟其动机，为无益也。

积之不过百日，则精不漏而返炁矣。

古云：百日筑基，炼精化炁，是大概之言也。或以七八十日得炁足，或五六十日得炁足。功勤不差者易得，年少者亦易得。

此三关返二之理。已返到扑地声离胎，七窍未开，神识未动，真炁在脐之境也。

此四句言人初出母胎时，是如此。及今逆修时，用完百日小周天之工，方得真炁足，似如此。

所以庐江李虚庵真人曰：阳关一闭，个个长生。言得长生之基也。

真阳曰：阳精元炁，总为一身发生之根，皆有耗折之理，独淫欲枉折之多，而致死之速，由败于阳关。阳关者，阳精出入之关也。出之则耗而死，入之则精自满，而得长其生。始也，我主宰，闭之不令出，及满足，则关自闭矣。凡有精，则求出路，无精以通，路固自闭。如儒家所谓用之而成路，不用则茅塞之矣之说似。故吾师祖李真人云：修到一闭，即得长生。人人得闭，人人长生，无有异者。吾兄冲虚云：从此得长其生为始，便永得长生，与天地齐其寿量之基也。李师祖及我弟兄三人皆浅直切言之，凡长生必由于一闭。得一闭如此，便得真长生；不能闭，便不得长生。求长生者，当于此勉之求之。昔石杏林真人求师后云：得师诀来，便知此身可不死。知此，丹必可成。

精既返而成炁，则无复有精矣。

无精是炁因静定之久，不复动而化精，淫根缩如小童子，所谓返老还为童体者是如此。故佛家《华严经》亦云：成就如来，马阴藏相是也。

如有精，则未及证于尽返炁也。

真阳曰：有精即是有漏之躯。全无一点精，方是无漏之躯。世有一等人，虽未行淫事而不泄精，只名节欲，不名无漏。今之出家僻处，持五戒以禁淫者是也。犹有可漏精者在，如玉通禅师，住虎丘四十年，持戒禁淫，竟败精于红莲妓者之千拜。此正无实果之案也。观其死即随之，又不能了生死之案也。吉王问曰：真无漏者，如何验知？冲虚云：真无漏则阴缩如小童子，绝无举动，绝无生精之理，焉有漏？始得成有修有证之漏尽通也。若人老而阴缩者，是阳炁残而痿矣。无精者，是精已枯竭矣。从生身来禀赋得阳炁微弱所致，不可误认为修证。若人到衰老时求修证，必要补精到能泄精地位，而后始有可长生之机，切不可误至于老来铅汞少者也。

则亦无复有此一窍矣。如有窍，则未及证于真无漏也。

此一窍是精所出之处也。精尽化炁，不须用出路，故无窍。若有一窍在，犹可漏精，则炁未得足者，可知矣。昔长沙王星垣殿下问曰：何以知精满尽化成炁而不漏？冲虚云：真实修炼之人，精已炼成炁者，便有止火之候自到，此是无精之灵应也，则无窍矣。此无窍无漏方真。

真炁亦不得死守于脐矣，若只守于脐而不超脱过关，

此时始有真炁过三关。得真炁者，名得金丹大药；过三关者，名曰服食；逆上三关，名曰飞升。

不过暂有少得长其生之初基，而为人仙也，未能永劫长生。

吉王太和殿下曾问曰：得长生，皆曰一得永得，何故今言暂得、永得之不同？冲虚子曰：一得而能决烈向上，则有上之所证，而永劫长生，形神俱妙，顿超劫运矣。若言我已得到此果，更又何为？止于此，不过少得初基而已。又必烦于守护，方是人仙不死。若更行淫欲，漏却一点阳精，犹是有漏凡夫，生死不能逃者，可不勉而究之哉！

故有迁移之法，古人所谓移炉换鼎之喻者是也。施祖、

施肩吾真人，亦吕祖之师。

钟离、

正阳真人，吕纯阳真人之度师。

吕祖，

纯阳真人。

《三仙传道集》所谓三迁者，此当用其一迁矣。

吉王太和殿下问三迁之说，冲虚子云：按钟离答纯阳论还丹云还者，往而有所归。丹者，丹田也。丹田有三，炁在中丹，神在上丹，精在下丹。自下田迁至中田，中田迁至上田，上田迁出天门，是为三迁。功成，既自下而上，不复更有还矣。吾见钟离此语矣，闻吾师之说同。

即以七日口授天机，采其大药，

七日者，是采大药七日之功也。吉王太和殿下问曰：初关百日，采取烹炼，于今日即以七日采，又曰采大药，从古至今，不见于书，全未闻此语。请问何以药称大？采之日数久暂，何以异？冲虚云：此万古不泄之仙机也。百日之初，虽曰采真阳之精，精绝无形。又名真阳之炁，炁本无相。古圣只云虚无之炁。其所发生，生则无形之形附于有形，遍内外皆此炁之流行。所曰采，采则无采之采，借火为采。不见有药形迹，唯知有火而已。昔还阳老师引古语为我云：夹脊尾闾空寄信。诚然是也。此言前之采也，精气生动也是杳冥，还返于静也是杳冥。火气薰蒸百日之久，故真炁因之忽然似有可见，故止后天气之火，唯单采先天炁之药，故另用七日之工，采于七日之内，火异于周天，故曰七日口诀。何故用火之异？采之异？因此时真炁尽归于命根矣，虽有动，犹不离于动处，只在内而不驰于外，用则无火之火，无候之候也。此为异也。其所用以化神还虚之大事始此，所证以长生超劫，神通无极之大果始此，故名大药。即前所采虚无之炁，所得所证之实相也。

取得下田先天真炁，名曰金丹。

丘长春真人云：炼精为丹，而后纯阳炁足；炼炁成神，而后真灵神化。超凡入圣，弃壳升仙，而曰超脱。万世神仙不易之法也。此曰金丹，即所谓大药。

用以服食飞升拔宅者，皆此耳。

吉王太和殿下问曰：我闻砂铅炉火中所成者，曰金丹。世人共知，皆贪学而求服食者。今仙道修炼身中自有之炁神，亦曰金丹，曰服食，由何故？冲虚曰：坎肾属水，精出于肾，亦属水也。水由炁化，精亦由炁化。金能生水，故生精之炁喻金。炁化精时，则有炁在精中。故曰母藏子腹。如金在水中，精覆于炁，故曰水中金。当修炼之初，如从根发出苗，生而为药，乃虚无之炁耳。实无形相而虚无，恍然采取，不见有所采取者，故不曰服食。采取之久，火候之足，精还补炁之盛，谓之外丹成。其炁之发生，始有法成之妙相，而纯阳之炁根始动，以其是金炁也，故曰金丹，即是外丹。初时阳炁发生，出于身外为精。既返精于炁，不生于外，而唯实生于内。得此炁生，转而逆上三关，度鹊桥，而下重楼，经喉吻中如食，故曰服食。然服食二字，《本草》言药之可食，如心服之服义同。世人因此曰金丹、外丹，遂冒称砂铅之丹，为即此之外丹。因此曰服食，遂冒称砂铅之丹可服食。所以自求者，皆误认，为人谋者，皆诳语，后学宜辨之。吉王曰：今而后始知，世炼砂铅求服食者，为至愚，贪求不已者，犹为下愚不移者，可不明辨而改图哉！

待到尾闾界地，

真阳曰：尾闾者，二十四椎脊骨下尽处。界地者，三岔之路，上通丹田，下之前通外肾窍，下之后通尾闾。昔曹老师先上蒲团，先得大药，用七日之工，到五日之间，忽丹田如火珠，直驰上心，即回下驰向外肾边，无窍可出，即转驰向尾闾冲关。此皆真炁自家妙用，非由人力所致。但到关边，必用口授天机，方才过得关去。

乘其真炁，自然冲关向上之机，

太和曰：何以得自然冲关向上？冲虚曰：平日指引之力多故也。

加以五龙捧圣之秘，

按玄帝修于武当山，于舍身崖下，舍其凡身，以五龙捧其圣体，升于万仞崖上。当知此为超凡入圣一大妙喻也。盖玄言北方之色，言坎肾也。借帝喻我之婴儿，言水中之灵宝也。五龙者，工法中之秘机。五龙捧玄帝上升，即是以秘法捧真阳大药上三关转顶之喻。

转尾闾、夹脊、玉枕三关，

吉王太和问曰：前云三关，是初、中、上，此云是尾、脊、枕为三，请示曰转者以何为？冲虚曰：前云三关，虚拟其出三界之次第；此云三关，实指所必由之路。《华严经》云：践如来所行之道，不迟不速，审谛经行者，即此也。其道在背脊二十四椎间之两头及中也。关者，紧要当行之路，而又为难行之喻，故名之。尾闾者，闾即关之义，尾为脊骨下尽处。脊有中、左、右三窍，髓实不通，呼吸之行乃尽于尾。尾之下，则窍虚，而气液皆通。虚实原以不相同，故名下鹊桥。用秘法天机以通之，令炁得转运。夹脊者，腰与脊之异名处。玉枕者，椎骨之上尽处也。转之者，古云：一孔玄关窍，三关要路头。忽然轻运动，神水自然流。萧紫虚真人云：河车搬运上昆山，不动纤毫到玉关。妙在入门牢闭锁，阴阳一炁自循环。此即转义也。

已通九窍，

真阳曰：每一关有中、左、右三窍。左右者，古云两条白脉，又云黄赤二道，为日月并行之道也。三关则有九窍，故丘祖门下徐复阳真人云铁鼓三三，全凭一箭机，佛宗人亦云九重铁鼓，又云九曲黄河、曹溪、西江、洞水者皆是。

直灌顶门。

按：诸佛、诸菩萨，初修皆有水灌顶，即此妙喻。

夹鼻牵牛过鹊桥，

牛性主于鼻，防牛之妄走，故牵鼻使由于当行之道。鹊桥者，鼻上路不相通之处。即崔公《入药镜》所谓上鹊桥也。何为不相通？盖鼻上之路实，气不常行者；鼻下之路虚，乃气所常行者。虚实不相通，故有妙法秘机以通，喻曰鹊桥。亦有大危险在也。详在后《语录》中矣。

下重楼，

喉之十二重楼也。

而入中丹田神室之中，而亦通彻于下田，若合中下为一者。

堂侄太一问：入中田宜如何用工？冲虚曰：昔曹老师云下重楼而服食之，是得坎实点化离阴，名乾坤交媾也，正是中丹田事，所行大周天之火候。火原是在下之物，却合下田而行者。虽合下而用，时时充满虚空，此便见合中下成一个虚空大境界。即有升降时，而真我不动之元性，犹在于合下之内。故世尊坐于菩提树下，而上升须弥顶，升忉利天，升兜率陀天说法，而亦不离于菩提本座者，与此同。此《华严经》之说也。又《大集经》云：佛成正觉，于欲色天二界中间，化七宝坊，如大千世界，十方佛刹，为诸菩萨显说甚深佛法，令法久住者，皆同此意。世有人因古言心下肾上处，肝西肺左中，遂拟议着在脐之上有一穴，如此则无根可归，殆非也。

以行大周天之气候。

此以后火候，名大周天，与百日小周天者不同。故古人云：自后仍吹无孔笛，从今别鼓没弦琴。

大周天者，如一日，实周一天也。一符如是，十百千万符皆如是；一时如是，三千六百时亦皆如是，以周十月之天也。

吉王殿下太和问曰：何为有大小周天之异名？冲虚曰：天固一也，而所用之工，有大小之异也。小者有间，大周则无间矣；小者有时，大周则无时矣；小者有数，大周则无数矣。何为有间、有时、有数、无间、无时、无数？答曰：古云运罢河车君再睡，来朝依旧接天机，言有间也。古云子午工，是火候，卯时沐浴酉时同，言有时也。古云二百一十六，用在阳时，一百四十四，行于阴候，言有数也。古云工夫常不间，定息号灵胎，言无间也。古云昼夜晨昏看火候，言无时也。古云不在吹嘘并数息，天然，言无数也。此炼炁化神必然之候，为大周天之妙用也。初时一瞬一息为周一天，至一刻为一瞬息周一天，至一时为一瞬息周一天，至一日、十日、一月、十月为一瞬息周一天。元炁随呼吸气而俱住俱无，不似小周天之一时三十六、二十四周于天者之可易行也。非大而何？

怀胎炼炁、化神入定者之候如此。其中有三月定力，而能不食世味者；有四月、五月而或多月，始能不食者。

三月之久即能不食，是入定之功勤者；四五月、多月之久始能不食，功夫少者得证果迟。

唯绝食之证速，则得定出定亦速；

食为阴。有一分阴在，则用一分食。分阴未尽，则不仙。分食未绝，亦不成仙。

绝食迟者，则得定出定亦迟。所以然者，由定而太和元炁充于中，则不见有饥，何用食？又必定心坚确，故得定易，而有七月者，有八九月、十月而得定者。若定心散乱，故得定难，而有十月之外者，及不可计数之月，而始得定者，即歇气多时，火冷丹力迟之说也。今以十月得大定者言之，其中又有神胎将完，第八九个月、十个月之时，外景颇多。

外景者，乘阴为魔也。此时或有一二分阴未消得尽，若有一分阴在，即有一分魔来。

或见奇异，

世俗中平日所无者，而今始有，一见之，谓之奇异，乃见之魔。眼可见而见者，曰外魔、曰邪魔、曰天魔；眼不可见而心见者，曰阴魔。见而喜悦贪见，则着魔矣。见而不见，则不着魔矣。

或闻奇异，

此闻魔也。不见不闻为定，闻为魔，则乱定者。喜其异闻而贪闻之，则着魔。闻而不闻，则不着魔。

或有可喜事物，

世法中，平日所有者，或已遇过之熟境，已扫去而复偶有，故曰可喜、可惧、可信。如此下三者，可喜者，声色、富贵、玩好、受用皆是，皆勿贪喜。

或有可惧事物，

可惧亦非一，水火、刀兵、劫杀、打骂，一切惊恐皆是，皆不可妄生惧心。

或有可信事物，

平常或有愿望而欲求者，或欲求而未得者，今若遂愿，若应求为理之可信。如山东张先生，在圜中见天魔，而误信为身外有身之类者。余仿此。

或有心生妄念，

上五者是外来之魔。此一句言心之妄，无故而妄想所生。佛宗人谓之阴魔，又谓之阴盖。

或有奉上帝高真众圣法旨，而来试道行，

《四十九章经》云：诸天仙人来试，或试以所欲，或试以所不欲，或试以所难，或试以所畏。试之过者，诸天保举，是谓得道。

或张妖邪魔力而来盗真炁，

如狐精化美女，淫侵夺炁等事皆是。

凡此一切，不论心妄见魔，

若心中生一妄，则急提正念，而妄自无。若眼前见一魔，亦急提正念，不应魔，而魔自退去矣。

果邪果试，一切不着，俱以正念扫去。

《四十九章经》云：不与群魔竞，来者自返戈。丁灵阳云：静中抑按功深，或见有仙佛鬼神，楼台光彩，一切境界见前，不得起心憎爱。俞玉吾云：任他千变万化，一心不动，万邪自退。如钟离真人试吕纯阳以十魔，吕真人皆无着。又如壶公以朽索悬大石于费长房座上之梁，有大蛇啮索将断，令石坠，费不为之惧，而正念长存。此真降魔之明案也。

只用正念，以炼炁化神，自然得至呼吸绝，而无魔矣。

真阳曰：有呼吸未尽之定，即是阴未绝尽，而阳未纯，故魔可来到。呼吸绝，而阴尽纯阳，则神全大定。不用见闻知觉于外，则魔不能干犯。我不用见，魔亦不见于我；我不用闻，魔亦不闻于我。故呼吸绝者，自无魔矣。

昔丘长春老祖师，扫去魔后，曾云：魔过一次，长福力一次；魔过十分，长福力十分。每当过一番魔，心上愈明一番，性愈灵一遍。

此七句是我本宗老祖师丘真人之言也，冲虚子引证降魔之案。按：丘祖每只为福小，不能心定，当过二番死魔，二次飞石，打折三根肋骨，又险死，扑折三番臂膊，恁般魔障，皆不动心，越生苦志。冲虚子昔于谢家住七十八日，被火灾所魔，以所卖家产千余金，并九转之力，备以入山住静，供护众居食之资者，尽为所毁。当此急用之需，慨然尽弃而不救，亦为当过此魔而已。有友云：何不救？虽少得亦可。答曰：有丘祖案在。修行岸头，原不动心与魔应。弃物同于弃家，千余金何足重？

此修士所以不可不知者。既得呼吸无，则气不漏，而同炁返纯神，则无复有炁与气矣。如有炁，则呼吸虽暂似无漏，未为真绝也，

呼吸少定而未绝，则神随之，亦只少定而未大定。此时正宜绵密工夫，直入大定而纯神。若有出入间断，即同走丹。

必至无炁而后已。

真炁大药服食已尽，是炁已大定矣，则神全而亦大定，炼炁化神之事，始毕矣。

此第二关返一之理。如此正已返到如父母初交入胎之境矣。但父母初交时，只虚无之炁，神未分于炁中也。此则炁返合于神，只存一虚无之神在焉。

此直说分剖人胎、神胎之所以然。

神已纯全，胎已满足，必不可久留于胎。

昔蓝养素于南岳山，养胎既成而不能出，刘海蟾以李玉谿十咏寄之，指示脱胎出神，养素抚掌大笑而出。此见胎之必不可久留，亦见暗中有圣贤提携者。冲虚曰：胎者，形也。久留在胎，局于形中，而不超脱者，其炁之灭尽定者，犹可离定而为动，动则同于尸解之果而已。神之定者，亦离定而动，胎脱则神离形，在虚空之境矣。神还虚空而极虚空，则虚空安有坏耶？夫自其脱精成炁，为入胎之始；脱炁气而成神，为成胎之终。炁不入于胎，犹可复为精也，以未超脱其精之境也；神不出于虚空，犹可动其定而驰逐其气也，以未超脱其炁气之境也。故李曹二真人曰：不超不脱神不来。言必出神而后得神仙，以向天仙也。

如子胎十月，形全则生；神胎十月，神全则出，理势之必至也。此则再用迁法，以神之不长着于中下而离着，自中下而迁于上丹田。

前之初关、中关，皆是三田反覆。化炁于下，亦由上而中而下。及化神，转上而居中，中原是虚境，无所拘着，而若不远于炁根。故云：合中下皆在虚境之内。即世尊宝塔从地涌出，在虚空中之说也。上丹田者，顶门边之泥丸宫也。既成纯神，则谓之见性。神之静体，谓之性；性之大用，及通而无障碍处，谓之神。古云性在泥丸，命在脐也。

以加三年乳哺，九年大定，炼神而还虚也。

乳哺者，养出胎之子也，为养神之喻也。仙以得定成神。虽得定，乃初有所得，未能久定，乳哺以加养，使神能大定而久也。还虚者，炁久定而绝无，神不必用乳哺之时。盖由炼炁之初，神为主令而定其炁，知有神也，故曰化神。炁大定，神亦大定，神不用使令，而若无神，故曰虚。正无法无佛者之谓也。

当此迁上之时，非只拘神在躯壳之上，犹似寿同天地之愚夫者，

在躯壳则非虚。还虚者，不着于躯壳。古云入金石无碍者。有躯壳则有碍，出躯壳之神至虚，故无碍。愚夫者，性不灵而无神通之谓也。

须用出神之理，调神出壳，而为身外之身。

调神出壳是一至要之机，有大危险之际。初调其出而即入，不令出久，亦不令见闻于远境。调之久，其出可渐久而后入，亦可渐见闻乎远境而后入。不调者，恐骤出外驰，而迷失本性。凡初出者必调。

依师度法出神，

有当出之景，及所出之理。

自上田出念于身外，自身外收念于上田。一出一收，渐出渐熟，渐哺渐足，如是谓之乳哺。三年而神圆，可以千变万化，可以达地通天，可以超海移山，可以救水救旱，济世安民，诛邪除害。任其所为，皆一神所运，神变神化，所以谓之神仙。

抱朴子云：欲少留，则且止而佐时；欲升腾，则凌霄而轻举。昔曹老师云：修仙至于出神，永无生死矣。灾与魔皆不相干。初出神，若一步而即入，若二步而即入。古亦云十步百步，切宜照顾是也。如此而后乳哺养神，至于老成，必三年而后可。此时若欲在世，护国安民也可，救水救旱也可。举念者无不是神通灵应，便十百千万亿年劫，如是也可。若不欲在世如此，即用面壁之理，九年大定，而后可与最上上乘仙佛齐肩矣。

从仙而还虚，则又三迁，至于天仙之虚境矣。

此正无极之至极处。

此皆十六岁以后，至八八六十四岁，已化精而已耗精者之修也。

精既耗则消折者多，必用工补满，而后能生真炁，转运河车，点化识神，住胎入定，如上所说。

又有童男未化精之修焉，

从来未行淫事，精窍未通，精未泄，炁未耗者。如《集仙传》所云周从者，泗州人也。幼得道，徐神翁曰，我少而婚，彼幼而得道，其神全，吾不及也。又，世尊为太子，在宫中娶三妃，十年不行一淫媾，昼夜只修禅观者，此皆谓之童真。又，韦驮天尊，经称为十九世童真。此三者皆同。

皆世所不知，而亦欲浅说之者。夫人自未生之前，谓之胎；既生之后，谓之童；

胎出即为童，顺而行之易。童返修即是胎，逆返修亦易。仙道中最难得者是童体。童体精炁完全，不唯修之易，其法力甚大，有非修补精炁者之所能及。

历年至于十六岁，炁足极矣，炁已纯阳，精犹未漏，是为全体之童。

乃其本体之自全，而非用力修补凑合之所为。

古人云返老还童者，还成如此不漏之全体而已。

修仙者多是已漏之精，若以此为修，必不成仙，必有死、有生而轮回者。故用初关筑基工夫，基成，始与此童身相等，而法力犹有所不及。

且童必至十六岁，阳炁极而精将通。末劫之世，人人习为淫欲之风，未至十四五六则有交媾之败。炁不旺而精不壮，夭而不寿者多矣。

此是世间愚人俗子辈，不知所以为修行者。

若举斯世，设有一人，

举一世或有一人者，极言无仙材之人也。

逾十六而未漏者，必为愚痴不知淫欲之事，不足以行道者也。

淫欲之事，丧精耗炁而害道，皆仙佛之所禁戒，以修行大道。不知淫欲之乐者，必不知淫欲之害。世间亦未有不知淫事者，况十六岁之成人而犹不知乎？此时而不行淫，真为愚痴之甚而不知。

又或有一人，能至十六，炁极足而未漏，此最易化神而成仙者也。

阳精之炁自足者，免得用筑基补精补炁之工。以固有之炁，炼之以化神，即成神仙而了道。故曰易。

若有能得成仙者，名曰童真。

以童子之全体而成真。

若缘分浅薄，不遇圣师点化，

昔抱朴子曰：按仙经云，宝秘仙术虽有，已在弟子中者，尤择其至精，弥久而后告之以要诀，况世人何能强以语之耶？

又不自知参究，采此真炁而炼为神，亦不足以行道者也。

前生无积修功行，故此生不遇圣师。今生无修仙修佛之志，何能参究天机？为凡俗混世虫耳。故不足以行道。

百千万年，或有一人，既足十六阳极之炁，又有仙师密旨。

昔抱朴子曰：按仙经云，诸得道者，在胎之中已含信道之性，及生而有识，心好其事，必遇明师而得法。

因其未漏之炁，不用炼精之工，遂以七日天机秘法，

七日者，炼精化炁筑基成功之后，采大药之法。童子从此起，以后皆同于大人之法。

采得真炁，

百日之工曰采真炁，乃微阳耳。此无百日之工，而炁自满足。于此采实足之真气，即所生之大药。采此真炁而得，即得长生。采不得此真炁，则不长生。

捧过三关九窍，以行炼炁化神之工。所以无炼精之工者，正以炁未化精，而采之即得。

炁未化精而未泄漏，则精炁本自满足，不待炼而亦可采，采而必得。所以世尊自修之工，不用炼精，只用色界四禅定为始。由本自满足之炁独盛旺，胜于诸佛诸仙者皆以此。

故炁未化精者，修之有四易：易于时，易于工，易于财，易于侣也。易于时者，不用百日之工，

百日工者，炼精以化炁之工也。炁既化精而顺行泄漏者，必用炼精还而为炁。既未化精，则无用还炁之百日。

从七日而十月、三年，

七日者，采大药真炁之期也；十月者，行大周天火之期也；三年者，出神后而乳哺阳神之期也。此止言成神仙之期，未说天仙也。

可计之程也；易于工者，不用小周天采补薰蒸，

此即说不用百日之工。

从采大药服食，

即七日之工。

而胎神、

即十月之工。

乳哺，

即三年之工。

可必之果也；

程可计、果可必者，言此逐节工夫，自粗而精，自渐而顿，可必其必至者，如所谓果生枝上终期熟之说也。

易于财者，自七日而十月、三年，可数之费也；

养胎者一人，护法者二人或三人。计每人一日费银二分，三人则六，四人则八，最易数。

易于侣者，

护法之伴侣也，即二人三人辈。

因童真之神清而明，

清明者，情欲之窦未开，声色乐佚之念未败。

炁完而足，

筋骨坚强不衰败，无昏惰之气。

用其护力而扶持，颠危昏眊者少也。

纯阳真人云：免颠危，要人叫。

斯谓之四易。其炁已败于化精者，

此又详言十六岁以后，壮年、老年败精者之修。

则必用炼精之工。故有四难，难亦时、工、财、侣也。难于时者，精已虚耗，无大药之生，必采炼精以补精，返炁而补炁，则真炁大药始有所生，多百日之关。如有年之愈老，则不能以百日而返足炁，亦不能以百日而止工也。

或二百日，或三百日，未可知。

难于工者，工曰百日，有期内、期外之不同。

期内者，五、六十日而得炁足者，如曹老师五十日而得是也；有七、八十日而得炁足者，如我以两月半而足炁，然其初尚有一月调习。期外者，过百日之外炁始足。

是以年之渐老，则用工渐多。如神已昏眊，必先养其清明；精炁已耗竭，必先养其充实。岂朝夕之力而能然哉！

昔钟离真人引《道要》云晚年奉道，根源不固，自觉虚损而炁不足。十年之损，止用一年功补之，名曰采补还丹；补之数足，日渐以增，名曰水火既济，曰人仙是也。

古人教人得之者早修，莫待老来铅汞少者，

铅少者，元阳真精真炁之耗竭，遂致有精干者，有阳痿者，有气喘者，有腰脊痛折者，有筋拘而膝不屈坐者，或坐不能久耸直者皆是。汞少者，元神本性之昏沉，或采取不能张主而精专，或烹炼不能进退而终始，皆迷惑错误者多，而成真火全候者少。如此，何以能百日而止工？

皆为此也。

铅汞既少之时，而奋志精修，犹可望成还丹，而证道有准。经云：八十尚还丹。又曰：百二十岁犹可还。若不决烈精进，则堕有死之类而已。故戒之曰：莫待老。昔马自然曰：此身不向今生度，更向何生度此身？

难于财者，以行道之期久，

或百日，或二百、三百日。

日费之积多，

百日只用百日之费，或至二百日则多矣。

不可以数限也。

不可限以百日之费，而为二百、三百日之给。

难于侣者，用工日多，则给使令之久，扶颠危之专，遂致护道未终，或以日久功迟，而疑生厌心，

有疑其功不知成否，有疑不知何日成功。

或以身魔家难，

身魔者，护法之身有病魔，或有灾异。家难者，护法人之父母、妻子，有大变故等事。

而变轻道念，

因有魔难，遂变易护道之念。

此往往有之者矣。

抱朴子昔云：为道者病于方成，而志不遂。

又观古人所谓同志三人护相守。又曰：择侣择财求福地。

老君言，诸小小山者，皆不可于其中作金液神丹，皆无正神为主。多是木石之精，千岁老物，血食之鬼。此皆邪气，不令人作福，但能作祸。福地者，抱朴子曰：按仙经云，可修行居者，有华山、泰山、霍山、恒山、嵩山、少室山、长山、太白山、终南山、女几山、地姊山、王屋山、抱犊山、安丘山、潜山、青城山、峨眉山、绥山、云台山、罗浮山、阳驾山、黄金山、龟祖山、大小天台山、四望山、盖竹山、栝苍山，皆正神在其中。若有道者登居之，则山神助福。

而福地者，不过不逢兵戈之乱，不为豪强之侵，不近往来之冲，

昔抱朴子曰：按仙经云，得道者，与世人异路而行，异处而止，言不与交，身不与杂。《太上胎息气经》云：凡修行，切勿令人知。人知名至，则祸来不安。

不致盗贼之扰，

房舍华丽，衣服鲜美，饮食丰盛，财物盈余，库藏充满，家具器用奇巧，皆招盗贼之由。

略近城市，易为饮食之需。

城市太远，买办奔走烦难，恐护法要人多，方有侍者。

必远树林，绝其鸟风之聒。

昔许由以瓢挂于树，风击之鸣，由则弃瓢，亦其一验案也。

屋不逾丈，

丈室不能容众，仅足三五人居，为修行所。若大，恐盗贼可据为穴。故曰仅取蔽隔风雨为止。

墙必重垣，

内外完固，遮护恶虫、恶兽之患，为得其宜也。

明暗适宜，

可令人护关者，得以舒畅，不生疾病。

床座厚褥。

褥厚者，和软而坐不生厌。

加以洁精芽茶、淡饭，

禁戒甘脂荤腥，专持素食。宜遵《四十九章经》元始天尊法旨所云斋戒者，道之根本，法之津梁。子欲学道，清斋全戒，众生舍清净，耽荤膻，而以触法，譬之饿鬼啖食死尸。

五味随时，

五味者，咸酸甘淡、油盐酱醋之属。随时者，安其所遇，随有随无，不烦于搜索。

调养口腹，

饮食不宜过中，有过则有伤害。

安静气体，

安居丈室，而行住坐卧，不为世务尘劳。凡真实修行者，静定其心，先静定其身。

亦易易事耳，然亦古人之长虑也。

古人每有入室之事遗嘱，我今亦详说入室事宜，修士当预为计划，免有违缺。

又有极口称为财不难兮，侣却难者，是何也？

求财助道者，或以自己家资变易而得，或以外护出财助道而得，何难？

盖为学道本皆智士，而每人品不同。或以德胜，而行道之心不专；或以志欲为仙，而德不足；或以始虽勤，而终则怠；

《玉皇经忏文》云：求道未勤，岂能成道？

或喜于谈笑，而问道若勤，其力行实悟全无有。

天尊言：知吾道者，复不能行，行吾道者，复不能久，难至于道。

或初一遇，待师家以杯茶，便问如何成黄芽。

黄芽若教如此易闻易得，遍大地田土中，尽长黄芽，胜于稻芽、麦芽。

饮师家以杯酒，便问如何到了手。

若教了手，以杯酒可换而得知了，各酒店中，人人皆是了手神仙。故抱朴子云：世间浅近之事，犹不可坐待而知，况神仙大事乎？

轻视如俚言之笑谈，即持谈笑之闻，认为得理。

钟离真人度纯阳时，纯阳正为九江府德化县令，弃官而随钟离。尚有一词云：上告师尊，弟子相随七八年。肩头压得皮开绽，足下生疮五七番，并未蒙师一句言。此词在《物外清音》书中久矣。既能弃官，便见有盖世志行。犹执弟子之礼多年，而后得闻道成道。未有初遇便传便闻之理，如父教子之栽稻锄麦者乎？刘海蟾为燕国宰相时，钟吕二真人造府而度，刘弃相而随，六十四岁也。至六十九岁而闻道，而后得成。抑岂有轻易得传者乎？世有光棍，一见便传者，别有一故。为方士者，诈设之假言，及治一病之小工耳，欲谋一日之饮食者，欲缠绵取年月间之供给者，欲诳取长久之衣食者。非若此易言，以速投其所好，遂其愚见，何以得心腹相投哉？而谓天仙、神仙大道，亦可如是闻问为哉！

或以好胜务奇，而欲闻独异于己，称独胜于人，徒务知道而不行道。

此一等人，欲自夸得秘闻秘法胜于人者。

或有徒务博闻，而唯自夸为能士。如遇一宾友曰能这件，则亦曰这我也能。遇一宾友曰能那件，则亦曰那个我也能。不论邪正是非，一概俱闻，实无学道、行道之志。

此一等人，浮慕称博，绝非专学。任旁门邪说，不黜之为非。虽正理真言，亦不求彻悟。所以不能学道者。高明真师，当慎言于此人。

又或有狡诈医士，谈学道而涉猎却病旁门坐功，遇富贵者，用药无功，又恐他人夺其主顾，故传以坐功而却病，为钩连擒拿之法耳，何有于学道之心？

此一等人，我遇之甚多，所见皆是如此。

或本志不真学道，但借学道为芳名，而阴行不道之事。

不道者，悖道之事也。凡有口称学仙道，求长生不死，遂遍语人曰：我能仙道长生不死。愚人遂信之。及谈之，乃说用女人作彼家。不知其心，实为诱骗人家女子，行奸淫之计耳。又有口称能炼丹，服食不死，能点金银如山岳之多，哄骗愚人出本烧炼，遂拐其本银而逃。皆不道也。

或以口称学道、知道、行道，而心实不学、不知、不行者。

此不见张紫阳真人所谓今生若不学修真，未必来生甚胎里。马自然真人云：此身不向今生度，更向何生度此身？此等人当以二真人之言自醒。

或以父母妻子恩爱太重，而道念亦重，欲割然修仙，则恩爱不能尽舍，

《玉皇经忏文》云：求度虽专，尚多宿累。《皇经集注》云：根念未固，不能进修。《太上灵宝大乘妙法莲华真经》云：今迷诸世网，虽有真心，固不为笃。抱道不行，而自望其头不白者，亦稀闻也。

欲系恋恩爱，又恐无常速到，失却千万亿劫难逢之道。此谓两持之心，而亦两失之心也。

心两持则惑而无决，必无成功，而至于两俱失，必然之理。

无常速到，道果得乎？恩爱在乎？所以行道、护道三人，须要决地立志，修德修道。

修德者，即戒律中不杀、不盗、不淫、不酒、不妄语、不绮语等皆是。凡匡君护国、救世安人、救水救火、救灾救旱，及以慈悲心救人患难、疾苦、贫穷、饥寒等皆是。

于此前列假心学道数事，辨得分明，全无所犯，不妨道行，而后可称同志。

自学道本皆智士句以来，至后一晤一言知择耶止一大段，皆言有道之士，访外护同志之难，及正道明师访同志弟子之难者。同志者，能苦心修德，诚心向道者，方为真同心。

但侣之难于同志者，

于前十一款之外，更有甚不可知之处。

又有难于择者也。以同志者，未必出于一家一乡，而为两相素知。

若师先已得道出神者，则眼见耳闻，上可过色欲二十四天之上，同佛见闻色欲二界者，普天之下，以及诸地狱中，皆可见闻。凡有学道而愿为门下者，皆不越所见闻之中。若师家只得于遇仙传道，犹为访友、访弟子护道之谋者，则难择人也。出于一家者，如曹还阳度亲兄曹复阳，如冲虚子传堂弟太初、堂侄太一是也。出于一乡者，如还阳真人度三里许之冲虚、真阳二人，如真阳度一里许之徒太和是也。其根基性德，素有相闻。

如一身之德行不臧者，暂遇之不识也；

不臧者，即儒家所言不善也。人之善恶，必久相处而后知。言可用诈，多闻其言，善恶自露；德可虚称，久稽所行之迹，则善恶难掩。

如一心之邪慝深邃者，面交之难察也；

此辈人，心中全是邪恶之念，所行全是邪恶之事，意图神通及点化服食，欲得势力强大胜人，假作尊师敬友，殷勤问道，此面交假局，明师亦当明此。

如祖父辈之基恶种祸者，远见之不及也。

祖与父以大恶为基，则孙与子未必肯为善。且前人之恶，报身不尽，必报及孙与子。唯居近者，而后知世积。若生各异方，长各异地，斯亦不能远见也。

此皆上苍之必不付道者也。

天将恶报，而师家传以大道，是谓妄传非人。

如何而能以一晤一言知择耶？

此前十四等人，皆选择贤弟子外护之难知者。一晤者，两人对面一会也；一言者，一相会之谈也。总言相交之浅。

假令即有全德坚志之士，

假令，是全无之中而或有，不可必有之言也。全德者，在世法中，能全五伦之德；于道法中，又能全五戒。此是君子圣贤人品，便是修仙修佛之根器。坚志者，非上所说十四等不同品之假志，真实有心亲师问学，具弟子之威仪，执弟子之职事，不违师言，不犯道律，不犯王法，时时切问近思，一有所闻，便求实悟，不肯虚度光阴，不敢虚负圣教，此便是真实坚志者。

必于学道修仙，于师家之逢，邂逅难于相信。

邂逅者，偶然之相遇也。师固不能辨弟子之善恶诚伪，如上十四等者。学道弟子，亦不能辨师家之邪正圣狂。不能辨即不能信，虽有相遇者，为徒遇耳。

所以难于相信者，又系认道不真。

平素操慕道之心，每被方士哄惑，用女人交媾为采补接命，可得长生不死。见其说有一端道理，遂不识此事是假。及见真正仙道清净，亦有一端道理，却不与淫污者同快活，心中冷落持疑，不信何者为是，不能认正为真，即不能学道。虽有坚志，亦不成其为坚矣。

不素识其道德有无，

不素识者，不曾平日相交接也。故不见不闻师家之有道德、无道德。但暂时一遇，相谈妙理，而学者乃犹疑为口头言。回想前所闻者之无所证，疑此亦未必有证。不知邪说、假说、诳人者，必无证；不知仙道实悟真修者，必有所证。皆由未亲近师家，未见实历有证也。

果邪果正，而不敢轻于信也。

可惜虽遇正道，而亦不得实闻正道。缘师家知其不能破疑而改邪归正，便是匪才无用之人。譬如无目之人，粪秽臭处，也将鼻一闻，沈檀脑麝香处，也将鼻一闻，终不能弃臭而久留于香故也。

此尤见侣之所以难也。

此前假令起至此一段，皆言学者遇师之难也。昔吕真人云弟子寻师易，师寻弟子难者，是慨叹学者未有知识时，略起一念，云仙有神通变化，无所不能，无所不知，我当学之。起初遇一人，不问其知道否，便拜之，即是一师也。遇三人、五人、十人俱拜之，即是三师、五师、十师。闻一句鄙陋非道之言，也为一言之师。闻十句粗浅之说，也为十句之师。何其易遇易得？随其真伪邪正，总是无选择故也。若有道之师寻弟子，要弟子及祖宗历代积德循道，谓之有根基；灭却恶念，绝无恶事，远邪归正，精勤实悟，谓之同志，此等人最难得者。若祖宗及身无德而轻道者，不传；有恶念恶事者，不传；口空谈而心不实悟者，不传；执却病坐工而欲学之以求成仙者，不传；视仙道同于房术，以女人为鼎，取淫媾为可成仙者，不传；始勤而终怠者，不传；世情急而道情缓者，不传；不能护道而无益于道者，不传。此皆选择弟子之必当如是也。故曰师寻弟子难。古人云：可喜唐朝吕洞宾，至今犹在寻人度。萧真人亦云朝朝海上寻同志，寻遍东吴不见人是也。

彼世人，遇区区奔走者于一倾盖间，而曰得遇仙，曰得遇侣，果何所得哉？

胶住于一方者，与奔走游历四方者，相去甚远，不得常相问学。倾盖者，收束伞盖之说也。张雨伞以行，半途相逢，立谈则收伞，故曰倾盖。古之子华、子程本是有道之士，孔夫子相遇于途，倾盖而语，夫子曰：目击而道存。此唯圣能知圣也。今言倾盖，极言偶然一见，相谈不久，何能得仙传道？何能得侣护道？以不得而曰得，果何所信心而为所相得哉！

觅师侣者，尤当以此为鉴戒。

古仙从来无一相遇之初，而即传于后学者，亦无一遇之初，而即得护道于贤侣者。凡后学觅师，及有道者觅侣，皆当以此说轻遇之不得人为鉴，亦以轻信于一遇为戒。

但后来修士，必于人道中，先修纯德，

人道中者，即五伦之事也。君当忠而忠，亲当孝而孝，兄长当顺而顺，朋友当信而信，谓之纯德。高真上圣皆言传得其人身有功者，当传于有德之人也。传失其人，九祖受冥拷。又云：妄传九祖受冥拷。皆言妄传于无德恶人也。有仙道者，安敢妄传非人哉？凡轻易传人者，邪说诳语耳。意图诱哄人财物，故意易其言，以为相投遇合之机者，抑可轻信者耶？

又能信奉真师，

昔葛稚川《神仙传》云：刘政求长生之术，不远千里，苟有胜己，虽奴客必师事之。今人若能如此，自有真仙踵门。

慎择贤友，

即此前所谓择侣之说。

精心修炼，于此浅说中语，

即修德之款，修道之款。

一一勘得透彻，则长生不死，神仙天仙佛世尊，可计日而皆得矣。予又愿同志者共勉之！

直论九章

先天后天二炁直论　第一

冲虚子曰：昔读《玉皇心印经》云：上药三品，神与气精。固然矣！

本注云：人以精气神三者以生此身，亦以精气神而养此身于世间。凡从人胎生者皆如此。仙与佛同是人胎中有此身心而来者，故亦同修此三者而成果，学仙佛者当知。

然其间有秘密而当直论者，正有说焉。

秘密者，先天后天之说也。上古未说之秘，中古圣真亦说之特未详，故后世人有遇传者，有不遇传者，有知者少，不知者甚多。

唯是神与精也，只用先天，忌至后天。

先天是元神、元精，是有变化、有神通之物也。后天者，思虑之神、交感之精，无神通变化之物也。

而炁则不能无先后天之二用，以为长生超劫运之本者。

真阳曰：二炁者，先天是元炁，后天是呼吸之气，亦谓之母气与子气也。超劫之本乃元炁，不自能超，必用呼吸以成其能。故曰有元炁不得呼吸，无以采取烹炼而为本；有呼吸不得元炁，无以成实地长生、转神入定之功，必兼二炁，方是长生超劫运之本也。

所以吕祖得先天炁、后天气之旨，而成天仙也。

纯阳真人初闻道而未甚精明，及见《入药镜》云先天炁，后天气，得之者，常似醉之说，而后深悟成道。故真人自诗云因看崔公《入药镜》，令人心地转分明是也。

然所谓先天炁者，谓先于天而有无形之炁，能生有形之天，是天地之先天也，即是能生有形之我者，生我之先天也。

天从元炁所生，我亦从元炁所生。

故亦曰先天。修士用此先天始炁，以为金丹之祖。未漏者，

即采之，以安神入定；

未漏童真之体，即用童真修法。

已漏者，采之以补足，如有生之初，完此先天者也。

凡在欲界精已漏者，遇此先天炁将动，而欲趋欲界，则采取烹炼，还补为离坎之炁，而先天依旧完足，即是金丹。服此金丹，则超出欲界之上，而成神仙天仙矣。

夫用此炁者，由何以知先天之真也？当静虚至极时，

即致虚极，守静笃之说。

无一毫念虑，

念虑原是妄想心。

亦未涉一念觉知，

此在不判不动之时，尚在将判之先者。

此正真先天之真境界也。

佛宗所谓不思善，不思恶，正恁么时，与此同。

如遇混沌初分，

即鸿蒙一判。

即有真性始觉，真炁始呈，是谓真先天之炁也。

真阳曰：先天之炁藏炁穴，虽有动时，犹是无形依附有形而为用者，始呈而即始觉，尚未堕于形体之用，故曰炁之真。若依形体而用，则旁门邪说之所谓气者。

修士于此下手，须要知采取真时，

真阳曰：真时者，药生之时易知，而辨所以可用不可用之真时，则难知，非由真仙真传者不可得。此非邪说之所谓时者。

知配合真法，

即以神驭炁之说。

知修炼真机，而后可称真仙道。

真机者，总上二者皆是。鼎器要真，不真则真炁堕于空亡。火候要真，不真则明明进退之阳火而不阳火，暗合进退之阴符而不阴符者，不可。故修炼之机，要知之真，而后可行可成。知不真则不可行，不可成。

所谓后天气者，后于天而有，言有天形以后之物，

若风气之类，曰巽风者。

即同我有身以后有形者也。

若呼吸气之类，亦喻巽风者。

当阴阳分，而动静相乘之时，

此言阴阳，是言太极一中分阴阳为二，神炁是也。阴阳俱有动静，故相乘，如二分四之说。今人若不信阴阳同有动静者，如睡浓时，炁固静，神亦静，睡醒时，炁亦属动，神亦属动，即如世法俗语便见道理，自然循环，是如此者。

有往来不穷者，为呼吸之气，

何故说往来不穷？以呼吸在睡时也有，在梦时也有，在觉时也有，在饮食时、未饮食时皆有，故曰不穷。若神炁归于元位，似不见有，则曰元神元炁，不与睡中呼吸显然同相。及其神炁同动，判然灵觉，有照有应，显然不无，唯圣真有修者，而后有证。以凡夫之呼吸者，运至真人呼吸处。以凡夫之呼吸穷而死者，修成真人之呼吸穷而长生不死，以超劫也。

有生生不已者，为交感之精，故曰后天。自呼吸之息而论，

此言凡夫呼吸自然之理。

人之呼出，则气枢外转而辟；吸入，则气枢内转而阖，是气之常度也。自交感之精而论，由先天之炁，动而为先天无形之精；

真阳曰：先天炁精，俱是无形之称。在虚极静笃时，则曰先天元炁，及鸿蒙将判而已有判机，即名先天元精，其实本一也。

触色流形，变而为后天有形之精，

若人不遇色欲邪淫，必不成后天有形之精，此乃人生日用而不知者。

是精之常理也。皆人道，若此而已，

人道者，言顺则为人时之道也。此书篇篇皆先言顺，而后言逆修，见其即自家所有，以修自家。如释迦所谓众生即佛之意。

后天而奉天者也。修士于此，须不令先天元精变为后天；又必令先天之精，仍返还为始炁；

即是归于原根，复还命蒂之所。始炁者，即虚之极，静之笃也。

是以后天气之呼吸，得真机而致者。故于动静先后之际，

即所谓如亥之未，如子时之初便是。

用后天之真呼吸，寻真人呼吸处，

李云：只就真人呼吸处，故教姹女往来飞。又即张紫阳真人所谓一孔玄关窍，乾坤共合成。又云橐天龠地徐停息者皆是。

一意归中，

即以神驭炁，凝神入炁穴之理。

随后天气轴而逆转阖辟。

元炁固要逆修，而呼吸之气亦要逆转。不逆转则与凡夫口鼻咽喉浩浩者何异？所以言真呼吸者以此。

当吸机之阖，我则转而至乾，以升为进也；当呼机之辟，我则转而至坤，以降为退也。

乾天在上，自下而上，机似于吸入，故曰阖、曰升，亦似古之言进。升于乾，本为采取之旨。坤地在下，自上而下，机似于呼出，故曰辟、曰降，亦似古之言退。降于坤，本为烹炼之旨。然现在之烹炼，又为未来采取之先机。此道隐斋特言之密旨也。周南余庠友初至道隐斋，问曰：何为进退？冲虚子言：进退者，亦虚喻耳。其实不见有似进退，何也？古云：子巳六阳时，进阳火三十六；午亥六阴时，退阴符二十四。此言阳时所行，则曰阳火；阴时所行，则曰阴符，皆言火也。以九阳六阴多少之数，言进退亦一定之数也，故不似进退。非渐加渐减之为进退，而亦非外进内、多退少为进退。我故曰：不似进退，而虚喻进退也。又按古云：阴符者，暗合也。其周天中暗合者，亦有只曰沐浴之不行火候，而暗合于有火候者。但不在六阴时，而俱可言暗合。后世人执进退二字，要说进，妄以自外而进于内，自少而进于多。又要退，妄以有而退于无，如王道所谓戌灭亥休之说。吾故曰：皆说得不似。此说只以升为进，降为退。谓候中只有升降，必要似子进阳火，午退阴符，从此喻说而已。

修炼先天之精，合为一炁，以复先天者也。

真阳曰：此一段即言小周天所当用之机，火候所不传之秘在是。修炼金丹之士，只要阖辟明得透彻，则金液可还而为丹。若阖辟不明，则药不能生，而亦不能采取烹炼，大药无成，枉费言修。

世人乃不知先天为至清至静之称。所以变而为后天有形之呼吸者，此先天也；动而为先天无形之精者，亦此先天也；化而为后天有形之精者，亦此先天也。此顺行之理也。

元炁为生身之本，凡一身之所有者，皆由元炁所生化。

至于逆修，不使化为后天有形之精者，固此先天也；不使动为先天无形之精者，定此先天也；不使判为后天有形之呼吸者，伏此先天也。证到先天，始名一炁，是一而为三，三而复一，有数种之名，

即一生二，二生三，三生万物之说。

即有数种之用。故不知先后清浊之辨，不可以采取真炁。

真炁者，即先天元精，清者也；后天交感之精，浊者也，则不真。

不知真动真静之机，亦不可以得真炁。

虚之极，静之笃，则曰真静。未到极笃，无知觉时，不为真静。从无知觉时，而恍惚有妙觉，是为真动。未到无知觉时，而于妄想中强生妄觉，则非真动。动既不真，则无真炁者。

不知次第之用，

次第者，如药生之真时，采药、归鼎、封固、进阳火、退阴符，周天毕，有分余象闰等用。

采取之工，

由升降之机得理，则能采取得炁。不然不得真炁，纵用火符，亦似水火煮空铛而已。

又何以言伏炁也哉？古人有言药物者，单以先天炁而言者也；有言为火候者，单以后天气而言者也，不全露之意也。有言药即是火，火即是药，虽兼先后二炁而言，盖言其有同用之机，药生则火亦生，用药则亦用火，故曰：即是亦不显露之意也。后来者何由得以明悟耶？修天仙者不可以不明二炁之真。

药物直论　第二

前先天后天已兼火药论矣，此则单论药之先天。

冲虚子曰：天仙大道喻金丹，金丹根本喻药物。果以何物喻药也？

炼外丹者，以黑铅中所取真铅白金，炼成金丹。故内以肾水中所取真炁，同于金，炼成内丹，亦名曰金丹。外以白金为药，以丹砂为主，内以真炁同于金者为药，以元神本性为主，故同名金丹，同喻药物。

太上云：恍恍惚惚，其中有物。

恍惚者，是本性元神不着于知觉思虑，似知觉之妙处，其中便有物。

即吾身中一点真阳之精炁，号曰先天祖炁者是也。夫既名曰祖炁，则必在内为生气之根者，而又曰外药者，何也？盖古云金丹内药自外来，以祖炁从生身时，虽隐藏于丹田，却有向外发生之时，

如生视、生听、生言、生动、生淫欲，皆此一炁化生。如思外之色、声、香、味、触、法，皆由炁载思以致之。

即取此发生于外者，复返还于内，是以虽从内生，却从外来，故谓之外药。炼成还丹，斯谓之内药，又谓大药。

古云：铅汞相交，而产黄芽。即此大药便是黄芽。

实止此一炁而已。今且详言外药、内药之理，而所以名外药、内药之由。

圣真学者究此一段，则邪说淫风一笔扫尽矣。

既曰药本一炁也，非有外内之异，而何有外内之名者，以初之发生，总出于身外，而遂曰外药。若不曰外，则人不知采之于外而还于内，将何以还丹？及精补精全，炁补炁足，神炁俱得定机。

真阳曰：定机者，将用大周天之先机也。若小周天则不定之候，故小周天有止火之候者，以其不定，能伤将定之药。张真人所言若持盈未已，不免遭危殆之说便是。

于此时发生大药者，

真阳曰：大药不自发生，必采之而后发生。不似微阳初动，为自发生也。然必求何以知采大药之时，知前止火之候，则知即采此大药之时。

全不着于外，只动于发生之地，因其不离于内，故曰内药。

昔人每注，只说炁是外药，神是内药者，不是。

若不曰内，则人一概混求于外，则外无药，无所得，而阻于小果空亡，

此言只可长寿而非不死，可超劫运者。

将何以化神？所以先圣不得已，而详言外内也。

张真人云：内药须同外药。俱与此同。

既有外内之生，所以采之者亦异。盖外药生而后采者也，

纯阳真人云一阳初动，中宵漏永，紫阳真人云牵将白虎归家养者是也。

内药则采而后生者也。

自丘真人传于张、李、曹三真人，以及伍冲虚子，所谓七日口授天机，以采大药者是也。张紫阳亦谓不定而阳不生。

此亦往圣之不轻言直论者。我今再详言之，以继世尊所为重宣偈者云。此炁在人未有此身，即此炁以生其身；

此炁不足者，则不能生子之身。少者、老者皆具此形，少者炁足能生子，老者炁不足故不生子。观此明知形不能变化生生，而炁能生。

既有此身，则乘此炁运行以自生。故曰：修士亦惟聚炼此炁，而求长生也。

惟能炼则能聚，炼聚久之而大药生，为能起死回生之真仙药也。

但其变化，虽在逆转一炁，而其为逆转主宰则在神。

即神返身中炁自回之说。

若念动神驰，引此炁驰于欲界，则元神散、元炁耗，变为后天有形之精。此精必倾，

有形者终有坏也。

不可复留，亦不可复返，终于世道中之物而已，乃无益于丹

道之物也。若人认此交媾之精为药，即为邪见。

丹道以无形元炁为药，既已有形，则不能复为无形之药。既已淫媾，则炁已耗尽。且千人千败，万人万败，何曾见有一人不败。淫精而能采来补精，得长生不死者乎？是以修金丹者，不用淫媾之精者，以其炁不足，不能长生故也。

如遇至静至虚，不属思索，不属见闻觉知，

总是虚之极，静之笃者。

而真阳之炁自动。

虚静之极自动，方是循环自然妙处。

非觉而动，实动而觉；觉而不觉，复觉真玄，

觉而动者，先觉后动也；动而觉者，先动后觉也。

即是先天宜用之药物。此时即有生化之机，

可以凡，可以圣。

而将发生于外者在。如天地之炁，过冬至而阳动，必及春而生物者然也。

冬至阳初动，谓之微阳，孔子于复卦之《大象》云至日闭关，安静以养微阳。阳微故不能生物，亦不能为药。

故顺而去之，即能生人；逆而返之，则能生仙、生佛。修士最宜辨此一着。以先天无念元神为主，返照内观，凝神入于炁穴，则先天真药，亦自虚无中而返归于鼎内之炁根，

即炁之穴也。

为炼丹之本。古云自外来者如此。此外药之论也。将此药之在鼎者，以行小周天之火而烹炼之，

俞玉吾云：若知有药，而不得火候之秘以炼之，唯能暖其下元，非还丹也。

谓之炼外丹。

此正三家相见之谓，亦回风混合，百日功灵之说。

外丹火足药成，方是至足纯阳之炁，

炁不化阴精，便是纯阳之真炁也。

方可谓之坎中满者。曹还阳真人口授以采大药之景，及采大药之法者，正为此用也。

还阳真人云：有可采大药之景到，便知药成，而有大药可采。景不先到，药未成也。

夫采之而大药生而来，斯固谓之得内药矣。或有采之而大药不生者，有三故焉：一者，或外丹已成，

从初阳之微，而修补至于真炁纯阳，谓之外丹成。

而采此药之真工不明，而不知所以采之，故不得；

此由学者志不大，心不坚，前修功行少，今修福力薄，仙师只传以补精筑基之功，特小成其长生之果者。

二者，或小周天之火，传之真而行之不真，而外丹不成，虽知采之，而无药可采，故不得；

此即马真人门下弟子问：我行道三年，尚道眼不明，是何故？真人曰：行之不精。

三者，火传之真，行之真，而候不足，

老师昔云：火有止候到，方是火足药成；候不足，止景不到，必不可止火。

而药炁不至于纯阳，虽知采之，而药不为之采，故亦不得。药之不可得，则不得曰内药也。

此三者总言采药之不得，即是道之不成。示此以为学者自勉，可不知所惧哉！

采得此药以服食，而点化元神，张紫阳谓之取坎填离，正阳真人谓之抽铅添汞，只皆言得此内药也。欲将此炁炼而化神，必将此炁合神为炼。

古云炼炁化神，后人不知如何言化。神炁，人所自有者，炁因淫媾而消耗，神因淫欲而迷乱，故皆不足，而渐趋于死。真人修炼，先以神助炁，炼得炁纯阳而可定。后以可定之炁而助神，神炁俱定。炁至无，而神至纯阳，独定独觉，即谓炁之化神也可。

炼作纯阳之神，则有大周天之火候在焉。

仙家称为怀胎为胎息。言如在胎时，自有息而至无息，佛谓之四禅定。《华严经》云初禅念住，二禅息住，三禅脉住，四禅灭尽定是也。

当是时也，火自有火，而至于无火；药自有药，而至于无

药。自纯阳炁之无漏，以成纯阳神之无漏，而一神寂照，则仙道从此实得矣。皆药之二生之真，两采之真，两炼之真，以所证者。辨药者，为仙家之至要秘密天机，学者可不知辨哉！然古人但言药物，而不言辨法，不言用法，又不言采时、采法，一药之虚名在于耳目之外，故后人无以认真。我且喻言之，如一草一木之为药，

佛有药草之喻者。

有生苗之时，有华实之时，自一根而渐至成用者如此。真阳之药，自微至著，采而用为修炼者亦如此。

即初九潜龙勿用，及九二见龙利用之说。

我所以直言此论者。正以申明古人所谓药生有时，令人人知辨，而知用也。世人见此论，而信不及者，则将何处得真阳？将指何者为真药物哉？吾愿直与同志者共究之，慎毋信邪说，淫精不真之药物为误也。

鼎器直论　第三

冲虚子曰：修仙与炼金丹之理同。圣圣真真，无不借金丹以喻，明夫仙道。仙道以神炁二者而归复于丹田之中以成真，金丹以铅汞二者而烹炼于炉鼎之内以成宝，故神炁有铅汞之喻，而丹田有鼎器之喻也。是鼎器也，古圣真本为炼精、炼炁、炼神所归依本根之地而言也。世之愚人，遂专于炼铅炼汞，而堕坏其万劫不可得之人身。

愚人不知身中先炼者为外丹服食，执鼎器之说，只信炼铅汞

金石外药为服食不死，至失人身而不能救。此鼎器之说，误人亦甚矣。

妖人淫贼，遂妄指女人为鼎，指淫媾为炼药，取男淫精、女淫水败血为服食。诳人自诳，补身接命，

游方之士及一切居家愚人，以女人为鼎器，以淫媾为炼接命之药。取男泄之淫精，阴户出之淫水，经后之败血，从《广胎息经》之说，皆服食之，为接命不死。夫世法中犹慎于淫媾，淫媾伤多者，有房劳之病，而死随之矣。正损身丧命之事，反诬曰补身接命。且食有形之物，同饮食入脾肚，出二便。即令淫精淫水食之，亦入脾肚，出二便。饮食不能无死，精与水亦不能无死。假使食精与水可无死，食尿屎为自己所出者亦可无死乎？故钟离云若教异物堪轻举，细酒羊羔亦上升是也。此皆由鼎器之说不悟者。

而误弃其性命本自有之真宗，

性即元神，命即元炁，是我生身本来之所自有者。神外驰为淫想，炁外驰行淫事，皆所以速死者。真人以神驭炁，同归于炁穴根本处，禁之令久住于中，而不可出，以此禁固之义，亦曰鼎器。

尽由鼎器之说误之也。一鼎器之名，而迷者与悟者判途，敢不明辨而救之哉！夫是鼎器也，为仙机首尾，归复变化之至要者也。

首尾者，炼精化炁，炼炁化神也。既用火候为烹炼，必有鼎器为封固；既以神炁归于丹田之根，则丹田便是鼎器，方有妙用。

若无此为归复之所，而持疑无定向，则神何以凝精炁归穴耶？然鼎器犹是古来一名目也。

凡有一虚名者，必有一实义。故世尊所说，欲明佛法，每借权显实。仙家每有言，皆欲显实。故真仙真喻者固多，而邪说混入邪喻者更甚。

不知身中所本有者，有乾坤炉鼎之喻，

乾为上田，亦天在上；坤为下田，亦地在下。故《中和集》所说亦有天地为炉鼎者，曰鼎鼎原无鼎者。

亦有内鼎、外鼎之称者。

有称金鼎、银鼎者，铅鼎、汞鼎者，水火鼎、朱砂鼎者。

言外鼎者，指丹田之形言也；

佛喻曰法界，修行佛法之界也。

言内鼎者，指丹田中之炁言也。

佛喻曰华藏，曰寂光国土。

以形言者，言炼形为炼精化炁之用，故古云前对脐轮后对肾，中间有个真金鼎者是也。

仙道神驭炁之必归于此，安止于此，禁之不令外动，故鼎器关炼铅汞者似之。

以炁言者，言炼炁为炼炁化神之用。故古云：先取白金为

鼎器。

此旌阳真君之说也。古以黑铅喻肾，肾中发生真炁，取之而喻，曰取白金。有此白金之元炁，是得长生超劫运之本，方安得元神住，亦以长生超劫运。故曰先取为鼎器以还神也。

又曰：分明内鼎是黄金。

白金内有戊土之黄色，故亦称曰黄金。与上喻同。

言白言黄，皆言所还之炁是也。兹再扩而论之，无不可喻鼎器者。当其始也，

即初关炼精化炁时。

欲还先天真炁，惟神可得，则以元神领炁，并归向于下丹田，而后天呼吸，皆随神以复真炁，即借言神名内鼎者也可。若无是神，则不能摄是炁。而所止之下田为外鼎者，又炁所藏之本位，即所谓有个真金鼎之处。

此言丹田既为外鼎，则神亦可为内鼎也。

必凝神入此炁穴，而神返身中炁自回。

真炁阳精发生时，必驰于外者。故欲其返回，神知炁之在外，则神亦驰在外，亦欲返回者。当其炁之在外，而神亦随之在外；及神返身中，炁亦随之返于身中。故曰神返身中炁自回也。

炁所以归根者，由此也。及其既也，欲养胎而伏至灵元神，

即中关炼炁化神时。

惟炁斯可。

人生在世间，惟是炁载神；修仙出世间，亦用炁载神。

则以先天元炁相定于中田，

《参同契》云：太阳流珠，常欲去人。忽得金华，转而相因。又佛家六祖惠能云，心是地，性是王，王居心地上。性在王在，性去王无之说皆是。

似为关锁，而神即能久伏、久定于中，

太上云：转神入定。

即如前言，炁名内鼎者也可。若无是炁，

即堕孤阴之说，

则不能留是神。

神无所依着，则出入无时，驰为视听言动之妄。若依炁为念，则无向外妄念矣。

而所守之中田为外鼎者，又神所居之本位，故神即静定而寂照者，如此也。

初炼精化炁，固以神为炁之归依。及炼炁化神，又以炁为神之归依。神炁互相依而相守，紧紧不得相离，真可喻鼎器之严密一般。

尽皆颠倒立名，以阐明此道耳。故吕仙翁又曰：真炉鼎，真橐龠。知之真者，而后用之真；用之真者，而后证果得其真。岂有还丹鼎器之所当明者，而可不实究之耶？

此又结言自身有还丹鼎器之当究。

又岂有取诸身外，而可别求为鼎器者耶？

此又结言泥土金铁鼎器，及女人假称为鼎器者，俱不可信。信之则必误丧性命。

昔有言，总在炁圣性灵而得者，斯言亦得之矣。

白玉蟾云：只将戊己作丹炉，炼得红丸作玉酥。盖戊为肾中炁，名白金者曰戊，己即心中之本性曰己。戊己原属土，故曰土釜，即鼎器之别喻也。张紫阳曰送归土釜牢封固是也。

夫还神摄炁，妙在虚无，

虚无者，乃真先天神炁之相也。神无思虑，炁无淫媾。

必先有归依，

神依炁，炁依神，神炁相依，而又依中下之外鼎。

方成胜定。

胜定者，最上乘至虚至无之大定也。古云：心息相依，久成胜定。

此鼎器之辨，不可忽也。

火候经　第四

冲虚子集说《火候经》，

诸篇皆论，此独名曰经者，皆古高真上圣传于永劫真常不易之经语也。

曰：天仙是本性元神，

仙由修命而证性，故初关是修命，中关是证性。

不得金丹，不能复至性地而为证；金丹是真阳元炁，不得火候，不能采取烹炼而为丹，故曰全凭火候成功。

吉王太和重问火候，冲虚子集圣真诸言而为此经。意曰古先圣真皆不传火，虽有《火记》六百篇，篇篇相似采真铅。《玉皇心印经》曰：三品一理，妙不可听。观此言虽曰不传，似亦传之矣；虽曰传之，又似不传矣。我每亦遵之，不敢传火。及见见在世，人人惑于妖妄邪淫，个个不知仙道正门，乃惧未来圣真无所趋向，故又不敢不言。言之简，而人亦不彻悟，犹之夫旧事也；言之详，又嫌于违天诫。因世人于古云火有候，有作为，此言若先入心，便责彼言无候无作为者为非；于古云火无候，无作为，此言若先入心，便责言有候有为者为非。竟不知当有候有为，我亦当有；当无候无为，我亦当无。所以紫阳真人叹云：始于有作无人见，及至无为众始知。但信无为为要妙，孰知有作是根基。昔禅宗人亦云：你有一个拄杖子，我与你一个拄杖子。你无一个拄杖子，我夺却你一个柱杖子。即此说也。我故全集众仙真秘诀，而次第之，说破逐节当有当无，直指世之愚迷。遇师时，当以此为参究。

昔我李祖虚庵真人云：饶得真阳决志行，若无真火道难成。周天炼法须仙授，世人说者有谁真。

此言仙道必要仙传，而后可修成仙。俗谚云：要知山下路，须问去来人。若世人所传者，只是世法，甚非仙道。古仙云：若教愚辈皆知道，天下神仙似水流。彼自己尚无学处，将何以教人？前七句是必用真火候之断，此四句是必用真火候引证之案，以断案破其题。

且谓上古圣真，不立文字，恐人徒见，而信受不及。

今世人亦不信书，以书正不作巧言，故不足取信于人。唯邪人能造巧言，故能取信于人。

中古圣人，借名火候，而略言之，而世又不解知。及见薛道光言圣人不传火，遂委于不参究。虽有略言者，亦不用，竟取信于妖人之口而已。我故曰：火候谁云不可传，

既不可传，何故有《火记》六百篇？

随机默运入玄玄。达观往昔千千圣，呼吸分明了却仙。

此直言说出火候只是呼吸二字。

岂不见陈虚白曰：火候口诀之要，当于真息中求之。《灵源大道歌》云：千经万论讲玄微，命蒂由来在真息。

此又直说出火候只是真息。真息者，乃真人之呼吸，而非口鼻之呼吸。

陈致虚曰：火候最秘，其妙非可一概而论，中有逐节事条。

即我张、李、曹三真人相传以来，所云采药之候，封固之候，起小周天之侯，进退颠倒之候，沐浴之候，火足止火之候，采大药之候，得大药服食之候，大周天之候，神全之候，出神之候等皆是。

可不明辨之乎？张紫阳曰：始于有作无人见，及至无为众始

知。但信无为为要妙，孰知有作是根基。

有作者，小周天也；无为者，大周天也。盖火候行于真人呼吸处，此处本无呼吸，自无呼吸而权用为有呼吸，以交合神炁。久炼而成大药者，必用有为也。不如是，则道不真。无人见者，秘传之天机，而密行之。古先圣真诫人曰知之不用向人夸是也。所谓圣人不传火者，不轻传此也。世人邪法皆用有为，仙家之有为则不同。邪说之有为皆着相，仙家之有为不着相，此尤为无人见者。此以前皆从无入有也，以后皆从有入无也。然呼吸本一身之所有也，先自外而归于内，则内为有。故大周天必欲至于无。然无者，非不用火而言无，乃是火候行之妙于无者。此火危险甚大。因有为之火易行，无为之火难行也。不能无之是危险，能无之而或少有一毫杂于有，亦是危险，无之而或间断不行，亦是危险，故紫阳亦嘱之。世之愚人俗子，但见无为，便猜为不用火，遂其所好，安心放旷者有之。或猜为始终只用一无为而已，不求所以当有为于始者有之，故曰：但信无为，孰知有作。此紫阳甚言当有无双用之旨也。

纯阳真人曰：一阳初动，中宵漏永。

此下一段皆言活子时之火候。

魏伯阳真人曰：晦至朔旦，震来受符。

此以一月为喻也。晦者，月终之夜无光，喻身中阴静之时。晦而至于次月朔旦者，初一也。震来者，震一阳动于下爻，以喻身中真阳精炁之生。盖药生即火当生，震阳既动而来，则当受火符，以采取烹炼之也。上节纯阳之说，以一日为喻者。中宵为夜之半，即子时之义。漏永者，火符之刻漏筹数也。古人或以日喻，或以月喻，或以一年喻，无所不喻，不过借易见者，以发明火之不可言者。学者皆不可以喻认真，但恍惚喻似身中之理，而犹非实似也。

陈朝元曰：

即《玉芝书》。

凡炼丹，随子时阳炁生而起火，则火力方全。余时起火不得，无药故也。

有药方能造化生，故起火炼药，无药时不必用火，故起火不得。若强用火，便是水火煮空铛。铛是炊饭器。

陈泥丸曰：十二时辰须认子。

丹道一周天之用，须用真活子时而起火。天道一日十二时本有子，夜半之时也。丹道虽喻子，而非可执按其子者。于此十二时中，皆可有阳生火生之子，故称曰真活子时，为其不拘夜半之死子也。修丹者，当于天时中认取丹道当生火之活子时。若不知活，则谓之当面错过。

白玉蟾曰：月圆口诀明明语，时子心传果不讹。

月圆则阳光盛满，喻阳炁发生之盛，可采取，炼之而可成金丹。仙机采有时者即此。若不及圆，则阳不旺，采之亦不成丹，亦不能长生不死，故千叮万嘱要知时。时子者，身中阳生之子时，必得仙师心传口授，而后得其时之真。

彭鹤林曰：火药元来一处居，看时似有觅时无。

药是先天元炁，本无形，若以无形而致疑曰，不知有所得，无所得，是终于不得成。我则信其无之至真，亦以无之妙用，而采取烹炼，便是真虚无之仙道也。火本呼吸之有形，若即以有形用之，则长邪火。以有而用之似无，火药一处居，俱于无中得有之妙，所以谓之似有似无。

予老祖师李虚庵真人曰：一阳动处初行火，卯酉封炉一样温。

一阳动同纯阳之说，但曰采取。封固曰沐浴温养。总要无有双忘，同于太虚。

此皆言药生即是火生，以明采药起火之候也。

此是冲虚子总结上一大段之说者。采药者，子时火之前也；起火者，子时火之事也。二者必要分明，所以达摩云二候采牟尼，四候别神功是也。

正阳真人曰：结丹火候有时刻。

此下皆言从起火于子，行十二时小周天火候，正烹炼金丹之候，故曰结丹有时刻。

萧紫虚曰：乾坤橐籥鼓有数，

橐籥者，鼓风吹火之具，喻往来呼吸之息，即乾呼而坤，坤吸而乾之义。有数者，即乾用九，坤用六之数也。

离坎刀圭采有时。

离，心中之神，曰己土，坎，肾中之炁，曰戊土。上下二土成圭字，戊己合一者称刀圭，以喻神炁合一者，亦称刀圭。然刀圭由得二土合炼而成。又必先知采取二土之时，方能成二土之圭。不知采时，必不成二土之圭也。

玉鼎真人曰：入鼎若无刻漏，灵芽不生。时候不正，有何定其斤两升降哉？

真阳曰：入鼎者，真阳之精炁既还于炁穴，必要刻漏之火候炼之，则黄芽大药方生。有刻漏则知一时已完，当用二时。六阳用进，六阴用退，方合正理。又能令神炁二者，皆半斤八两。又如用一时之刻漏，当升当降者，不当升降者，方有定理。

《玄学正宗》曰：刻漏者，出入息也。

此直言刻漏是出入息之别号。刻漏者，是昼夜十二时各有刻数，每有几点漏滴之声，以应一刻，再至多漏以应一时。今言此以喻呼吸之息也。以漏数定刻数，即如丹道中以真息数定时数也。

广成子曰：人之反覆呼吸彻于蒂，一吸则天气下降，一呼则地气上升，我之真炁相接也。

黄帝于崆峒山石中，得《阴符经》，请问文义于天真皇人及广成子，记其言曰《三皇玉诀》。云反覆者，上中下三田旋转之义。呼吸者，真人之呼吸，非凡夫之呼吸。彻于蒂者，通于炁穴之处。吸降呼升者，似于反说。大抵丹书，反说者甚多。我以理及事详究之，皆吸升呼降合于自然，方得可有可无之妙。

予师曹还阳真人曰：子卯午酉定真机，颠倒阴阳三百息。

子卯午酉者，《入药镜》所谓看四正者，即此四时也。《入药镜》所言在脱胎，大周天之后也。此言乃小周天也。小大事不同而用同，何也？《心印经》云三品一理是也。我北真孙不二所言无内藏真有，有里却如无，即此真机也。颠倒阴阳者，六阳时用乾之用而进，至六阴时则用坤之用，颠倒之而退。阳时乾策二百一十六，除卯阳沐浴不用，乾用实一百八十也；阴时坤策一百四十四，除酉阴沐浴不用，坤用实一百二十也，合之得三百息周天之数也。闰余之数在外。

张紫阳曰：刻刻调和，真炁凝结。

刻刻，言三百六十息数，皆要调和合自然，一刻不调，则不能入定凝炁而成胎基。

薛道光曰：火候抽添思绝尘，一爻看

音刊

过一爻生。

抽添，即进退。绝尘者，念不着于尘妄幻魔。爻过爻生者，即绵绵无间也。

陈泥丸曰：天上分明十二辰，人间分作炼丹程。若言刻漏无凭信，不会玄机药不成。

天上明明有十二支之辰位，真人效此为十二时之火候。程者，一周天节制之限数也。若愚人不知如用有作，言刻漏不必用，便是不会悟玄妙天机之人。既不用火炼药，则药不成，无以证道升仙也。

又曰：百刻之中，切忌昏迷。

一日十二时中有百刻，以足周天者。昏迷者，或昏睡，或散乱，皆错失真候，故曰切忌。

陈希夷曰：子午工，是火候，两时活取无昏昼。

子午皆活用比喻的，非若天时之昼午、夜子。

一阳复卦子时生，午后一阴生于姤。三十六

乾用九，故四九三十六也。

又二十四，

坤用六，故四六二十四也。

周天度数同相似。

天上度数之周天，与炼丹火候之周天皆相似，同此九六之数。

卯时沐浴酉时同，

二时同用沐浴。

火候足时休恣意。

崔公云：火候足，莫伤丹。言不宜恣意行火，而不知止也。

许旌阳曰：二百一十六，

即乾用九之积数。

用在阳时。

从子至巳，六阳之时也。六阳时虚拟之曰二百一十六，此大约言者，有卯沐浴无数之候在中，本无此数。

一百四十四，行于阴候。

即坤用六之积数，用于阴者。从午至亥，六阴之时也，每四六计之，总六阴而虚拟一百四十四也。非真实用此数，但言有如此之理。学者当因此粗迹，而求悟精义之妙。

金谷野人曰：周天息数微微数，玉漏寒声滴滴符。

微微数者，精妙不着于相，非强制也。滴滴符者，周天之数无差。

《真诠》曰：火候本只寓一气进退之节，非有他也。真火之妙在人。若用意紧则火燥，用意缓则火寒。勿忘勿助，非有定则，尤最怕意散。不升不降，不结大丹。

此是明时初学者之说。虽未明大道之人，其言亦可示学者为教诫者。

王果斋曰：口不呼，鼻不吸，橐天籥地徐停息。巽风离火鼎中烹，直使身安命方立。

口鼻不呼吸，则循真人呼吸之法而呼吸之。橐籥者，即往来呼吸之义。橐天籥地，即广成子呼地升、吸天降之说。停息者，不呼吸之义也。邪正皆言停息，采战者曰：切须先学停其息。《胎息广义》妖书亦论停息，实无所用处，特借此以擒拿愚人，令尊己归依己耳。况停又为强闭强忍之邪法，实非停也。仙家之停息，乃自然静定而寂灭也。唯仙佛同。鼎中烹，呼吸在真金鼎之处，不出入于口鼻，则内有真宝，丹成于此，本性元神安立于此，谓之筑基成者。

陈泥丸曰：行坐寝食总如如，唯恐火冷丹力迟。

行坐者，坐而行工也，非行路。有寝有食，尚未脱凡夫，只是百日内事。若十月胎神之工，则不寝不食矣。如如者，入定之妙，似有而不着相，不空而空，似无而不着空，空而不空，谓之真如。真如如，则火合玄妙。火不冷，丹力不迟矣。

纯阳老祖曰：安排鼎灶炼玄根，进退须明卯酉门。

鼎灶者，即炁穴；玄根者，即元阳，精炁归于根而炼之。鼎灶、玄根，皆言用火候之处。须明者，叮咛之意，言人不可只用阳进火、阴退符，而不用卯酉之沐浴，则亦堕空亡，而不得药，不能成药。盖沐浴是成仙成佛最紧要、最玄妙之工，故世尊有入池沐浴之喻。沐浴乃是炼丹之正工，而进火退符不过只是调和，助沐浴之工而已。调和进退而不沐浴，则进退成虚幻；沐浴而不能进退，则沐浴不得冲和，故曰须明。禅家马祖曰未有常行而不住，未有常住而不行，亦喻此也。

正阳老祖师曰：旦暮寅申知火候。

本卯酉二时以行沐浴，纯阳翁已直言之矣。其师正阳翁曰：寅申者，寅之下即卯，申之下即酉。戒修士至寅申之候，不可忘失卯酉之沐浴也。

又曰：沐浴脱胎分卯酉。

沐浴之工固行于卯酉之候，及脱胎亦同于卯酉。《入药镜》

谓终脱胎，看四正，即此语。脱胎之沐浴曰分者，前似有而后似无也。人人不泄炼炁化神之工，唯正阳翁于此泄万古之秘。

又曰：沐浴潜藏总是空。

沐浴而成空，名曰仙机。不能真空，则堕旁门强制外道，而亦成大病。

《悟真篇注疏》曰：子进阳火，息火谓之沐浴；午退阴符，停符亦谓之沐浴。

停符二字亦可发明。

正阳老祖曰：果然百日防危险。

小周天有进退之火，有不进不退之火。若进退不合进退之数，不合进退之机，不由进退所当行之道，不合进退之所当起止，已合已由，不知火足之当止，皆危险所当防者。

萧紫虚曰：防火候之差失，忌梦寐之昏迷。

火候差失，则真炁不能补足，而大药不能成。梦寐昏迷者，或睡中迷于梦，则尘妄心生，而不能生正觉。或行火迷于昏睡，无周天之候，皆所当防当忌者。

《天尊得道了身经》曰：调息绵绵，似有如无，莫教间断。

息不绵绵则不谓之调。无不似有、有不如无，则亦不谓之调。有间断，则亦不谓之调。

张紫阳曰：谩守药炉看火候，但安神息任天然。

神息任天然，似大周天之火，其实上句药炉，则是言小周天矣。但炼药炉中之火，虽属有为，毕竟要合天然自在为妙。不如是，则非仙家真火真候，乃外道邪说之火矣。

石杏林曰：定里见丹成。

石之师紫阳云：惟定可以炼丹，不定而丹不结。此甚要之语。因是总言，故不入此正文大字。

紫阳曰：火候不用时，冬至不在子。及其沐浴时，卯酉时虚比。

虚比二字总贯串四句。不用时者，不用历书一日十二之时，而用心中默运十二时而虚比也。冬至者，是人自身中阳生时候，虚比曰冬至。故身中阳生时，必要起子时之火，即阳生之时为子，不在天时仲冬子月之子也。于一日十二时中，遇阳生皆可言子。在沐浴当行之时，虚比于卯酉。卯在六阳时之中，酉在六阴时之中，调息每至于六时之中，可以沐浴矣。故古圣遂称之曰卯酉。岂可误执天时之卯酉哉！

又曰：不刻时中分子午，无爻卦内定乾坤。

一日每时有八刻。不刻之时，是心中默运火符之时，虚分子午，不用有刻之时也。每卦有六爻，易也。身中借乾坤虚比鼎炉，故言无爻。

此皆言炼药行火，小周天之候也。

此一句是冲虚子之言，总结上文众圣真所言，百日所用之火也。吉王太和问曰：古来言火候者多，何以分别此名小周天，为百日炼精化炁之用？伍子答曰：小周天者，有进退，有沐浴，有颠倒，有周天度数。凡言炼药、炼丹、守炉、看鼎、药熟、丹成，皆百日小周天之事。我据此法，而分别言小。后之圣真善学者，凡见大藏中所未见者，皆当以此法分辨，要知前圣必不以无用之言而徒言之。

《心印经》曰：回风混合，百日工灵。

回风者，回旋其呼吸气之喻也。混合者，因元神在心，元炁在肾，本相隔远，及炁生而驰外，神虽有知而不能用者，无混合之法也。故此经示人用呼吸之气，而回旋之，方得神炁归根复命，而混合之，方得神宰于炁而合一。倘无回风之妙用，则神虽在宰炁，亦未知炁曾受宰否，此为炼金丹至秘之至要者。若用至于百日之工，则灵验已显，炁已足而可定，神已习定，久而可定，故小周天火回风法之所当止也。自此以下皆言小周天火足当止。

正阳老祖曰：丹熟不须行火候，更行火候必伤丹。

火足而丹熟，不用火矣，故有止火之候。遇止火之候一到，即不须行火矣，若再行火，亦无益。伤丹者，丹熟则必可出鼎而换入别鼎，若不取入别鼎，则出无所归，不伤丹乎？精化炁于炁穴，炁化神于神室，故曰别鼎。

崔公曰：受炁足，防危凶。火候足，莫伤丹。

炁足，受补法而炁足，亦宜防满而溢之危险。防者，见止火之候而即止之，则不伤丹，而得防之功。何为满而溢？我亦不至有此。老师曾嘱曰：当不用火，必勿用。你若用火不已，丹之成者，更无所加，疑而怠慢，但已满之元精，防其易溢，而非真有溢也，以其尚未超脱离此可溢之界耳。此正可凡可圣之分路头也。

紫阳曰：未炼还丹须速炼，炼了还须知止足。若也持盈未已心，不免一朝遭殆辱。

未炼还丹之时，一遇丹药，即当速炼，用一周天之火。药生即采炼，勿虚负药生，曰速炼。采得药归而炼，火候明白不差，诚心勇心行之，亦曰遄炼。如此药也真，火也真，速炼必速成。丹成火足，必要知止而止。若任丹成至足之炁，持此盈满，未知止火而止，终限于小成，尚未脱生死轮回之欲界。知止火，采得大药金丹而超脱之，则行向上转神入定，斯免生死之始。

萧了真曰：切忌不须行火候，不知止足必倾危。

真阳曰：老师曹还阳真人自云，曾亲见此事来，故深为我弟兄二人详嘱之。同问师前炼丹时，也知止火，采得大药冲关，特未过耳。今复为之，熟路旧事不异，何得有此倾危？老师曰：当初李真人传我时，言药火之最秘最要者，尽与你明之矣，即可修而成矣。但关之前有五龙捧圣之法，是至秘天机，非天仙不能传，非天仙不得知，非天下之可有，非凡夫之敢闻。待你百日工成，止火采大药时，方与你言之。及师回师家，我居我室，相去日远，我猛心奋勇，决烈为之，那怕仙不能成，天不能上。行之五十日而丹成，止火采大药而得。药自知转上冲关而不透，乃思采战房术，我所知甚多，皆言过关，若得一法，试而透过，也省得待师来，遂将前邪门旁法所闻，一一试用，绝无可透，始知邪门之法，尽是欺人妄语，而无实用者。及年终师来，我详细诉于师。师曰：真好决烈仙佛种子！真到此地，你今所说见的，内有此一景，我未曾与你说得。同于李老师所言。你今真到，即能言也。可近来听受捧圣之法。我闻已，亦即行之。行不数日，止火景到，恨不即得之为快，即采之，大药不来，火尚未甚足也。如丘真人所谓金精不飞者是也。再采再炼，而止火之景又到，疑之曰：初得景到而止火，采之而不得大药，且待其景到之多而止，大药必得矣。至四，而遇倾危之患。我想尹清和真人云：老师丘真人当止火时，而长安都统设斋，受食已，而未及止火，至晚走失三番，谓之走丹。前工废矣，须从新再炼。乃泣曰：我自福小，敢不勉哉！奋勇为之，后即成天仙。今我既在其辙，敢不继芳踪乎？亦奋勇为之。又思我初炼精时，得景而不知，猛吃一惊而已。及再静而景再至，猛醒曰，师言当止火也，可惜当面错过。又静又至，则知止火用采而即得矣，是采在于三至也。今而后当如之，及后再炼不误。景初而止，失之速不待，景至四而止，失之迟，不速不迟之中而止火，得药冲关，而点化阳神。凡真修圣真，千辛万苦，万万般可怜，炼成金丹，岂可轻忽令致倾危哉！凡圣关头第一大事，吾弟兄垂泪而详述丘、曹二真人之案，为七真派下后来圣真劝诫，即此便是止火之候，大有危险之所当知者。学者不可以为闲言而忽之，是你自己福力。

此皆言丹成止火之候也。

此一句是冲虚子之言，总结上文，此一段止火之说也。从来世人学道者，并不知有止火之候，虽有前圣多言，皆忽之而不究，故今特列类而详言之。

故陈致虚亦有云：火候者，候其时之来，候其火之至，看其火之可发，此火候也。慎其火之时到，此火候也。察其火之无过不及，此火候也。明其火之老嫩温微，此火候也。若丹已成，急去其火，此亦候也。

陈致虚前已言其妙，非可一概而论，中有逐节事条，可不明辨之乎？此又详列其条，以明申前旨，学者最当参究。

天仙九还丹火之秘候宜此。若此数者，炼精化炁之候备矣。

此又是冲虚子总结前采取、烹炼、止火等旨，百日关内事止此，令学者知参究前圣之说。此以下予故曰起，之舍也句止，又冲虚子自言百日关内之火候等秘机，而总言之者。

予故曰：自知药生而采取封固，运火周天。其中进退颠倒、沐浴呼嘘、行住起止，工法虽殊，

此节同致虚逐节事件之说。

真机至妙，在乎一气贯真炁而不失于二绪，一神驭二炁而不少离于他见。三百周天数，犹有分余象闰数。一候玄妙机，同于三百候。方得炁归一炁，神定一神，精住炁凝，候足火止，以为入药之基，存神之舍也。

此一段又冲虚子列言百日炼精，用火细微条目，而精言实悟之旨也。盖小周天是炼精时火候之一总名也，其中事理固多，前圣固各有言。其采药是一候，而封固又一候。达摩亦只言二候采药者，并采封二者而混言也。又言四候别有妙用者，乃小周天三百六十内之候也。我今遵仙翁而二言之。及周天时言进退候者，若不似进退，而亦虚拟之为进退。铅汞丹法言进退者，进则用火入炉，退则不用火而离炉，此实可据而易言。或以加多为进，减少为退，亦可据而易言。炼精者，则不似此说。我今亦只勉强而虚比，不似以为似。意谓六阳时，以乾用九，数之多为进；六阴时，以坤用六，数减少为退。既在周天之内进阳火，退阴符，非多少为言则不可。若以用不用为言，则远甚矣。颠倒者，除药物配合颠倒不必言，但言火候中之颠倒。吕仙翁云：大关节，在颠倒。初老师言：六阳火专于进升，而退后随之而已；六阴符专于退降，而进又后随之而已。曰专者，专以进升，主于采取，专以退降，主于烹炼也。曰后随者，顺带之义，以其往来之不可无，亦不可与专主并重用也。此圣真秘机之颠倒也。沐浴者，子丑十二支次第之位，凡世法有五行，故内丹有五行之喻。五行各有长生之位，寅申巳亥是也。火生于寅，水生于申，金生于巳，木生于亥。卯酉子午之位，是沐浴之位。故丹法活子时之火，历丑寅至卯，所当行之火，借沐浴之位，而称火工曰沐浴。酉亦如之。举世愚人邪棍，尚不知沐浴何以得名，何由以知沐浴之义之用哉！今此只略言捷要耳，更详于《仙佛合宗语录》中。观此者，可自查《语录》，以考其全机。行住起止者，行则仙佛二宗之○喻也，住则仙佛二宗之●喻也。起则采封二候之后，小周天侯之所起也。止则小周候足而止火也。一气者，呼吸之气贯串真炁，自采至止不相离，离则间断，复贯则二头绪矣。此由昏沉散乱之心所致，甚则二三四绪，皆无成之火矣。戒之！戒之！固然以息气串真炁，必主宰用一神驭之而不离。若内起一他见则离，若外着一他见则离，离则无候无火矣，焉能炁足炁生！三百六十度，故曰周一天，犹曰五度四分度之一。所谓天度之分余为闰位者，非耶？知有闰，则知天之实周矣。能实周，则炁易足，丹易成，而初生之药亦易生矣。玄机者，不传之秘机也，火候一一皆要用此。若不用此，则火必不能如法，呼吸则滞于真息，而近凡夫之口鼻，重浊而为病；不用此，则神亦不能驭二炁，而使之行住得其自然。一息如是，三百息亦皆如是，方可得天然真火候之玄功。此古圣真皆隐然微露，而不敢明言者，亦不敢全言者。不如是，虽曰已周天，近于邪说之周天，亦无用矣。所以玄妙机三字，又百日关炼精火候之枢纽也。采、封、炼、止等候，俱不可少者。于一炁之外驰欲界为淫媾之精，为视听言动成淫媾之助，皆能复归于一炁，能真不动，同于无情不动。一神之动为淫媾之神，着视听言动为淫媾之助者，不驰外而复归一神，能真入大定，所得候足火止而基成。如此永为入药之基址，为存神入定之宅舍。此正所谓先取白金为鼎器者是也。

而道光薛真人乃有定息采真铅之旨。既得真铅大药服食，正阳谓之抽铅。

大药者，即阳精化炁之金丹也。果从何求而得？亦从丹田炁穴中生出。当未化炁之先，所生也出丹田，但无形之炁微，附外体为形。曹老师因后有大药之名，便称此为小药之名，以其炁小故也。及炼成金丹，既化炁之后，所生也出丹田，曰大药，实有形之真炁如火珠，亦是从无而入有也。黄帝曰赤水玄珠，一曰真一之水、曰真一之精、曰真一之炁、曰华池莲华、曰地涌金莲、曰天女献花、曰龙女献珠、曰地涌宝塔，又曰刀圭、曰黄芽、曰真铅，如是等仙佛所说异名，不过只一丹田中所生之真炁。既成自有之形，所以不附外形，而唯生于内，用于内，亦我神觉之可知可见者。及渡二桥，过三关，皆可知可见。此所以为脱生死之果，从此便得其有真验矣。

即行火候炼神，谓之添汞。

此火候是大周天也。添汞者，心中之元神，名曰汞。凡人之神，半动于昼而阳明，半静于夜而阴昏昧。阳如生，阴如死。修士必以昏昧而阴者渐消去之。故消一分阴，令阳添一分，去二分、三分、四分、五分阴，则添二分、三分、四分、五分阳，渐渐逐分挣到消尽十分阴，添足十分阳，谓之纯阳。纯阳则无阴睡，谓之胎全神全。所以古人云：分阳未尽则不死，分阴未尽则不仙。此皆添汞之说也。然所谓添者，必由于行大周天之火，有火则能使元炁培养元神，元神便不能离二炁，而皆空皆定，直至神阳果满。

若不添汞行火，

以神驭火，神不阳明，如何行得火？添得神三分、五分阳明，方行得三分、五分火，故曰添汞行火。唯神明则得二炁而培养元神，助成长觉。

则真炁断而不生；

正是不定而药不生之说，此时乃实证长生不死之初果矣。

若不炼神，则阳神不就，终于尸解而已。

炼神者，炼去神之阴而至纯阳，全无阴睡。火定炁定，而神俱定俱空，方是阳神成就。炼神之法，全由二炁静定，同之入灭。但二炁少有些儿不如法，则神不炼，阳不纯，不成就，不能出神。但在十月之内，不曾出定者，俱是尸解之果。何故？但有凡夫之呼吸，即有凡夫之生死。人之生，只有口鼻之气以为生，最怕水火刀兵。水入鼻而至内，则无呼吸之窍，身虽坏，而神或不坏，亦分解形神为二。火烧身，则神无依住，亦分解形神为二。刀兵截其颈，呼吸断，神乃去形，而分解为二。形既无则神不独立，亦不能久立，再去投胎转劫。所谓尸解者，有死生之道也。不行大周天之过也，二炁及神皆不入定之故也。丹既成，生既长，安肯不入一大定哉！后学圣真勉之。

故《九转琼丹论》云：又恐歇气多时，即滞神丹变化。

此三句是冲虚子引足上五句之意。自而道光至变化止十三句，又冲虚子于此承上起下，分判圣凡至要天机。歇气者，歇周天火候之气。或得坎实来而点离中之阴，勤勤点化，离阴为纯阳。若既得坎实而点离阴矣，不即行大周天，则坎实亦不勤生以点离。或行大周天，而不合其中玄妙天机，犹之不行也，亦不能勤生坎实以点离阴，便迟滞离阴之神为纯阳之变化。神丹者，即坎实，曰金丹。既点离则二炁渐化神，二炁尽无，独有神之灵觉在，故亦曰炼炁化神。

纯阳真人云：从今别鼓没弦琴。

别鼓者，另行大周天也。明说与前小周天不同。没弦琴者，无形声之义。然大小固不同，行火者，必先晓得清白，而后可以言行火。

紫阳曰：大凡火候，只此大周天一场，大有危险者，切不可以平日火候例视之也。

上面只说周天，未分大小。紫阳言此大周天，不可以平日者一例看，则平日的，便隐然言是小的。平日者，平常已行过的口气。不可一例看，便是候不同。言平日，即是言百日事。故仙翁又言始有作，小周也；后无为，大周也。

广成子曰：丹灶河车休矻矻，

音恰。

鹤胎龟息自绵绵。

言不必用河车者，是百日之事已过，故不必用。今当十月之工，只用鹤胎龟息绵绵然之火也。《上清玉真胎息诀》云：吾以神为车，以气为马，终日御之而不倦。前百日以阳精转运，称河车。此胎息时，则转神入定，以神为车，以气为马，以御神车，是喻炼炁以化神。后圣亦须分辨着。

白玉蟾曰：心入虚无行火候。

入虚无，是神炁入定而不着相，丘真人所说真空是也。虽行大周天，不见有大周天之相，便得虚无之妙。

范德昭曰：内气不出，外气不入，非闭气也。

世人言闭气者，强制也。强忍之不令出入，邪法旁术皆是如此。故仙道别有天机，不与世同。虽内不出，外不入，非强忍也。有真息合自然之妙运者，所以入定。

白玉蟾又曰：上品丹法无卦爻。

世人见此说，上品丹无卦爻，便一概贬有卦爻者为非。不想自己不遇圣真传道，不知有爻无爻将何所用。盖小周天者化炁，是有卦爻小成之火；大周天者化神，是无卦爻大成之火。以其化神，故曰上品。

彭鹤林曰：若到丹成须沐浴。

丹成是前金丹之成。沐浴是大周天之喻。言丹成不必用小周。既入十月之首，必须用大周。

正阳老祖真人曰：一年沐浴防危险。

伍真阳曰：沐浴在小周天固为喻，今言于大周天，亦为喻。在小周曰二时二月之喻，此大周言一年之喻。在小周可以小喻，在大周可大喻也。防危险者，防一定必有之危险也。若仙机有出入，则不定其沐浴；若佛法不久住，亦不定其沐浴。沐浴最贵有定心，防危险，正防其心不定，防其沐浴不如法。

又曰：不须行火候，炉里自温温。

此言十月不必用有候之火，当用温温然无候之火。不寒不燥，不有不无，方是温温的真景象。

王重阳真人老祖曰：圣胎既凝，养以文火。安神定息，任其自然。

圣胎成于真精阳炁，起初炼精采取烹炼，非武不能。及圣胎既凝金精而成，武则无用矣，只用文火养之。神息定而任自然，正是养文火之功用。

道光曰：一年沐浴更防危，十月调和须谨节。

沐浴者，无候之火，即大周天也。一年者，大概而言之辞，即十月之说。凡说十月、一年者，入定到此时，亦可得大定而出定，故言之。谨节者，谨守沐浴之理也。防危者，防其离沐浴而外驰不定也。若一年而得定之后，必时时在定，年年劫劫俱在定，又非止一年、十月之说而已。

陈虚白曰：火须有候不须时，些子机关我自知。

有候者，大周天之火，无候之候也，乃似有似无之妙。不须时者，不用十二时为候，故可入无为。些子机关，是似沐浴而非沐浴，常定而神常觉，故曰我自知。若不知，则昏沉，火冷而丹力迟矣。

紫虚曰：定意如如行火候。

如如者，如有不有，如无不无。定意于如有如无之候中，方得大周天之真候，方是真行。

又曰：看时似有觅时无。

大周入定，本入于虚无，若徒然着无，则落空矣，故曰似有。有而非有，不空而空，却似无，方是真空真定。

又曰：不在呼嘘并数息，天然。

有呼嘘数息，是言有为者之事。今既入定，故曰不在有为，专任天然，以证无为。

又曰：守真一，则息不往来。

真一者，在前炼精时，炼而所得真精，曰真一。此炼炁时，乃真精之炁得真神，用真息之气守之，三者合还神，曰真一。此炼炁时，乃真精之炁，得真神用真息之气守之，三者合，还神曰真一。俱定不动，则是息已无息，焉有往来？

古云：《火记》六百篇，篇篇相似采真铅。

昔《参同契》亦云：《火记》六百篇，篇篇相似。却未说出采真铅之妙旨。此言似采真铅，则玄中又玄者，尽于是矣。采真铅者，薛道光所谓定息采真铅是也。篇篇相似，总归一大定。

马丹阳曰：工夫常不间，定息号灵胎。

定息于室，神即守息而为胎神。定无间断，神亦常觉无间断，而胎神始灵。

石杏林曰：不须行火候，又恐损婴儿。

初入十月之关，必用火候炼炁成胎，而化婴儿之神，婴儿喻神之微也。及胎成，婴儿亦成，将出现于外之时，则无用火矣。若再用火，是婴儿未完成之事，岂不有损于婴儿乎？

《中和集》曰：守之即妄，纵又成非。非守非忘，不收不纵。勘这存存存的谁？

大周入定化神，似有似无。似有即神炁之定，似无是神炁在定而不见在定之相。若曰守，便着于有；着有，即起有之妄念。

纵之而不照，则神气离，而非定之理，但微有似存。若二炁存，则神亦存，神存而二炁亦存，俱存在定，便俱虚无，无上之妙境在是矣。

鹤林曰：及至打熬成一块，试问时人会不会？不增不减何抽添？无去无来何进退？

神炁合一，俱定入一块，则无火矣，不似百日火之有增减。不增不减，安有抽添？息无去来，何用进退？此归一而渐归无之说也。

我祖师张静虚真人曰：真候全非九六爻，也非颠倒非进退。机同沐浴又还非，定空久定神通慧。

真候者，火候定而空矣。不用小周之九六，不同其颠倒、进退、沐浴等，而唯定空。久定久空，神通慧照，朗然独耀，同于世尊之入涅槃而灭尽定矣。

丘长春真人曰：息有一毫之不定，命非已有。

有息则有生死，无息则生死尽矣。必定息至无，则命方为我所自有、自主张，天地、阴阳、阎君则不能使我生死，由我得无死之道也。若一些息不尽定，则命在息而不为我有，由我自己不能主张，犹有可死之道也。

此皆言炼炁化神，十月养胎，大周天之火候也。

此又冲虚子总结上文众圣真所言大周天火一段而言之也。

予亦曰：大周天之火不计爻象，固非有作。温温相续，又非

顽无。初似不着有无，终则全归大定。切不可执火为无，以为自无，则落小解之果。又不可住火于有，以为常行，则失大定之归。将有还无，一到真定，则超脱出神，飞升冲举之道尽之矣。

此予亦曰起，尽之矣止，又冲虚子自言大周天之旨，又兼叮咛劝诫者。不算计爻象，乃无为之异于小周。有温温非全无，是大周初之似有似无之实理也。大周之初，正是一二三月之时。曰似有者，尚有有；曰似无者，未真无，所以犹有些子凡火食性在，由有些子息故也。及至全归大定，息无而食性亦无。所以《金碧龙虎上经》云：自然之要，先存后忘。俞玉吾又注之曰先存神于炁穴，而后与之相忘，神自凝，息自定是也。然又当知，火本欲归于无，若不知先似有之妙，而遽执曰本无，何必用似于有；则必堕在全无，而不能至真无，落于尸解之小果矣。又当知此火起于似有，而求必归于无。若不知有非了手，而遽住于有，常行于有而不无，则亦堕在全有，何以得大定之归？饶经万劫而不死，终止于守尸鬼子，亦为尸解之类，归生死之途。想当初炼精补炁，费多少万苦千辛，始得修证，千万劫不传之秘而得传，以至于小成，于此又安可惰忽其大成，而不求必成哉！我又嘱之曰：将有还无，一到真大定，而能常定于虚无之妙境，则超脱出神、飞升冲举之道尽之矣。此大周天之火，所以为成仙成佛了道之总要也。我又以化炁化神而总言之。前百日炼精化炁，必用有为之工，是从无而入有，即佛法中之所言万法归一之义也。后十月炼炁化神，必从有息至无息，是从有而入无，即佛入四禅灭尽定也，一归于无之说也。此仙佛二宗不易之秘法，不可少之要机也。冲虚子今为后来圣真重宣明之，以接引后圣，印证仙传，并免后学执有侯、执无候之争立门户而妄疑之者。

若此天机，

自此句直至结尾句止，又皆冲虚子总结火候全经之言。再指炼神以后向上之秘机，以为后圣证。

群仙直语，

已前群仙皆有直言在世间，而人不能悟。

固非全露。

从古至今，言火候者甚众，并未全言，或一句二句而已。既不全，后人如何用？如何拟议？所以世之凡夫妄猜。唯有仙分者，自有仙人来度耳。

然散之则各言其略，集之则序言其详。

我见散见于群书之言，或略言采取烹炼之名，而不言其理；或略言采，而不言封固；或略言小周天，而不言大；或略言大周天，而不言小；或略言火候之名之理，而不分言小大所当用之时。其意若曰火候原属不轻传之秘，且说一件，令参得此一件，任他自己凑合成全去。咦！曾见几人能凑合得成全耶？而前劫后劫，或圣或凡种子，或真或伪学人，总难致一拟议。世逮于予，藉父清廉盛德之所庇，田园房店之可卖，受尽万苦千辛，逐日奔求师家，昼夜护师行道，历十九年而得全旨。追思前劫，或无所庇，或无可卖，未遇真师，受万苦，故不免又生于今劫。又悯后圣，或有出于贫穷，无父庇，无产卖，不能受万苦，焉能苦心奋志而求全？有奋志于窘迫中者，而志亦不能锐。所以予不可少此一集，详而次序之，留俟奋志后圣，而助其锐志耳。亦诉予苦志勤求者，以励后圣，当苦志勤求。后圣其自勉诸!

完全火候，不必尽出予之齿颊。

出于我口齿者，固是我之言；我既集而序之，即同是我言之出我口者。

而此集出世，则为来劫万真火经根本，后来见者，自能从斯了悟，不复疑堕旁门。

旁门者，有相之火。忍气着相，称为行火。知此仙火自然之定，则不复为强制之邪火。

而胎神自就，阳神自出，劫运自超矣。

习定、入定、定成，皆为胎神、出神、超劫之所必用，而必证果者，故于此历言所证。

但于出神之后，炼神还虚，九年之妙，虽非敢言，而《中和集》曰：九载三年常一定，便是神仙。亦且言之矣。

出阳神是初成神仙时，即母腹中初生的孩子一般。虽具人形，尚未至具足之人形，故喻神曰婴儿幼小未成人，须藉爷娘养育恩。乃喻为乳哺三年。古人所言成就只一二年是也。乳哺者，神气已定，而又加定之意。加至于常常在定，而不必于出，便似乳而又乳，至于成大人一般。神既老成，若即行炼神还虚九年之功，则此即为九年内之炼数。若有救世之愿未完，且不炼九年，而权住世以救世。及欲超世而上升虚无，则必从九年炼神而还虚矣。

实非世学所能轻悟轻用者。必俟了道之士，以虚无实相而用之。

了道之士，是出定之神仙。唯得定，是得虚无之初基，而后可至虚无之极致处，方能悟此用此。

第不可以一乘既得，遂妄称了当，不行末后还虚，

此言或有小根小器之人，自以少得为足，不求还虚，而终不能还于虚矣。

则于神通境界，毕竟住脚不得。

神通在化神时，神也通灵而无碍，在还虚时，神更通灵而无碍。此言神通，是言初得之神通，尚未老成，故曰住脚不得。若住脚则止于神仙，犹有还虚而至天仙者。

后来者共勉之！豫章三教逸民，丘长春真人门下第八派，

丘真人门下宗派曰：道德通玄静，真常守太清。一阳来复本，合教永圆明。此二十字为派者，乃真人在燕京东龙门山掌教时所立之派，后人称为龙门派者便是。

分符领节，

遵上帝法旨，所受之符节，同佛祖之衣钵、宗主之帕。

受道弟子冲虚子伍守阳，书于旌阳谶记千二百四十二年之明时万历乙卯春日云。

集此答吉王太和之问，最初发笔作此起。

炼己直论 第五

冲虚子曰：诸圣真皆言，最要先炼己。谓炼者，即古所谓苦行其当行之事，曰炼；

凡证道所当行之事，或曰事易而生轻忽心，或曰事难而生厌畏心，如是不决烈则不能成金丹神丹。必当勤苦心力，密密行之，方曰苦炼。

熟行其当行之事，曰炼；

当行之事，如采取、烹炼、周天等，炼精、炼炁等。或行一时，而歇一时二时；或炼一日，而间一日二日。工夫间断，则生疏错乱，如何得熟？工夫必纯熟，愈觉易行而无错。必时时日日皆如初起一时，密密行之，方为熟炼。

绝禁其不当为之事，亦曰炼；

不当为者，即非道法而深有害于道法者。如炼精时，失于不当为之思虑，道以思虑为之障，而不可望成。炼炁时，息神不定而驰外向熟境，亦障道而忘进悟深入。当禁绝之，而纯心以为炼。

精进励志而求其必成，亦曰炼；

道成于志坚而进修不已。不精进则怠惰，不励志则虚谈。然志者，是人自己心所之向处。心欲长生，则必炼精，向长生之路而行，求必至长生而后已。心欲成神通，则必炼炁化神，向神通路上而行，求必得神通而后已。此正所以为炼也。

割绝贪爱而不留余爱，亦曰炼；

凡一切贪爱富贵、名利、妻子、珍宝、异物、田宅，割舍尽绝，不留丝毫，方名万缘不挂。若有一件挂心，便入此一件，不入于道，故必割而又割，绝而又绝，事与念割绝尽，而后可称真炼。

禁止旧习而全不染习，亦曰炼。

凡世间一切事之已学者、已知者、已能者、已行者，皆曰旧习。唯此习气在心，故能阻塞道气，必须顿然禁止，不许丝毫染污道心；所以古人云把旧习般般打破，如此而后，可称真炼。

己者，即我静中之真性，动中之真意，为元神之别名也。

己与性、意、元神，名虽四者，实只心中之一灵性也。其灵无极，而机用亦无极。出入无时，生灭不歇。或有时出，令眼、耳、鼻、舌、身、意，耽入于色、声、香、味、触、法之场而不知返；或有时出，而自起一色、声、香、味、触、法之境，牵连眼、耳、鼻、舌、身、意而苦劳其形。丘真人西游雪山，而作《西游记》，以明心曰心猿，按其最有神通。禅宗言猕猴跳六窗，状其轮转不住，其劣性难驯，惟炼可制。而后来圣真当以上文六种炼法，总要先致诚意而炼之。

然必先炼己者，

李清庵云：于平常一一境界打得破，不为物炫，不被缘牵，则末后境诱不得，情缘牵他不得。《元始得道了身经》云：声色不绝，精炁不全。万缘不绝，神不安宁。

以吾心之真性，本以主宰乎精炁者，宰之顺以生人，由此性，宰之逆以成圣，亦由此性。若不先为勤炼，熟境难忘，

昔钟离云：易动者片心，难伏者一意。熟境者，心意所常行之事也。如淫事、淫色、淫声、淫念等。正与炼精者相反相害，一旦顿然要除，未必即能净尽。或可暂忘而不能久，或可少忘而不能全，焉能炼得精、炼得炁？必要先炼己者，为此故也。

焉能超脱习染，而复炁胎神哉！

习染之念未除，则习染之事必不能顿无。必要以习染之念与事俱脱净尽，而后遇境不生烟火。己方纯，炁可复归，神可静定，而成胎矣。

当未炼之先，

未炼己之先也。

每出万般变幻，而为日用之神，

平日淫、杀、盗、妄心、贪心、善心、恶心、欺心等，皆是变幻。

犹且任精任炁，外驰不住。

任炁动而化精，任精动而淫媾，而不摄之令归根复命，由己不炼而不摄也。

古云未炼还丹先炼性，未修大药先修心，盖为此而言也。

昔马自然真人云：炼药先须学炼心，对境无心是大还。《中和集》云：念虑绝则阴消，幻缘空则魔灭。张虚靖真人云：欲得身中神不出，莫向灵台留一物。皆同此。

能炼之者，因耳逐声而用听，则炼之于不闻；目逐色而用观，则炼之于不见；神逐感而用交，则炼之于不思。

此三者，皆真实炼法，正释上文割绝其所爱之说。

平常日用，必须如是先炼，则己念伏降，而性真纯静。

谭长真《水云集》云：丝头莫向灵台挂，内结灵丹管得仙。重阳真人《全真集》云：湛然不动，昏昏默默，无丝毫念想，此定心由降而得。

及至炼炁炼神，则不被境物颠倒所诱。

已有定力，不从外境所诱。

采药而药即得，筑基而基即成，结胎而胎必脱。方名复性之初，而炼己之功得矣。有不得其先炼者，当药生之时，不辨其为时；

百日之初，炼精时，贵有药生。药生者，元精之生也。辨元精生时，而用采法。若淫精犯于淫念，则邪法不可采者。淫念未炼净者，何以能辨元精？

炼药之候，不终其为候；

炼药有周天之候，或惊恐、或闻、或思、或昏沉，以致火候不终者有之。

药将得，或以己念而复失；

元精还补，元精将满，亦或有淫念未炼净，乃复失为淫精者有之，故古人有走丹之喻者，即此。

神将出，或以己念而复堕。

心逐见闻觉知于外驰，则是尚未行大定而有出入。背却《胎息经》所谓不出不入，自然常住之旨。出驰着境，同儒之物交物，亦同禅人之说猕猴跳六窗，内猴与外猴相见者。如是如何能入定以完胎？

欲其炁之清真，己不纯，必不得其清真；

采取先天炁之时，唯炼己纯者，能辨清真，则不失其清真。若炼己不纯，一着思虑习气，则失清真矣。

欲其神之静定，己未炼，必不得其静定。

神能入定，则得静。入得三分五分定，便得三分五分静；十分定，则得十分静；常定，则常静；神静定，则炁亦皆静定；炁归神为一矣，即是炁化神，而成胎仙矣。不炼己者，必不能到此。

或遇可喜而即喜，或遇可惧而即惧，或遇可疑而即疑，或遇可信而即信，皆未炼己之纯也。

此四者，皆外来之天魔也。遇而信之，则着其所魔矣。虽由此前，未预为炼己之过。倘于此遇时即炼己，遇如不有所遇，魔即不如我何。丘真人所以当过一番魔，长福力一番是也。倘于初一遇，便当不过，及道愈高，魔愈多，如何当得过？吉王太和曾问：魔有种种之多，却如何知得当过？冲虚子曰：最易，不怕他有万样奇怪，惟我将神炁俱入定中，任他多种魔来，绝不能与我相遇矣。

又有内本无而妄起一想念，谓之内魔障。或有生此而不知灭，不能即灭者；或有灭其所生，而复生复灭者，皆障道。

耽迟大周天之候也。

必炼己者，而后能生灭灭已。

生而即灭，灭而至于无可灭。

又有外本无，而偶有一见一闻，谓之不宜有之外魔障。

上文喜、惧、疑、信四种，俱属此见闻之内。

或用见用闻，与之应对，而不即远离者，亦障道。

一有应对，则着魔，为魔所转矣，故障道。

必先炼己者，而后能无见无闻。

能炼己者，即具不睹不闻之本体，即有不睹不闻之实效。

此己之所以不可不先炼也。昔有一人，

即山东姓张者。

坐中见承尘板上一人跳下，立于前，没入于地，

坐中者，在圜中坐时也。见者，心不定于神室而外驰，偶有此一见也。若心在定，则亦何以见此？

复从地涌出，立于前，见其神通变化，而认为身外身，

误信常人之言曰：神仙出了阳神，便身外有身。然本性与虚空同体，本无形身。若起一念要显有身，便能有身，不可以见外为我身。

不识为身外之天魔，

吉王太和问：彼既不识，今老师及昔二真人是何法识得？冲虚子曰：我本性在定，得到定力足，而后有可出定之景到，由我自性升迁于天门，念起而出，犹是虚空无体，乃六通为用，无所障碍。若非我念所出，而有见者，便是外来之天魔、邪魔。若出神之景未到，则神通未足，不能变化，虽欲显身而不能有身，岂可以无我念之身，而认为我哉！神通足者，世尊谓之四神足。

即为魔所诱动。出圜而远叩丘祖，祖曰：见者不可认。

不宜出而妄出，虽有妄见，斩退犹恐不速，何敢认为我？不宜出者，未成定之先，求其入定而不可得，又何敢妄出而终于不入不成耶？此所以不可认也。

乃不知信。

由于无仙师真传，故不能以信法语。

又谒郝祖，

郝与丘本同师度，则同道、同知识矣。既不信丘，何必见郝？

祖曰：丘哥说者便是。惜乎犹不知信，不复更居圜中，而废前功矣。此亦己未炼纯之证也。昔丘祖坐于崖下，崖石坠，压折肋，知是天魔，祖不为之动。如是当过五番，不动一念，直证阳神出现。见山河大地，如在掌中。

昔世尊坐于菩提树下，魔王波旬领百万魔众，以兵戈恐佛而不动，以魔女淫事诱佛而不动，坐至金刚牢固，自言我终不起离于此座。昔费长房师事壶公，随壶公入山修道，壶公以朽索悬大石于座之上，又令巨蛇啮索将断，而费全不惊不动者皆是。

此得炼己性定之显案也。并书以励同志。

筑基直论　第六

冲虚子曰：修仙而始曰筑基。筑者，渐渐积累增益之义。基者，修炼阳神之本根，安神定息之处所也。基必先筑者，盖谓阳神，即元神之所成就纯全而显灵者，常依精炁而为用。

神原属阴，精炁原属阳。依真阳精炁，则为阳神，成就纯阳；不依精炁，则不能成阳神，止为阴神而已。

精炁旺，则神亦旺，而法力大；精炁耗，则神亦耗而弱。此理之所以如是也。欲得元神长住而长灵觉，亦必精炁长住而长为有基也。自基未筑之先，元神逐境外驰，

如见色境在外，则必起淫念。

则元炁散、元精败，基愈坏矣，所以不足为基。且精之逐于交感，年深岁久，恋恋爱根，一旦欲令不漏，而且还炁，得乎？此无基也。炁之散于呼吸，息出息入，勤勤无已，一旦欲令不息，而且化神，得乎？此无基也。神之扰于思虑，时递刻迁，茫茫接物，一旦欲令长定，而且还虚，得乎？此无基也。

此三段是申明上文基已坏者，而不足以为基之说。

古人皆言以精炼精，以炁炼炁，以神炼神者，正欲为此用也。是以必用精炁神三宝合炼，精补其精，炁补其炁，神补其神，筑而成基。唯能合一，则成基；不能合一，则精炁神不能长旺，而基即不可成。及基筑成，精则固矣，炁则还矣，永为坚固不坏之基，而长生不死。

《玄网论》云：道能自无而生有，岂不能使有同于无乎？有同于无，则有不灭矣。

证人仙之果矣。为出欲界升色界之基者，以此；为十月神定之基者，以此。而九十月不昏睡者，有此基也；十月不饮食不寒暑者，有此基也；十月神不外驰而得入大定者，有此基也。所以炼炁而炁即定，历百千万亿劫而绝无呼吸一息；炼神而神即虚，历百千万亿劫而不昏迷一睡，亦不散乱一驰。与天地同其寿量者，基此；与圣真齐其神通灵应者，基此。此所谓阳神之有基者。基成，由于阳精无漏而名漏尽通。不然，无基者即无漏尽通矣。虽证入神通，不过阴灵之性，五通之果，

五通者，是阴神之神通也。若阳神，则有六通，多漏尽通也。六通者：天眼通、天耳通、神境通、宿命通、他心通、漏尽通。此一通为阳神之所多，余五通阴神同。

宅舍难固。

阳精无漏，则身长生不死，为金刚坚固宅舍，可永劫不坏。若有漏之躯，有必死之道，身不坚固也。

不免死于此，而生于彼。若有秘授，躲横生而择竖形者，犹

且易姓改名，虚负今生矣。阴神何益哉？阳神之基，可不亟筑之哉？可不急究之哉？世有以淫媾败基者，反诳人曰采补筑基，欺骗愚夫，共为淫乐。一遇淫媾，而精无不损者，炁无不耗者，神无不荡者，基愈灭矣。直误至于死，而后知彼淫邪假术之悖正道，可不戒之哉？

此篇正文重重自相申解已详，不必再生注意。

炼药直论　第七

冲虚子曰：仙道以精炁神三元为正药。

元精、元炁、元神曰三元，皆先天也。

以炼三合一，喻名炼药。

昔谷神子云：道以至神为本，以至精为药，以冲和为用，以无为为治，长生久视之道成矣。若不如此，即非金液大还丹之法。

其理最精微，其法最秘密。昔钟离曾十试于吕祖，丘祖受百难于重阳，我伍子切问二十载于曹还阳，

逢师于万历癸巳年三月，受全道于壬子年三月间。以癸壬计之，二十年也。我当初每自恨福力之薄，不蒙师一速度，今而后始知侍教久者入道精，不然何以能高出万世耶？予又按：白玉蟾云十年侍真驭。白又云说刀圭于癸酉七月之夕，尽吐露于乙亥春雨之天。又当知天机非邂逅可谈。

方才有得。是以世之茫然学道者，及偶然漫谈者，皆不知何

者是真药，而何法为真炼，徒然空说向自己身心中而求，实不知有至静之真时真机也。夫至静之真时者，是此身心静极，即所喻亥之末、子之初也。阴静极必有阳动，

静属阴，动属阳，阳极则阴静，阴极则阳动。

则炁固有循环真机，自然复动。此正先天无形元炁，将动而为先天无形之元精时也。即此先天无形之精，便名药物。既有药炁生机，必有先天得药之觉。

即时至神知之说，亦即我神炁同动之说也。

即以觉灵为炼药之主，以冲和为炼药之用，

觉灵者，妙觉灵心也。冲和者，烹炼薰蒸之和气也。此正三家之初相见也，亦三华之所聚者。

则用起火之候以采之。

因有药生而起火，即活用子时起火，曰活子时。药生与火生同时，故以火之活子时，而称药亦曰活子时。达摩云二候采牟尼，言采药用二候也。四候别神功，言沐浴用四候也。同此。

须辨药之老嫩。采之嫩则炁微而不灵，不结丹也。

人人都说药生要辨老嫩，若嫩则炁微，配合之，则无半斤八两之炁，何以成一斤？故不灵。

采之老则炁散而不灵，亦不结丹也。

老者，只是过于当采之时。当采而未采，则气以久而虚散，皆由心生怠惰而致此。气既散，则力亦微，配合不均，不能成丹，故亦曰不灵。

得药之真，

不老不嫩，如九二利见者，曰药真。非初九之勿用，亦非上九之有悔。

既采归炉，则用行火之候以炼之。

行小周天之火也。

药未归炉而先行火，

昔吕真人戒之云：无药而先行胎息，强留在腹，或积冷气而成病。顾与弢庠友问：既知采药，何故又不归炉？冲虚曰：传正道，知真采，故可必得归炉。又要行火合于候之妙，方得药归炉。若火生早了，是名火小不及，不名冲和。冲和者，和而冲也。古人有喻者曰如浴之方起，而暖气融融然。火既小而不及，丘真人已言曰则金精不飞是也，焉能得药归炉？悟道真修者，必先从我此答，精思之则知。直至末后，皆是如此。

药竟外耗而非为我有，

药尚未入鼎中而妄行火，即所谓鼎内若无真种子，犹将水火煮空铛之说。

不成大药；药已归炉，而未即行火，则真炁断而不续，亦不成大药。

药在外，由火以采之而归炉，亦由火烹炼之，方在炉中成变化。已得药归炉，火断而不行，则真炁亦断而不住。及再行火，虽周一天，终与前不续，药亦不续，如何能成大药？即《参同契注》所云外火虽动而行，内符不应，则天魂地魄不相交接是也。

若肫肫然加意于火，则偏着执于火，而药消耗。

执着用心于火，则着有相而急躁，近于外道之存想有为，非自然之天机妙用。

若悠悠然不知有火，则迷散，

行火之时，若心不诚，则不灵。或昏迷十二之时，或迷失刻漏之数，或忘沐浴之候，或不知以何数周于天，或周已而犹不止，皆是。

失于火，而药亦消。

火不能留药，焉得不消？即神不留炁之喻。

皆不成大药。

已上皆言孤阴寡阳，偏有偏无之危险也。

若火间断，而工不常，虽药将成而复坏。

火所以炼药，古云：火药一处居。行火之法，愈久而愈密，愈密而愈精，斯则必成大药，必得服食。或有时神逐见闻淫念驰于外而着魔，则神离火，火离药，工不常矣，药如何得成？虽将成，犹有退散之危险。

若久执行火，而不知止足，虽药已成而亦坏。

火足矣，即成大药，因药成而言足也。药既成，则不必用火，安得不止？药已成者，成之而生为服食之大药。于此即采，而药不复坏为后天有形之精。不止火不采，则大药必随生机而将妄行。欲归之圣路，无奈不止火不采，而无由以受；欲归之凡路，竟趋为后天有形之精不难矣。后圣当知此为至要至秘，所当防之危险也。

皆不得服食。

必火足而药始成。药已成，而必知止候，方有大药可采，方可服食，不然必不得药成服食。

后世圣真修此，必使神气相均相合，火药适宜，以呼吸之气，

即火也。

乘真炁为动静，

即药也。

以真炁之动静，定真息之根基，

真炁归静于根，则真息亦定于根。二炁合一于根，以为胎神之基也。

则火药既不着于一偏，又无强执纵失之患。如此而炼，方得小周天之妙理，方成长生之大药，始名外金丹成也。

马丹阳云：因烧丹药火炎下，故使黄河水逆流。《玉芝书》云玄黄若也无交媾，怎得阳从坎下飞是也。

祖祖真真服食飞升之至宝，乃最上上之玄机，最宜参悟而精修者也。

此论备陈炼药时之危险，令后圣知防虑于此，不致当面错过而不知也。神仙所言金丹服食者，是肾中所得金液之气，配元神合炼所成。服食之，则能神通变化。若方外之士言服食者，不过妄以金石草木诳人曰炼服食，断不可为，以误大志。纵服食之，或有疾，宜于金石药者，而偶致愈，或无疾而中毒成大患，必不能超出三界而显神通也。

得此真药服食，自可进修行大周天之火候，以炼炁化神。炼炁而息定，化神而胎圆，阳神升迁于天门而出现，神仙之事得矣。中关十月之事完矣。其后面壁还虚，九年一定，以神仙而顿悟性于无极，形神俱妙，总炼成一个不坏清虚圣身，皆由炼药合仙机，而得成丹成神者之所至也。故凡大修行，上关大成事，必如此则毕矣。于此毕法中，始于百日炼药而成服食者，无量寿之地仙也；

地仙者，地上所行之仙，身形重浊未离，故不能离于地而升虚无之天也。人仙虽长生，亦同于地仙，重形尚在，故亦不能离人与地也。

中而十月炼成脱胎出阳神之果者，超出阴阳之神仙也；

神仙者，离重浊之形，以无形之神变化，或有或无，皆由一神之妙用，故曰神仙。

终而九年面壁，炼成还虚之果者，超出尽天地劫运之天仙也。

初得神仙，乃得大定而出定者。但得定由于守中，而出定则居泥丸。故世尊已入灭而亦入于泥丸是也。至此后还虚，则又入定于泥丸。古人云性在泥丸，命在脐，盖言了修命之事在脐，了修性之事在泥丸也。泥丸之定，则非从前者比。九年一定者，特以始入之时而略之，或百年千年万年，一劫百千万劫，皆可入为一定。此正天仙、佛之超劫运者。

有仙缘者，遇此《天仙正理直论》，其宜斋心以识之。

伏气直论　第八

冲虚子曰：人之生死大关，只一气也。

有气则生，无气则死。此首以人之所共知者言，令人易明生死。

圣凡之分，只一伏气也。

气能伏定则圣，不能伏定则凡。此首以人之皆能者言，令人易学于入圣超凡也。

而是伏义，

而者，转文助语。

乃为藏伏，而亦为降伏。

藏伏者，深藏归伏于元炁之根。降伏者，管摄严密，不许驰于外。此二者亦有防危虑险之意。

唯能伏气，则精可返，而复还为先天之炁；神可凝，而复还为先天之神。所以炼精者，欲以调此气而伏也。

炼精小周天，调其息而伏，为其不能顿伏，故用渐法调而伏，达摩祖师《显宗论》亦言似此意。

所以炼神者，欲以息此气而伏也。

炼神大周天，胎息其息而伏，为其不能顿息于无，故亦用渐法。胎息其息，似有而无，乃至于无有无无，而伏于寂静。

始终向上之工，只为伏此一口气耳。所以必伏，而始终皆伏者，是何故？盖当未生此身之时，就二炁初结之基在丹田，隐然藏伏为炁根。久伏于静，则动而生呼吸，是知由静伏而后生呼吸之气以成人道者，曰顺生也。而是逆修，曰成仙者，当必由呼吸之气而返还藏伏为静，此气伏、伏气之逆顺理也。及呼吸出于口鼻，而专为口鼻之用。

呼吸至于口鼻，则落生死之途矣。离口鼻，则离生死。

真气发散于外，遂至滞损此气，则为病，耗竭此气，则为死。盖不知伏为所以复之故，

伏者，欲将呼吸还复归于炁穴，而为不呼不吸之故也。必此气伏于炁穴，而后元炁能归，元神能凝，三者皆伏于炁穴也。

而亦不知行其所以伏，

行所以伏者，言有至妙至秘之天机。呼吸合于天然者为真，元炁得合当生当采之时者为真，元神合虚极静笃者为真。三者皆真，而后得所伏之理，行之而必成，不然则亦世之外道而已。

安保其能久生，而超生死于浩浩劫之外耶？

三者不真，则非所以伏之理，故不能超过浩浩劫之运。

有等妄言伏气者，而不知伏气真机，

真机者，有元炁元神，而呼吸正合天然自在，方为真。

终日把息调，而口鼻之呼吸尤甚，

调息者，调其内用之玄机，如橐天籥地徐停息之说。世之愚人，不闻天机，只把口鼻数调，如隔靴搔痒，焉能调得到无息？

痴心执闭息，而腹中之逼塞难容。

闭息者，《灵宝毕法》书亦言之，是言不通其息出入之门也。虽无门，却有安顿自然之妙理，非强制之为闭也。强制则不真，故无成。真禅家与真仙道略同。若痴禅人之假禅，亦与痴道人之假道同，学者不可不察。禅宗人有一等假禅者，曰吞声忍气，曰气急杀人，皆言忍住气而不出入，此是病，非禅也。强制则念是动的，不是静，何以为禅？禅字解作静字。若是自然真静，方为真禅。

哀哉！此妄人之为也，安见其气之伏而静定也？昔丘祖云：息有一毫之不定，命非己有。

息得呼吸绝，则生死之路绝。息有呼吸不定，故不免生死。

而伏气之要，正修士实用，所以证道之工也。但此天机之妙，绝与世法不同。古人托名调息者，

世人之息，一呼一吸均平，无用调矣。仙道托名调息者，非世法之用，乃调其有而至无，无而至有。为其以神驭气，行之必住，住之必行，在乎行住之间而调之也。

随顺往来之理，而不执滞往来之形，欲合乎似无之呼吸也。

当有往来，不强使之无，而唯随顺之，似心息相依之说。亦不强执，害其自然，而为勉强。

托名闭息者，

世之言闭，是勉强，不合自然。仙家言闭，只托言闭之名，而非用彼强闭之实，故范德昭曰：内不出，外不入，非闭气也。我故曰：托名者，略似闭气而实非闭气也。

而内则空空，如太虚无物，

空如太虚，是真虚无，则真息便可归于真无。真禅理亦似之。若上文所言，内不空而逼塞者，是强闭者，外道邪法旁门之类皆然。

欲合于无极中之静伏也。

无极者，无一炁之始。及后太极则有一炁之始，一判则为天地。今言无极，乃言天地及一炁之未有之先，即为父母尚未有之先，正是虚极静笃景象。妙悟必至如此，为真静伏。

总之，为化炁化神之秘机。古人云长生须伏气，故自周天而历时、日、年、劫，惟伏此气。

言有一小周天之所伏，有一大周天之所伏，一日之所伏，一年一劫之所伏。或暂或久，而能成其一伏者，真有道之士也。

此气大定，则不见其从何而伏始，亦不见其从何而伏终。无

始无终，亘万古而无一息，与神俱虚俱静，斯谓之形神俱妙之境也。

世尊能以一法说八千劫而后已，能以一定坐八万四千劫而后出定，是其形神俱妙，与仙同者。

唯闻天仙正道者，方能识得此理；唯有三宝全功者，

三宝者，元神、元炁、元精。若一宝非元，则不为宝。属于后天者无用，亦不得为全功。

方能行及此工。

此工者，即上内如太虚，证入无极静定者言。若三宝会合，炼成化炁，而后可行大定常定工夫。若未化炁，则亦无用此为。

有大志圣真，请究之，而实悟之。

胎息直论　第九

冲虚子曰：古《胎息经》云：胎从伏气中结，炁从有胎中息。斯言为过去未来诸神仙天仙之要法也。

男子身中本无胎，而欲结一胎，必要有因，则因伏气于丹田炁穴中而结胎，是胎从伏气中而结也。元炁静而必动，欲得元炁不动，必要有藏伏。因有胎即藏伏之所，乃息而不动，是炁从有胎中而息也。胎因愈伏气而愈长，气因愈长胎而愈伏，共修成一个圆满胎神，斯所以为神仙天仙之要法。非此，抑将何以成之？然胎息与伏气本是一事，何分两论？只为怀胎养种，必用胎息而后成胎，而神住胎。古人皆以胎息言之，今亦详言于炼炁化神时也。伏气之说，为伏气而得精还化炁，炼药以得大药。古人只言伏气，今亦从之言伏气。虽两言之，中则互明其理，令人知两言之妙，而不妄疑妄执其为两。

予愿再详释而直论之。夫人身初时，只二炁合一，为虚空中之炁而已，无胎也，亦无息也。

此言无胎无息，起下文返还成仙之所证。

因母呼吸而长为胎，因胎而长为息。

修仙者，亦必因呼吸而长为胎，因胎而长为胎息。

及至胎全，妙在随母呼吸而为呼吸，所以终日呼吸而不逼闷。此缘不由口鼻呼吸，只脐相通，故能似无气息一般。此正真胎息景也。

古人谓内气不出，外气不入，非闭气也之说，正言由脐相通者。

离胎而息即断，

在胎中，则我之息由母脐中所生，故我息亦在脐而口鼻不可呼吸，离胎则口鼻开窍，可以呼吸，顺而易矣。当此时，且不知胎息，安得复能胎息？

无母脐与子脐相通，不得不向自身口鼻起呼吸，即与胎中呼吸同，而暂异其窍耳。逆修返还之理，安得不以我今呼吸之息，而返还为胎中息耶？凡返还呼吸时，以口鼻呼吸之气，而复归于胎息之所。

即丹田之所。许旌阳云：脐间元炁结成丹，谷神不死因胎息，长生门户要绵绵。《元始得道了身经》云：中宫胎息为黄婆。抱朴子曰：得胎息者，能不以鼻口呼吸，如在胞胎之中，则道成矣。以鸿毛着鼻口上，而毛不动为候也。

如处胎息之时，渐渐炼至胎息亦真无。真无者，灭息尽之义也。

谓胎中之息，亦真无之。此正禅宗人所谓万法归一，一归无之说。

方是未生时，而返还于未有息、未有胎已前之境界，不落生死之途者矣。

凡人有呼吸，则有生死；无了呼吸，即无生死。

所以得如此者，亦非蓦然无所凭依配合，便以呼吸归中而可胎息者。

呼吸之气最难制伏，必有元炁相依，方可相定而成胎息。然胎息何以知其成也？以呼吸归于胎息，则口鼻无呼吸而成胎息，及其真成也，终不复至口鼻为呼吸。真禅定者，亦似此。若凡夫外道，不知元炁者为何，单以呼吸归于中，而妄曰入定胎息。其息不能定住于胎所，虽忍气而气无所容，乃曰气急杀人，而终不能强忍，口鼻之气更呼吸浩浩，皆由悖却世尊所谓无生法忍者之所为也。世之假道人、假禅人皆如此。此亦后学圣真之所当辨，而自防危险者也。

所谓孤阴不成者，此亦其一也。

呼吸之气，乃后天有形之阴物，故亦如此言之。

必要有先天炁机发动之时，又有元灵独觉，及呼吸相依，三宝会合，已先炼成大药者，而转归黄庭结胎之所。于此之时，

此时者，是当此结胎之时。因文上句皆言先所化炁，而至此始言胎息之意也。此正申明必要炼精化炁，以炁助胎，以神主胎，以呼吸结胎，方成真胎息。

而后以胎息养胎神，得神炁乘胎息之气，在中一定，

神炁与胎息相乘，方是有配合的修真胎息之工，所以能成真胎息，得真定。若无真炁，便不是金刚不坏之身，坐中只是昏沉瞌睡，如何能长觉长明，以长驭气入大定成胎乎？有间断，即非胎息。

即是结胎之始。正《入药镜》所谓初结胎，看本命而得者。

本命者，二炁也。元炁为生身命之本，呼吸气为生身命之具。而结胎之初，必要本命二炁，随神之号令，同凝于中，而为真胎者也。

虽似有微微呼吸，若在脐轮，而若不在脐轮，在虚空，正《度人经》所谓元始悬一粒宝珠，去地五丈，如世尊之前，地涌之宝塔在虚空中等语，皆是也。皆用运旋真息，以渐至成胎，顿然绝离口鼻，不存呼吸，灭却有作，恰然处胎相似。而胎中之息，始虽似有，而终绝无，即是真胎息，所以成阳神者。

若无大药真炁服食，若非三家相见，必不能胎真息，而神真纯阳者也。

如是而久久无间断，绵绵密密，无时无刻，而不是在胎中无息之景。直证阳神大定，绝无动静起灭，即是胎圆。乃返还到如母胎初结，一炁未成我，而未分精炁与神之时，正《入药镜》所谓终脱胎，看四正而得者。

看四正者，验四正工夫之有无也。有则胎尚未圆，以其有，乃养胎之工也。无则曰灭尽定，而阳神成就矣。

胎息还神，固曰毕矣，

胎事毕，灭尽定。佛亦灭尽定，入涅槃。故其经云：若于佛事不周，不入涅槃。佛事周讫，方入涅槃。

毕其十月中关之事，神仙之证也。犹有向上田炼神还虚，而证天仙者，在所必当知。故迁神于上田，而出天门，以阳神之显见者，倏出而倏入。何也？当前之十月之内，而或有出者，是不宜出之出也。由六根之为魔而妄出。

阳纯则无魔，阴尽则无魔，阴将尽而未尽，甚为魔者，要除阴尽，是要除魔尽也。

妄出则神走而着魔境，而息亦走，着于口鼻，必急入，则依于息而归胎。

此一段，又再详指示人，以十月内之所当防此危险者。

此时之出，是当出而出也。

昔监养素胎成，当出而不知出，故刘海蟾寄书与之，指示所出之法。

故起一出念，而出阳神于天门。

天门者，《传道集》所言，指顶门也。古人于此赞之曰身外有身是也。

若出之久，恐神迷失而错念，

古云：十步百步，切宜照顾。

故即入上田，而依于虚无之定所。以神既出胎，喻同人生之幼小，须三年乳哺者，以定为乳哺也。又言九载三年一定者，言出定之初，时而入定，以完成还虚之天仙也。证到至虚至无，即证天仙矣。然是定也，入定时多，而出定时少，又宜出之勤而入之速也。我故曰：出定之初，即为入定之始也。虽天仙已证，亦无不定之时也。故世尊亦曰：虚空界尽，我此修行，终无有尽。正如此也。至于终天地之后，超过劫运，亦无不定之时也。此犹仙佛以上，无仙无佛之妙境，而天仙佛之至者也。后来圣真，共知之，共证之。

此书稿成于天启壬戌岁，实欲藏之为门下学者便心目，不意被人盗去。但儒者窃取仙书，爱慕之心胜，可怪又可惜也。由骆友而失，骆故想象而梓，不无疏略。今崇祯己卯秋，查旧稿，加注。贤道友复梓之，以广度人，流行于天地之终，皆所愿也。故附识之。《直论》毕。

直论起由

予作《天仙正理直论》，仅仅九章，完全画出一个天仙样子，令有缘有志者见为顿悟。

有志者，不遇此书亦是无缘于道；遇此而不参悟，亦是无缘于道。又或有遇之而无真学之心，唯图诈伪欺世者，亦当改恶从善，而归正道。

非敢曰轻泄天机，妄拟无罪，只为度尽众生，为自度计者。于是冒干天谴而直论，亦缘我老祖师张静虚真人得道后曰：今日四大部洲，全无半个人儿知道，今当广开教门。奉此仙旨故也。

张真人法派名静虚，常携虎皮为座，故当时皆称虎皮张。初与三友寻访仙道，夜半见白毫光于西而冲天，次日西行，夜宿又见，日又趋之。三友去，而独行，独见得光处在蜀之碧阳洞也。入见仙师，而求度甚切。师遂授之道，命之修数年成而始命出。曰：今日四大部洲，绝无半个人儿知道，你与我广开教门。张翁遂行。按：四大部洲者，东胜神洲、西牛贺洲、南赡部洲、北僩庐洲。佛经所说者是也。张仙翁遂出西域，转北夷，还中国，见二大洲已无人矣。实起度人之念，止度得李虚庵一人而已。

历十五年间，再传而递言于予。

十五年间者，张真人于万历己卯年度李虚庵。至壬午复至李家，助李银为行道之资。李真人于万历丁亥受曹还阳请，至其家。曹与三友各具贽六金助道，不足。戊子，曹三友又助师三十金，而修成证果矣。曹真人于万历癸巳，与伍子遇。甲午年夏五月，度伍子。计之己卯至癸巳，十五年也。至壬子又十九年，曹复度伍子《仙佛合宗》全旨，以出三界之上者。并传以助道之方，嘱之曰：此《元史》所载丘真人助国之方也，唯默记之。倘护道要用则用之，否则闲置之可也，勿为世间作孽，取大罪也。予之十九年中，苦志苦行，或亦少仿佛于长春祖之苦志者，得全大道，敢不如命戒之哉？

予初若为骇闻，

骇世之学道者多，岂真无半个人儿知道？

而久之，真见同世斯人，不同闻斯道。

得师度之后，遍考仙圣之书，圣圣同此一道也。同此修成正果也。差毫发尚曰不成，岂可有不同者乎？每考问于全真侣，不过只知御女采战，及却一病小工，为诡求衣食之计者，与仙道之保精、保炁、胎神之理者不同闻。考问于禅宗人，不过曰当下便空，以降魔转劫，仅为死后生人道之说，与佛法空而不空之真空，超劫之妙法不同闻。又考在家俗士之学道者，求假做黄白成富贵，求房术久战遂淫乐，并无学道之实而志不同。又考在家俗士之学佛者，妄自尊而诳人曰，曾参学手抱非忉利，身触悖天王，口称着当下就了，只就了得一席淫媾，何曾闻佛法可了，而闻实不同。世界劫坏如此，安容得不直论而一救之耶？又安容不直论留为后世圣真作正知见耶？

故作此以指引后来。凡我丘祖门下符节正传弟子，得师口诀，凡药生内景。

时至则神知为内景，药炁驰外，则外别有景。

采药真工，

即达摩祖师所谓二候采牟尼者。

行火工，

小周天之候，即达摩祖所谓四候别神功。

止火景，

详后《仙佛合宗语录》中。

采大药工，

自古圣真所不轻传。此以前得百日炼精化炁之真法，行得全功，只成精满炁足之凡夫。知此而用，得大药方得长生。此先圣所以必俟百日功成者而后言之。

得大药景，

有六种震动之景也：丹田火炽、两肾汤煎、眼吐金光、耳后风生、脑后鹫鸣、身涌鼻搐。六根因其灭识，皆有景验。

三关工，

即名五龙捧圣者，从此超凡以入圣，乃圣圣不轻传之秘法天机。世间之所不知不闻者，必俟百日功成者而后言之。

服食工，

度过鹊桥而下重楼，喻曰服食。非如饮食样之食。

守中理，

即大周天之初。古云：守似有，却如无。不有不无，故喻之曰守中。又闻胎息本在脐，而若不着于脐；养神本养中田之神，又若不离于下田。总若合二田成一虚空境界，故亦喻之曰守中。正秘密天机有不得显言者。

出神景，出神收神法，炼神还虚理，

此守、出、收、炼、还等五者，皆详后《仙佛合宗语录》中。

历历秘授。

历授者，次第尽传。上文十二句之秘法，乃正传之所必有，而后圣真修之所当必受者。

闻人世所不知，

闻者，言后圣得遇圣师而有所闻者。人世者，彼后圣同世之人也。彼人所知，皆世法中之旁邪小术。唯圣所闻，皆彼不知。正与《直论》中十二句秘法同。

见凡书所不载。

见凡世前书已载者，皆古圣大略之言也。不载者，精切秘密天机，旧不载于书，而今得闻于圣师，正与《直论》十二句皆同，则师言可笃信奉行，《直论》可凭稽考。要知非遇仙者，无真闻见；非遇仙者，不能措一言为直论。

当下工修炼时，更以《直论》相印师言。

古圣之书，每言一句，又秘却二句三句，何以得全印证？欲求全证，又要搜索多书，此贫者之愈难。唯此《直论》兼注，又后有《仙佛合宗语录》及门仁贤问答之要，以详《直论》注脚，尽露全旨，则后圣得此一书，足以全印，可无余恨矣。

得了然无疑无碍，直证天仙，唯我作书助道之一愿也。后来圣真，未及得正传者，尤当从斯入悟。究其逐节工景违合，

凡有所闻，即征诸此书，合则正，违则邪。作人天眼目者，唯此书耳。

心则不为妖人邪说所惑矣。

凡一切邪说旁门，皆与此书相违悖。

如有真志精修，不参此论，是自绝于仙佛正道者也。窃谈此论而行邪行以诳世者，

如昔一光棍，专以房术欺骗人者，乃借言曰铅汞不在身中取，已明明说破。愚按棍贼此言，谓铅汞不在自身，是女人身上取的。铅汞者，喻阴阳。岂有阴阳二者俱在女身取之言，而可惑人取信乎？犹且言之。咦！

天律王章共诛之！

此书本代天仙救世，代佛破邪，尽是表明天上梵德至道之言，有天目共视，天耳共听，天律共护。若有邪人假借正言，行彼邪说，天有霹雳，伐其性命，王有典刑，灭其身形。

并揭禁誓书末，以为诵书者知诫。

后　跋

冲虚子跋云：道为天仙之秘机，

天仙之道，唯天仙知之行之，凡夫去天之远，何以得遇？唯不可遇，虽曰不秘，而亦是秘。若有得遇，知其道者，必要体天仙之心，行天仙之德，而后可成天仙之道。

凡夫之罕见。

为今之凡夫者，前虽有善而或有小功，不足以得道，故难遇。若能从今起念学道时，全具善心，力行善事，绝其从前间有不善者，则道之罕见者，犹可望见也。

或百劫百年一传于世，

如唐开元时之纯阳翁，始度王重阳于宋徽、钦时；如六祖惠能止衣钵不传，而后竟无传法之七祖者。

或片言数语密度于人。

如钟吕二仙，度燕国宰相刘海蟾，以卵垒为山，而不崩堕，刘曰：危哉！钟吕曰：汝宰相之位更危于此。刘弃相从之而仙去。如虎皮座张真人，以嘉靖帝强请之不起，罪邳州守。请曼及三年而后至京，延及徂落，而不复命。还至六安州，召庐江县李虚庵而度之。令三诵三背其言，三日而别，李竟成真，县及邻封皆称肉身菩萨。然张祖不肯见帝而度，乃召李而度之，此亦张祖密度之案也。如佛欲度迦叶，分恒河水为两断，而佛行其中之无水处，叶以舟救佛，佛从舟底穿入，而舟底无孔。叶犹曰：幻也。佛曰：汝未成不生死阿罗汉，何能如此贡高我慢？叶惊服，自不知所以不死，而归依之是也。

三口不谈，六耳不闻，

三人则三口六耳也。其中或愿学小成于人仙者，或愿学中成于神仙者，或愿学大成于天仙者。所愿者则重之而喜闻，所不愿者则轻之而厌听。或德止足以授小，而分不宜闻中、大二成，故不同谈、不同闻也。如许旌阳、吴猛二人，许为旌阳县令，吴为分宁县令也，同谒丹阳之谌母元君。母独传许以道法，谓吴德行尚未充，后当拜于许授。如世尊单传迦叶为初祖，而以堂弟阿难未能离欲，令转拜叶，传为二祖。俱是旧案也。

不经纸笔，

仙道乃天上人之所有，亦天上人之所用。正上仙口不谈之秘，鬼神觑不破之机。所以不载笔于纸。

何敢浅其说、直其论，而谆谆然数万言为镌哉？此大罪也。

大道本不敢轻一言于非人之前，何敢浅说其精深，直论其秘密，令善恶贤否、正人非人，一概混见之耶？但视世间无不可救化之人，倘有不从正而改邪者，是必从地狱、饿鬼、畜生三恶道出，而初世为人，而恶心犹在故也。虽直论之，彼只见如不见而已矣。何嫌其混见？

曾见世人截然向道，而竟无觅处。

截然者，截断世法尘劳，决志学道。满目是万法千门，竟不见何者为仙道，不知向何处觅仙道，此甚可怜。

举世多人谈道，而悉堕旁门。

遍世界谈道，所闻所知，全在淫邪窠臼中。初学不能辨邪正，遇之焉不堕入？此又甚可耻。

谓道不在世，而人必误陷于邪者也有。

仙道原只蕴藏于仙胸中，世何得有？一切诸人，不遇仙度，皆只在世而学，焉能外世见而求世外之见？毕竟误陷于邪矣。

谓人心自邪，不求闻道，而规正者也有。

心邪之人，唯邪法是喜。口称是学仙之党者，只愿学房术御女，谓淫媾有如是快乐，是我所学之有证。而仙道高远，或者即此所致，我何必舍此快乐而别求仙乐为哉！故不求闻也。自称是学佛之党者，造断见之邪说而惑人，不知已为佛之所斥。自谓有了此一口高谈捷语，足取衣食名誉，何必效佛所修，而六年禅坐以自苦？故不求闻也。予在金陵，所以绝不屑与人谈仙佛，见彼诸俗人谈仙者，皆志于房术御女，及却病小工，而即指为仙道，不务修德修道，故不必与为谋也。见彼众生谈佛法者，皆妄将佛说为行教无用之虚言，将己谈断见作佛法，不求如何如佛八千劫说一会《法华经》方已，不求如何得佛八万四千劫坐一定方起，必执断常邪见，直趋死亡。为了生死，或学躲一轮回为自足，而且不能得。又不能承当正法，竟如石马，虽打不走，全似木牛，拽鼻不回。谓之下愚不移，何足救化！何足与言！所以祇尊仙佛正法，为我自悟师而已矣。我又为有相知者悯，而浅说劝之。佛昔云：人相竖，畜相横。世之俗夫，每以横相妄谈佛法。语人曰：我知佛，我是佛。此亦妄人也已矣！甘为横相，又何难焉？今而后谈佛者，请先改汝横相为竖相，且遵佛说，别作商量。庶免空劳妄谈，虚度一世。

借令百劫百年，生一圣真，将何入悟？

言此论若不出世，倘有真修者，不知如何修仙，不知如何修佛，故无趋向处。亦不知学何者为学，行何者为行。

所以得圣真于学者，必由此论。

及有此《直论》并《仙佛合宗语录》出世，若有一人精究此论及录，便见得此人是有志于此者。与论合志，即为学此道之圣真。不究者，则其志不学此，终于凡夫轮转而已。

得圣真于师者，亦必由此论。

诵诗读书而尚论古人者固有人，诵此论，而寻觅论此之人者亦有人。未诵此论，而寻觅已诵此论者亦必有人。能觅此人，岂不得遇此人而得遇此道？故曰：求师必由于明此论。所以张紫阳真人作《悟真篇》以访友，果得石杏林为之徒。其胜于奔走四大部访师友者，不万万分便益哉？

故钟离云：吾之求人，甚于人之求我。

古云：弟子寻师易，师寻弟子难。盖弟子以初学之无知，故不知所遇之人有道无道而拜之，故易。师之有道者，严奉天诫，必选择同德同志，祖父善门，一不全不足，非弟子，故寻之难。

昔钟离往九江府德化县度县宰吕纯阳，又钟吕往甘河镇度宋徽、钦时领兵校尉王重阳，又钟吕往燕国度丞相刘海蟾，又虎皮座张真人，行至六安州马神庙，召庐江县之李虚庵而度之，又昔世尊往榆罗厥叉国度迦叶者，皆是师急于求人之案。

人不及于求我，我不及于求人，

世界如许大，学者相隔如许远。谁知我而求？抑谁知我而能求？由我非方外之士游遍四方者，亦非如所谓唐朝吕洞宾，至今犹在寻人度者，亦非如世尊自谓行化时至，乃行而化之，至度一万八千九十四国人者，不过隐处一小小道隐斋而已。不及求人，所以亦不得为圣真学者之所遇。

乃以一笔救天下后世迷。

唯成书，可以代面命。虽遍天下、尽后世，凡有见者，皆可救其迷惑。

然而迷自轩辕氏御女保生之术一倡，

轩辕者，君天下者。忌嗣子之少，故用后宫之多，淫媾之多，必不可不节欲。后世学者，岂可以节欲之人事，而遂误指为长生不死神通之仙道乎？

而真伪争途，四千余年矣。

仙道是出世间法，真也；御女术是在世间法，而非仙，伪也。本不同者。凡学仙圣真，既有大志、有圣德，必不可学御女以招天诛。凡学御女者，轻纵淫乐，坏女子之身，丧女子之耻，志极卑污，败仙佛根基种子。天律严密，又岂容于谈道？

真者，幸有天降真传，而作仙佛。

汉之张道陵、葛玄仙翁、寇谦之、于吉，皆太上降下而传；北汉时之钟离正阳，乃东华帝君之降传；唐之纯阳吕翁，乃钟离之降传；宋之王重阳、燕之刘海蟾，乃钟吕二真之降传；世尊佛，乃阿私陀仙之降传。敏《法华经》佛云：昔者仙人授佛妙法，如来因之遂致成佛是也。所以伍子言：非仙不能度仙，非佛不能度佛。此亦破迷之一说也。

伪者，自愈炽说，遍天下而迷人。

炽说者，建立各种门户，曰三峰采战者、曰小采补者、大采补者、曰童男童女开关补气者、曰对炉者、曰入炉者、不入炉者。千种淫秽无耻，以之为世事用，尚甚可耻，又安可妄诳人曰道乎？所以道隐斋评之曰：常见人猿与阴者聚，则抚弄其二物，岂可以衣冠人物、有礼义廉耻者而如之乎？又评之曰：蠢动如蚊、蛾、虱类，人共见其不学而能相媾。岂有不蠢如人，反不如之，而学人为媾乎？以速死丧命之事，而愚弄人曰接命不死，其迷于自愚，又迷于邪说之诳如此。予请诸人破迷改过，且自安生，保见在之福。

以此大迷之世，而论说之，宜直宜浅，其可少乎哉？泄论说之功，岂不大哉！

泄万古圣真密旨天机，书之遍与凡夫言，固有罪矣。但后来圣真，得明道于论说之所泄，岂不是此莫大之功乎？

然泄道未必无干于天罪，敢望曰天不之罪，而故意冒干之

耶？即此一点破家学道、慈心救世之为功，抑可赎罪哉？得悟于天下后世劫，独超出大迷，而为圣、为真者，又可无此泄道功之报哉！

后来圣真得明正道于论说，不被邪说坑陷，而竟成圣成真，亦当报今泄道之功。

见此者，幸毋谓我一见是书，已尽见其道。见之固易，而生易见之心，靡不亦自轻易视其性命。

书成道之初迹耳。道之精真者曰理，道之实行者曰事。理可以书求，事未可尽以书行，必要真诚参师学道。凡未得师者，以此书考寻正门为引进，即此以为引进师也。已得师传者，以此书印证是否，而为信受奉行，此即是印证师也。若不求真师救度，专向书文上诵章句，偶见一斑，妄称全豹。愚谓只可言悟书，不可言悟性悟道。由怀易见之心，不识为难遇难闻之天宝，则其轻易视性命而丧失者，将必不免矣。

毋谓我一见书，便见此道实可易行，正遂我畏难之心，即此易行而易行之。自执善悟，不求师而按图索骥，焉能了悟到至玄至妙之真实处，而修证性命？

书固载道，正欲使人明道，而浅直之。古云：得诀归来好看书。若先得真师真诀，则见书真可尽见道，真知易行。若谓不必求师，道已了然，尽见易行。吉云差毫发，不成丹，恐难悟透，亦不免依然失性命也。古云性由自悟，或可因书。命要师传，必经口耳。则信之真，而行之勇，此我今所望于后圣后真也。故又诫之曰：毋轻忽为易。

尤毋谓盗此为说，言可应世，理可惊人，足以师任之于己，以徒视乎其人。有此诳人之心，为障为碍，耻于低头实学，竟不自悟、自修、自证，而亦不免于失性命。

有等人不真实参师学道，唯见此书一遍，念几句，诳人曰：我尽得传某人道矣。我今足为诸人之师，诸人只可为我之徒。言至于此，即《楞严经》所云未得谓得，是为入魔。故必害己德，而堕为魔民。昨有一人即如此诫之说，见此未注旧稿，遍语人曰：我全得某人所传仙遂之妙。斯言也，非赞扬，实贬词也。一则以忽仙道之为易，一则以增己学之为博，不谓染指吞海，曰海尽吞矣，而可乎？以芥壳量海，曰海尽量矣，而可乎？作是言者，可谓无正心，无大志。又一人在金陵，淫恶无度，冒称为我虎皮张真人门下人。不知张门先戒绝淫事淫念为初功。彼何必自投清净门，讨个摈斥为哉？

于是三者能不肯犯，

即上三条诫词也。

诚心参悟，即《直论》以究仙理，征《直论》以印师传，真修实悟，证圣证真，斯不负我染笔时一字一泣，

当论时，欲不直，奈何今世正道已尽绝，恐无益于救正，不得不为仙佛宣明正法。欲直论，天则有谴，而不敢言，终必直之而冒谴，故一泣。我自癸巳至壬子，二十年参师护师，卖田舍，破家计，苦心苦行而得悟，后之参师者，未必能得年之久，未必有可卖可破之家而可得，故一泣。人以一见论而即知，我以多年苦而轻泄，我以自苦代人之苦，我以所卖所破，代人之以卖以破，故一泣。又或有人，或有可费之资，而不学真仙道者，徒费耳。虽费而不求明如何修命、得命之证，如何修性、得性之证，泛然无着者，徒费耳。虽费而不苦心志，苦功行，以求必悟必成者，徒费耳。故一泣。我又为众言此，以劝诫之。

为终天地劫运之圣真直而论，

泣而论者，既为参难泄易而割舍天机，又为世界既绝仙佛正道，愈传愈假。我独得悟，又焉敢不为仙佛正道留一线之真耶？令世世圣真，得所考据，而为师资矣。

将流行于天地之终，而度尽仙佛种子为圣为真、成仙成佛之心也欤！

今世皆好房术淫欲，而仙佛正道则绝尽淫欲。心反正道，虽见之亦不能救正。间或有从救而不足。必成书流行以终天地，则尽未来之仙佛，皆得普度。是我继诸仙翁救世度人，立三千功行，为自修而已矣。即纯阳翁所谓度尽众生，世尊佛及地藏菩萨亦谓度尽众生，言自利利人之果，唯如是，而后圆满。

增注说

书有不必注者，谓已显明直捷，反覆辨论之，若有注也。书有可以注者，谓宜发明书言，以己意逆合而注之也。必后之闻见与前之闻见同，前书得后注，理愈明而犹合辙若一，斯可不诳惑于世矣。若观者不知作者意，如注《参同契》为纳甲，注《悟真篇》为房术，注《楞严》、《楞伽》、《金刚》、《法华》，以时文训诂套语，不能剖真修实义，各成门户，致有经自为经，注自为注之斥，出乖露丑，则亦何用注为？所以《天仙正理直论》，既有《仙佛合宗》为之注，犹惧后人妄注错误，害超世之圣真，吾堂弟真阳子又加注之，予又辅之，同一师之学，并四瞳之见而为之者。其《合宗》二注，又皆出予录者之手，无非杜绝众口之妄，保全度世之真，则后世不必画足于蛇，倒屣于首，令未来无极劫中，皆不失性命根宗，不迷超劫慧命，诚不谬注者之所赐也。故亦诫之曰：毋烦后注。

伍真人事实及授受源流略

仅按真人，故明嘉靖乙卯孝廉维摩州刺史讳希德号健斋先生之季子也。世居南昌辟邪里，幼孤，家贫力学，持身高洁，一介不苟取，长而薄荣利，笃好道德性命之言，造次颠沛弗离也。性至孝，以母在故，岁授生徒博馆谷。母九十余而卒，而先生世寿亦七十矣，遂隐迹仙去。所著《天仙正理》、《仙佛合宗》二书，扫尽旁门，独标精义，诚无生之宝筏也。真人为龙门嫡嗣，原序谓龙门授之张静虚，即俗所谓虎皮张真人者，李虚庵师静虚，曹还阳师虚庵，而真人为还阳弟子，据此则真人为龙门四传弟子矣。间考龙门二十字派，真人适当第八字，即真人亦自书龙门第八派弟子。然则博庵之序，果无据耶？因重修《天仙正理》，复以得之买痴先生及西江板，原叙诸说，缉而志之，以存什一于千百云。越日铁蟾又书。

仙佛合宗语录

冲虚子伍守阳　撰

受业徒孙　静虚子恭参校订

序

冲虚子自序曰：仙宗果位，了证长生。佛宗果位，了证无生。然而了证无生，必以了证长生为实诣；了证长生，必以了证无生为始终，所谓性命双修者也。今我述斯宗，厥意在仙宗，其佛宗不过带言而已。名曰合宗者，欲使天下后世同志圣真，知性命双修为要也。向作《天仙正理直论》九章，敷陈仙理，次第详明。兹复述《仙佛合宗语录》九章，一以阐明《直论》未宣之秘法，一以罄口传未泄之天机。有是录传，而玄中之玄，妙中之妙，炳若日星矣。得斯录者，精进修持，成仙成佛，庶不负我度人之苦心也欤！

大明万历中睿帝阁下，吉王国师，维摩大夫季子，三教逸民，南昌县辟邪里，冲虚子伍守阳述。

叙

冲虚真人著《天仙正理》，谓尽精微于直论，致广大于浅说，广大之不废详，精微之不废捷，道之全体已无不著明矣。而真人启迪后来之心，有加无已，复以门人平日讲习语录，集而成帙，名曰《仙佛合宗》。欲后之读正理未贯通者，参之合宗而益备。且以仙佛之名虽殊，而功法纤细无不相合，正以见只此一事实，余二即非真，庶后世知仙佛无二致，而一切旁门异术，无容惑其意见，舍正道不由，而自趋于邪慝焉。夫儒者存心养性以合天，佛氏明心见性以大觉，仙家清心炼性以了道，三教之所以为教，无非此身心性命而已。仙佛之道，即圣贤之道也。虽修炼精微，古圣真惧违天诫，借炉鼎铅汞以罕譬而喻，名固纷歧，其实不外命与性，而别有所谓炉鼎道路铅汞药物也。仙可合于佛，不即合于儒耶？宗二氏者，岂容分道扬标，矜尚新奇，以惑世而诬民？是真人《合宗》一书，不特阐发渊微，而其维持斯道者，益深切著明矣。读真人之书，其抑识真人之意也夫！

光绪二十三年丁酉中秋日，古云安云笠邓徽绩谨叙于自然自在之轩。

仙佛合宗

大明万历中睿帝阁下，吉王国师，维摩大夫季子，三教逸民，南昌县辟邪里人，冲虚子伍守阳撰。

最初还虚　第一

太和问曰：《直论》中言：炼己先务，有当禁止杜绝之端。又言：不炼己，有难成玄功之弊。可谓详言炼己之要矣。昨又蒙老师言：最初炼己，不过初入其门，仍要还虚，方入阃奥。敢请还虚之理，何谓也？

伍子曰：儒家有执中之心法，仙家有还虚之修持，皆一致也。盖中即虚空之性体，执中即还虚之功用也。惟仙佛种子，始能还虚了性，以纯于精一之至诣。若夫人心，则戾其虚空之性体，冲冲不安，流浪生死，无有出期。故欲修仙道者，先须成载道之器；欲成载道之器，必须先尽还虚之功。虚也者，鸿蒙未判之前，无极之初。斯时也，无天也，无地也，无山也，无川也，亦无人我与昆虫草木也。万象空空，杳无朕兆，此即本来之性体也。还虚者，复归无极之初，以完夫本来之性体也。

问曰：然则何所修持，始尽还虚之功也？

答曰：还虚之功，惟在对境无心而已。于是见天地，无天地之形也；见山川，无山川之迹也；见人我，无人我之相也；见昆虫草木，无昆虫草木之影也；万象空空，一念不起；六根大定，一尘不染。此即本来之性体完全也。如是还虚，则过去心不可得，现在心不可得，未来心不可得，顿证最上一乘，又何必修炼己之渐法也哉？佛宗云：无相光中常自在。又云：一念不生全体现，六根才动被云遮。合此宗也。

真意　第二

太和问曰：《直论》中所谓返观内照，凝神入于炁穴。敢求详示返观内照之旨？

伍子曰：返观内照，即真意之妙用也。盖元神不动为体，真意感通为用，元神真意本一物也，言元神可也，言真意亦可也。故真意即虚中之正觉，所谓相知之微意是也。返观内照者，返回其驰外之真意，以观照于内也。炼精之时，真意观照于炼精之百日；炼炁之时，真意观照于炼炁之十月；炼神之时，真意观照于炼神之三年。此返观内照之大旨也。

问曰：凝神入炁穴之大旨，又何谓也？

答曰：炼精之时，有行住起止之工。行则采取如是○，即运息以合神炁之真意也；住则封沐如是●，即停息以伏神炁之真意也。起则采封之后，真意运息，合神炁于十二时中，自子时而起火也。止则象闰余之后，真意停息，合神炁于本根，还虚而止火也。可见行住起止，悉皆元神凝合于炁中，不谓之凝神入炁穴亦不可也。犹未已也。当大药服食之后，务宜定觉于黄庭穴之虚境。虽周三千六百时之天，未尝一瞬息离于结胎之所。不谓之凝神入炁穴，不可也。然真意有动静兼用之功，有专静不动之功，尤不可不知也。

问曰：何为动静兼用之功？

答曰：初关炼精，真意采炼属动，封固属静。三年乳哺，真意出收属动，归宫还虚属静。此动静兼用之功也。

问曰：何谓专静不动之功？

答曰：中关炼炁化神，惟真意定觉于黄庭穴之虚境，为结胎之主。但任督二炁自然之有无，而不着意于二炁之有无。可见十月常静，未尝移意毫发许也。此专静不动之工也。更进而论之，三年乳哺，已造还虚之极，虽真意一出一收，而实不着意于出收，则是出亦静，收亦静，谓之专静不动，亦可也。

问曰：动静适宜，自合妙机。倘失真意，其弊云何？

答曰：炼精之时，若失真意，则无以招摄二炁合神归定于玄根，以妙积元阳之用；炼炁之时，若失真意，则无以保护二炁归定于胎中，以证纯阳之果；炼神之时，若失真意，则无以迁神归定于泥丸，复戒慎出入于天门，以施乳哺之工。故予向有一颂云：

阳炁生来尘梦醒，摄情合性归金鼎。
运筹三百足周天，伏炁四时归静定。
七日天心阳来复，五龙捧上昆仑顶。
黄庭十月足灵童，顶门出入三年整。
屈指从前那六工，般般真意为纲领。
九年打破太虚空，乘鸾跨鹤任游骋。

此予总颂阳关三叠，咸不离夫真意。真意之用大矣哉！然须知真意不涉较量，一涉较量，即非真意矣。佛宗云：拟议即乖，较量即错。合此宗也。

水源清浊真丹幻丹　第三

太和问曰：《直论》中有不知先后清浊之辨，不可以采取真炁。何谓也？

伍子曰：先后清浊，即水源之辨。真丹、幻丹之所由别也。

问曰：既云丹均是阳精所成，何有真幻之别也？

答曰：水源既有清浊之殊，则成丹不无真幻之别。若筑基昧此，则违真从幻，往往有之矣。今为尔详言之。凡有念虑存想，知见睹闻，皆属后天，所谓浊源也。阳精从此浊源中生，因而采封炼止，纵合玄妙天机，终成幻丹，以其水源不清也。若夫无念无虑，不识不知，虚极静笃时，即属先天，所谓清源也。阳精从此清源中生，于焉采封炼止，兼合玄妙天机，遂成真丹，以其水源不浊也。凡阳精从清源中生，即须采而炼之；倘阳精从浊源中生，弃之不可采也。诚能最初还虚，则采炼阳精，悉就真丹，自无幻丹之谬矣。古云炼药先须学炼心，诚有鉴于水源之宜清者。佛宗云：心浊不清，障菩提种。合此宗也。

火足候、止火景、采大药天机　第四

太和严整衣冠拜竟膝下，西立问曰：《直论》中所谓三百周天，犹有分余象闰数。一候玄妙机，同于三百候。义旨云何？

伍子答曰：此言火足之候也。所谓三百周天者，三百妙周之限数也。欲人知火足之候，在得玄妙机之周天，满三百候之限数也。凡行小周天之火，有善于行火者，有不善于行火者。善于行火者，水源清真，采封如法，炼止合度，心不散乱，意不昏沉，以至三百息数，混合神炁，贯串始终。此一周天，乃得玄妙机之周天也。不善于行火者，或水源凡浊，或采封违法，炼止失度，因昏沉散乱，以至三百息数，断而复连，神炁不均，时离时合。此一周天，乃失玄妙机之周天也。除失玄妙机之周天不计外，独计得玄妙机之周天，要满三百候之限数，方为火足之候，止火之候，此积于内者也。犹有龟缩不举之景，并阳光二现之景，皆为火足之候、止火之候，此形于外者也。故佛宗有倒却门前刹竿着之句，又有成就如来，马阴藏相之句，皆为龟缩不举之明证也。又有宝胜如来，放光动地之句，亦为阳光发现之明证也。

问曰：阳光发现之时，从何处而现？

答曰：两眉间号曰明堂，阳光发现之处也。阳光发现之时，恍如掣电，虚室生白是也。当炼精之时，即有阳光一现之景。斯时也，火候未全，淫根未缩，一遇阳生，即当采炼，运一周天。以至采炼多番，周而复周，静而复静，务期圆满三百妙周之限数而后已。限数既满，惟宜入定以培养其真阳，静听阳光之二现可也。

问曰：阳光二现如何？

答曰：由是于静定之中，忽见眉间又掣电光，虚室生白，此阳光二现也。正是止火之景、止火之候也。是时三百妙周之限数，恰恰圆满，龟缩不举之外景，次第呈验矣。此内外三事，次第而到者也。

问曰：三事既次第而到，彼又谬自行火，是何故也？

答曰：此时动炁，虽不妄驰于肾窍，而生机却内动于炁根。故炁机发动，或一动二动，亦所有事，彼昏不知，觉其二动，以为可采，辄行采炼者有之，是以有倾危之害也。

问曰：欲免倾危，须究其显验所以然之理，祈老师更为历历言之。

答曰：筑基已成，精尽成炁，恰好限数圆满。限数既满，则火之已足，足征矣。摄此动炁，凝成丹药，方得淫根如龟之缩。既已龟缩，则药之已成，又足征矣。阳关已闭，无窍可通，方得淫根绝无举动。既绝不动，无精可炼，则火之当止，又足征矣。所积阳炁，尽伏炁根，方得阳光二现。光既二现，则阳炁之可定于炁根，又足征矣。故阳光二现，纵有动机，亦去其火，更宜入定，以培养其真阳，静听阳光之三现可也。由是静定之中，忽见眉间又掣电光，虚室生白，此阳光之三现。真阳团聚，大药纯乾，方得阳光三现。光既三现，则炁根之内，已有大药可采，又足征矣。要之止火当自阳光二现为始，至三现为终。故二现三现，皆名止火之景、止火之候。独是阳光三现，方兼名采大药之景，采大药之候也。

问曰：行火至于阳光四现，遂至倾危，其何故也？

答曰：此由不依止法，妄自行火之过也。不知阳光三现，大药可采。若行火至于四现，则大药之可定者，必随火之不定者，而溢出于外，化为后天有形之精矣。可不戒哉？佛宗云：如来善护宝珠，自然放光有节。合此宗也。

七日采大药天机　第五

太和作礼曲膝问曰：《直论》中所谓七日口授天机，采其大药，未审大药何以必须采于七日也？

伍子曰：阳光三现之时，纯阳真炁已凝聚于鼎中，但隐而不出耳。必用七日采工，始见鼎中火珠呈象，只内动内生，不复外驰。故名真铅内药，又名金液还丹，又名金丹大药。异名虽多，只一真阳，即七日来复之义也。

问曰：采大药天机，求老师垂慈详训。

答曰：以初采言之，其呼吸之火，自能内运，任火自运，绝不着意于火，亦不驰意于火，方合玄妙机之火也。此时用火，尤当入定，而单用眸光之功，是以日间用双眸之光，专视中田，夜间用双眸之光，守留不怠，如是以采之，大药自生。《阴符经》所谓机在目者，此也。

问曰：天机已明，但采之所以得生之理，尚求教益。

答曰：采之而所以得生之理，有四说焉。盖以交媾而后生，勾引而后生，静定而后生，息定而后生。

问曰：何谓交媾而后生？

答曰：心中元神，属无形之火。肾中元炁，属无形之水。心中无形之火神，因眸光专视，而得凝于上，则肾中无形之水炁，自然薰蒸上腾，与元神交媾，而无上下之间隔矣。无形之水火，既已交媾于上，则久积纯阳之炁，自然团成大药，如火珠之形，发露于下矣。如天地氤氲，万物化生者然。盖无形能生有形，自然之理也。古云：玄黄若也无交媾，怎得阳从坎下飞？即此义也。

问曰：何谓勾引而后生？

答曰：双眸之光，乃神中真意之所寄。眸光之所至，真意至焉。真意属土，土乃中宫之黄婆，黄婆即勾引之媒妁也。黄婆勾引于上，则大药自相随而出现于下矣。古云中宫胎息号黄婆，即此义也。

问曰：何谓静定而后生？

答曰：元神因眸光专视，归凝上之本位而得定机，则元炁亦归凝于下之本位而得定机。神炁俱得定机，由是元炁成形，因定而生动，只动于内、生于内矣。古云采真铅于不动之中，又云不定而阳不生，即此义也。

问曰：何谓息定而后生？

答曰：此是后天自运之火，亦得定机也。先天元神元炁，因眸光专视，而得定机于上下之本位，则后天自运之火，亦因神炁之定机而有所归依，自然伏定于炁根，而无上下之运行矣。真息一定，大药自生；真息不定，大药必不生也。古云定息采真铅，即此义也。

此四说者，皆以眸光为招摄，故其生之意乃尔也。昔本宗丘祖相传一偈云：

金丹大药不难求，日视中田夜守留。

水火自交无上下，一团生意在双眸。

旨哉！此偈也。须知大药生时，六根先自震动，丹田火炽，两肾汤煎，眼吐金光，耳后风生，脑后鹫鸣，身涌鼻搐之类，皆得药之景也。大率采药至于三四日间，真息将定未定之时，得药六景，即次第而现。若采药至于五六日间，则真息一定，而大药已生矣。故七日之期，亦大概之言耳。佛宗云天女献花，又云龙女献珠，合此宗也。

大药过关服食天机　第六

太和歃血盟天，作礼四拜，长跪问曰：七日采药天机，业已蒙恩传授。但《直论》中所谓大药过关，有五龙捧圣之秘机，未审是何取义，个中玄妙，恭望大慈俯垂详剖。

伍子曰：前辈先师欲明过关秘旨，故借玄帝舍身得道之事，以喻言之。所以喻言者，以五乃土数，真意属土，龙乃元神，元神乃真意之体，真意乃元神之用，体用原不相离，故云五龙。圣即大药之喻。用真意引大药过关，故曰五龙捧圣也。其间有过关服食之助功，向已详言于三次口传之内矣，兹不复赘。盖以童真与夫漏精一度之人，则过关服食之助功，自当应用。若漏精多度，则此助功，不复可用，即当行过关服食之正功矣。

问曰：正功天机，求老师详示。

答曰：天机示汝，汝当珍重。今且以大药初生言之，因其多经积累，始得形如火珠。此先天纯阳之炁，能生后天真息之火。火药同根而生，故言药不言火，而火即在其中矣。大药发生，不附外体，只内动于炁穴。须知炁穴之下，尾闾界地，有四道歧路，上通心位，前通阳关，后通尾闾，下通谷道。阳关尾闾二窍髓实呼吸不通。谷道一窍，虚而且通，乃气液皆通之熟路。又气液皆通，乃平日所有之旧事。故《直论》注中，有熟路旧事四字，即指此言也。尾闾谷道，一实一虚，故名下鹊桥。尾闾关上夹脊三窍，至玉枕三窍，与夫鼻上印堂，皆髓实填塞，呼吸不通。鼻下二窍，虚而且通，乃呼吸往来之径路。印堂鼻窍，一实一虚，故名上鹊桥。关窍既明，则防危虑险之功，尤不可不知也。盖大药将生之时，先有六根震动之景。六根既已震动，即当六根不漏，以遂其生机。大药既生之后，六根即当迁入中田以化阴神，务先逆运河车而超脱之。尤当六根不漏，以襄其转轴。故下用木座，抵住谷道，所以使身根不漏也；上用木夹牢封鼻窍，所以使鼻根不漏也；含两眼之光，勿令外视，所以使眼根不漏也；凝两耳之韵，勿令外听，所以使耳根不漏也；唇齿相合，舌抵上腭，所以使舌根不漏也；一念不生，六尘不染，所以使意根不漏也。既能六根不漏，可谓防备之至密矣。犹未已也。方大药之生于炁穴也，流动活泼，自能飞升而上腾于心位。心位不贮，自转向下由界地而前触夫阳关；阳关已闭，自转动由界地而冲夫尾闾；尾闾不通，必自转动，由尾闾而下奔走谷道；谷道易开，大药泄去，前工废矣。此下鹊桥之危险也。即丘、曹二真人走丹之处。预用木座，状如馒首，覆棉取软，坐抵谷道，其势上耸，不使大药下奔。既为外固之有具矣。又有内固之法焉。大药冲尾闾不透，自转动而有下奔谷道之势。才见其下奔，即微微轻撮谷道以禁之。斯为内固之至严矣。内外如此固严，自能保全大药，不致下奔于谷道，只附尾闾，遇阻而不动矣。斯时也，若用真意导引，则失唱随之机，纵导引频频，终难过关，故有善引之正功焉。才见其遇阻不动，即一意不生，凝神不动，动而后引，不可引而使动也。忽又自动冲关，即随其动机，而有两相知之微意，轻轻引上，自然度过尾闾，而至夹脊关矣。关前三窍髓阻不通，大药遇阻不动。惟是一意不生，凝神不动，以待其动。忽又自动冲关，即随其动机而有两相知之微意，轻轻引上，自然度过夹脊而至玉枕关矣。关前三窍髓阻不通，大药遇阻不动，惟是一意不生，凝神不动，以待其动。忽又自动冲关，即随其动机，而有两相知之微意，轻轻引上，自然度过玉枕，直贯顶门。向前引下，至于印堂。印堂髓阻不通，自转动而妄行于鼻下便道之虚窍矣。若非木夹为之关锁，几何而不沦于泄也？泄则前工废矣。此上鹊桥之大危验也。故木夹之用，不可不预为防也。预防有具，则大药不致下驰于鼻窍，只附于印堂，遇阻而不动矣。推是一意不生，凝神不动，以待其动。忽又自动冲关，即随其动机，而有两相知之微意，轻轻引下，自然度过印堂，降下十二重楼，犹如服食，而入于中丹田神室之中，点化阴神，为乾坤交媾。盖通中下二田合而为一者也。此过关服食之正功也。昔本宗丘祖偈云：

金丹冲上斡天罡，何患阻桥又阻关。

一意不生神不动，六根不漏引循环。

旨哉！此偈也。盖夫天罡居天之正中，一名中黄星，一名天心，一名斗柄，在天为天心，在人为真意。大药凭真意之转旋而升降，犹天轮藉天心之斡运而循环，皆一理也。须知初用木座抵住谷道之时，其势已上耸，不使大药下奔，故大药冲尾闾不透，亦有不下奔谷道，即不必行轻撮谷道之事，惟用过关之正功而已。然过关正功，其行住之机，惟在顺其自然为要也。佛宗云：未有常行而不住，亦未有常住而不行。合此宗也。

守中　第七

太和问曰：《直论》中谓欲将此炁炼而化神，必将此炁合神为炼。何谓必将此炁合神为炼也？

伍子曰：既采得金丹大药，逆运河车，入于神室之中矣。倘其神光失照，则大药失其配偶而旋倾。故必以元神为大药之归依，以大药为元神之点化，相与寂照不离，则阳炁自能勤勤发生，与真意相运于神室，而元神得其培养以相炼也。

问曰：何谓将此炁炼而化神也？

答曰：大药得火炁，相运于神室。既能点化神中之阴，阴神赖以降伏，而念虑不起。又能培补神中之阳，阳神愈益阳明，而昏睡全无，不谓之炼炁化神不可也。

又问曰：《真论》注中，既言伏气于丹田炁穴中而结胎，其后正文，又言大药转归黄庭结胎之所。盖炁穴属下田，黄庭属中田，何以言结胎之所，有二田之别也？

答曰：初行大周天之火，元神虽居于中田，却连合下田二炁以为妙用。必元神寂照于中下二田，相与浑融，化为一虚空之大境，使二炁助神结胎，故二田皆是落处。若拘守于一田，则神有滞碍，而失大圆镜之智用矣。乌乎可！

问曰：《直论》中所谓守中之理，敢请详训。

答曰：中也者，非中间之谓中，乃虚空之谓中也。守也者，非拘守之谓守，乃致虚之谓守也。守中也者，不着意于二田，亦不纵意于二田，即所谓元神寂照二田，成一虚空是也。故能保中之体者，一念不生，寂然不动，直守到食脉两绝，昏睡全无，亦须臾不离于寂照也。能尽中之用者，灵光不昧，超脱尘根，直守到二炁俱无，念无生灭，亦须臾不离于照也。从来体用不分，寂照同用，所以全十月养胎之要务者，盖如此。

问曰：《直论》中言胎，又言胎息，又言真胎息，请一一言之。

答曰：十月之关，有元神之寂照，以为二炁之主持，故云胎。有二炁之运行，以为元神之助养，故云胎息。忘二炁运行助养之迹，而胎神终归大定，故云真胎息也。

问曰：大周天火候，请更详言之。

答曰：自服食大药之后，三关九窍阻塞之处，尽已开通。须知此后二炁勤生，自能运转于已通之正路，服食于二田之虚境，以培养夫元神。故其一升一降，循环不已，亦自然而然者也。可见此时之火，是不用意引之火。火既不用意引，又岂可着意于火，而滞碍夫元神之大定也哉！惟是不见有火相，方合不有不无之文火，为大周天之火候也。然非元神寂照于二田之虚境，又安得二炁之勤勤发生，运养不绝，有如斯也？

问曰：十月关中，历月自有景验，愿闻其详。

答曰：初入定时，守定三月，则二炁之动机甚微，但微动于脐轮之虚境而已。若守至四五月间，则二炁因元神之寂照，以至服食已尽，而皆归定灭。元神因元炁之培育，以致阳明不昧，而得证真空。二炁俱定，食性已绝，独存一寂照之元神，以为胎仙之主矣。更守至六七月间，不但心不生灭，亦且昏睡全无。更守至八九月间，则寂照已久，百脉俱住。更守至十月，则候足纯阳，神归大定。于是定能生慧，自有六通之验矣。六通者，漏尽通、天眼通、天耳通、宿命通、他心通、神境通是也。前炼精时，已有漏尽一通，至此方有后五通之验也。盖天眼通，则能见天上之事。天耳通，则能闻天上之言。宿命通，则能晓前世之因。他心通，则能知未来之事。惟神境一通，乃识神用事，若不能保扶心君，即为识神所转，却自喜其能修能证，而欢喜魔已入于心矣。由是喜言人间之祸福，喜言未来之事机，祸不旋踵而至矣。惟是慧而不用，则能转识成智，始得证胎圆之果也。古云：三万刻中无间断，行行坐坐转分明。吾所以发明十月养胎，只在绵密寂照之功而已，全也。

问曰：《直论》注中谓，卯酉子午之位是沐浴之位，故初关活子时有沐浴之用。何以中关十月，亦有沐浴之用，并防危虑险之机？乞师详示。

答曰：五行各有长生之位，如长生、沐浴、冠带、临官、帝旺、衰、病、死、墓、绝、胎、养也。寅申巳亥为长生之位。火长生在寅，沐浴在卯，死在酉。水土长生在申，沐浴在酉，死在卯。金长生在巳，沐浴在午，死在子。木长生在亥，沐浴在子，死在午。故卯酉子午之位，是沐浴之位，亦是死而不动之位也。当知洗心涤虑，为沐浴之首务，二炁不动，为沐浴之正功。又当知真炁薰蒸，亦是沐浴之义也。防危虑险者，防其不洗心涤虑也。若不洗心涤虑，则难得真炁薰蒸，以臻二炁不动之效。故沐浴之义之用，亦只在绵密寂照之功而已。前《直论》注中，有欲知沐浴之义之用，可自查语录，以考其全机者，此也。所谓一年沐浴防危险者，亦此也。

问曰：慧而不用，始证胎圆。胎圆确证，尚冀详明。

答曰：数月以前二炁俱无，食脉两绝，已有明征矣。是以无论在十月关内、十月关外，但有一毫昏沉之意，余阴尚在，有一毫散乱之念，神未纯阳，必须守到昏沉尽绝，散乱俱无之时，方为纯阳果满之胎神，而已入于神仙之域矣。佛宗云：初禅念住，二禅息住，三禅脉住，四禅灭尽定。合此宗也。

出神景、出神收神法　第八

太和问曰：《直论》中所谓神已纯全，胎已满足，必不可久留于胎。再用迁法，自中下而迁于上丹田，以加三年乳哺之法。伏望指示。

答曰：上丹田一名泥丸宫，阳神归伏之本宫也。归伏本宫，阳神未壮健，如婴儿幼小，必凭乳哺，故有乳哺之名焉。倘拘神于上丹田之小境，则失还丹之义旨，大悖乳哺之法矣。其法兼存养之全体、出收之大用，而言者也。盖存养之功，不着意于上丹田，亦不纵意于上田。惟一阳神寂照于上丹田，相与浑融，化成一虚空之太境，斯为存养之全体，乃为乳哺之首务也。存养功纯，自有出神之景焉。出神景现，神可出矣。当出而不出，则不超不脱，难入圣阶。故出神之景，在所当知也。当其存养功纯，忽于定中，见空中六出纷纷，即出神之景也。斯时也，即当调神出壳，一出天门，而旋即收焉。出则以太虚为超脱之境，收则以上丹田为存养之所。须知出收之时少，而存养之时居多。又出宜暂而不宜久，宜近而不宜远。始则出一步而旋收焉，或出多步而旋收焉。久之或出一里而旋收焉，或出多里而旋收焉，乃至百里千里，皆以渐次而至，不可躐等而至也。所以然者，以婴儿幼小，迷失难归，或有天魔来试，乱我心君，故须出入谨慎，方能保全虚空之全体于往来之中，以完夫乳哺之大用也。古云：道高一尺，魔高一丈。不但天魔来试道行，抑且识神变现使然，总要保扶心君为上。若乃仙佛种子，最初还虚功纯，则灵台湛寂，不染一尘，本无一物，魔自何来？此又越度等夷者矣。故修士当以最初还虚为急务。若夫乳哺谨慎，能还虚于三年，则阳神始得老成，自可达地通天，入金石而无碍。佛宗云：始成正觉，如来出现。又云：神出胎成，亲为佛子。合此宗也。

末后还虚　第九

太和问曰：《直论》中有上关炼神，九年面壁之名末后还虚，未审炼神义旨，求师详示。

伍子曰：炼神也者，无神可凝之谓也。缘守中乳哺时，尚有寂照之神。此后神不自神，复归无极，体证虚空。虽历亿劫，只以完其恒性，岂特九年面壁而已哉！九年云者，不过欲使初证神仙者，知还虚为证天仙之先务也。故于九年之中，不见有大道之可修也，亦不见有仙佛之可证也。于焉心与俱化，法与俱忘，寂之无所寂也，照之无所照也，又何神之可云乎？虽曰无神，岂不可以强名？故强名以立法，名为末后还虚云耳。佛宗云：欲证虚空体，示等虚空法。证得虚空时，无是无非法。合此宗也。

门人问答

太和一问曰：蒙师指我以真药物，犹未明辨何以为真药物之真取也。

伍子曰：真药物即真精也。彼后天交姤之精即非真精，先天之精谓之真精。世人能说真精，不过执后天交姤之精冒认为真精者也。或有与道暗合，偶尔一遇其真者有之，终不知其所以然之妙也。何也？彼世人有从有念而为精者，所谓交姤之精是也。有从无念而为精者，即所谓先天元精是也。于此二者人人炼之而终无成，亦世间凡夫传世间凡法耳。子从凡夫学炼者矣，按其无成，便见其药之犹不真也。当知有超此而为真药在也。夫无念而得，为真精者固是也。虽有知真精而不得元神灵觉，如是精虽真而不能为真精用，此上天所秘之妙实在如是，得此即天仙矣。举世人所不得知之妙实在如是，海誓山盟而不敢轻泄者实在如是。得此即为世尊佛矣，不得此即谈宗说道，皆成幻妄虚言矣。子今得此明言，精始真矣，药始真矣，下手一试之起首便能合道，悟一步则行一步，行一步则入一步，入一步则得一步，则知不传之妙，得药之灵，证道之速，非彼世人所得知所可及也。而世人误信邪师诳惑者，可胜惜哉！

太和二问曰：如何辨水源清浊？

伍子曰：水喻真精，清属先天，浊属后天。源者，精炁之所由以生者。此先圣示人至切之语。奈何世人错辨圣言，罔诬后学，不自源字上用辨，只于清浊字劳心，谓无形之精为清，有形之精为浊，呜呼！此地狱种子之说也。殊不知先天之精，欲静极而自动，炁至足而源自清，可谓真药物矣。而元神灵觉即能和合，是谓以觉合觉，随而采取，随而烹炼，不作世缘念想。用功一刻，即长一刻黄芽，而金丹可就，仙道可冀。若念想尘缘，拟议习染，而后天之精因之以生，则纯是后天思虑之神所致，此源浊者不可用，以其真炁不足，不产黄芽，而生死可必者也。或有水虽自动而源亦清矣，其元神灵觉虽觉而不正觉，堕于尘缘习染，转为后天思虑之神所摄，则不复清真，而用之亦无成药之理。如此辨得源字真，药斯真矣。

问曰：水之清浊，何由神智清浊？

答曰：静定中神炁合一，由是静亦神炁一，动亦神炁一，时至神知，即神炁同动是也。动而外驰逐妄则为二，动而不驰外犹然合一，非清净真而何？元神一驰，精炁一驰，元神一散，精炁一散，非浊而何？所谓开口即乖拟议即错者，此意也。

问曰：清浊为何？

答曰：清炁者天之本体，欲为天仙，必明清炁合天之本体，而后能与天合德。若有一毫行而不能妙，则同于地体而合地德，正为地仙矣。有志于天仙者，不可不辨之也。

太和三问曰：承谕炼精炼元精，未审何为先天元精？

伍子曰：元精者身中无形之精，又名元炁，而能生有者是也。隐于寂寞之中，静极而动，则生精，是天地自然循环之道理当如是，故由静极而生之精则炁足，故即成丹。不用交感精者，以其偶触耳、触目而生之，不由静而炁不足，炁不足者原非丹本，即不能成丹。以此故精生有时，知真时者即得元精，不知真时者即不得元精。予有一诗，子其悟之，诗云：元精何故号天仙，非形非象未判乾。太极静纯如有辨，仙机灵窍在吾前。梦间妙觉还须觉，识破真玄便是玄。说与后来修道者，斯言不悟枉徒然。了此则自明矣。

太和四问曰：如何是药生采取？如何是运火炼丹？如何是成道？

伍子诗云：阳炁生来尘梦醒，摄情合性归金鼎。运符三百足周天，伏炁四时归静定。七日天心阳复来，五龙捧上昆仑顶。黄庭十月产灵童，云霄驾鹤任游骋。

太和五问曰：世人学道，有云必调息者，执呼吸而不已，障于道而无成；有云不必调息者，纵呼吸而不顾，背道而不知所为何事，皆凡夫外道拟议作知见耳。未审得如何是仙家调息？

伍子曰：调息之义难言也，汝自悟来而后可言。

问曰：参悟已，不知旨，故详问之。

答曰：调息者，调其进火退符，沐浴温养之义也。一呼一吸为一息，不呼不吸亦为一息。当呼吸之息，心与息不相依，则不调。心息依矣，荡然慢行，而不由真息之绪，则不调。古仙所谓调息要调真息息是也。能由真息之道矣，行之太速则近荡而不调，行之太缓则随有相之炁而必成大病，古人所谓非炼呼吸之炁者是也，亦不调也。

问曰：必如何而后可言调？

答曰：速而不荡，缓而不滞，而能由真息之道者是。不见其有，谓之勿助，不见其无，谓之勿忘。非有非无，非见非不见，合乎自然，同乎大道，此一呼一吸者不得不如是也。

问曰：不呼不吸之息如何？

答曰：非闭炁也，闭则失于急而不调，亦如禅宗人所言，转身吐得炁，而后可称禅那拄仗。非纵炁也，纵则失于无知而不调，亦如禅宗人所云，未得山穷水尽处，且将作伴过时光。而后可能摄心一处。

问曰：如何是大用？

答曰：古云，自有天然真火候，不须柴炭及吹嘘。如此便是自然静定。定静不已，百尺竿头犹进一步，至于久而安。安者和也，和而能冲，冲和之理得矣。然真息在内，本无实相，如若空空无息，非果无息而实有也。不息则无相，无相则不见有也，所谓空而不空，不空而空，所谓空不空如来藏者，不外是也。悟得真空是性者，方能调此真息。息不能调，终难大定。人能即此息而离此息，斯可入灭尽定矣。咦！灭尽定而能出定，神通境界正有参悟向上事在也。

太和六问曰：药火之说纷纷，不知所以信受。一云神是火，炁是药，以神驭炁，即以火练药，此即言神言炁为二也。一云火即药，药即火，即言不分神炁一也。一云采时为之药，炼时为之火，意谓神炁皆可言药，皆可言火。三说同耶？异耶？

伍子曰：同。

问曰：言旨似异，而理旨何同？

答曰：皆以神驭炁也。采时炁向神中，神炁合一而同升同降，而得药矣，则谓之药也可，即得汞之物而名真铅者是也。炼时神归炁穴，神炁浑融，而同行同住，则有火矣，则为之火也可，即得铅之物而名真汞者是也。纵二物交并归一矣，谓火谓药，谓一谓二，何所不可？我有诗云，子其悟之。诗曰：言铅言汞总言非，日月双轮驭炁飞。子后并升天上去，午前同降地中回。历神十二皆留伏，灌顶双双默转移。古圣强言为火药，不离神炁自相随。

太和七问曰：何谓如猫捕鼠？

伍子曰：猫捕鼠，四足据地不动之势也。双眼视穴，见鼠即擒也。故《阴符经》云：机在目。又曰：长生久视。禅家云：正法眼藏。皆此义也。谓寂然不动，感而遂通者，可不似百日关中，知白守黑，知雄守雌乎？可不似昼夜静观，以除六贼者乎？可不似偃坐静室，恒作是念者乎？故以猫喻主人，以鼠喻尘障。但捕鼠扫尘皆小成有为之事耳，过此者而忘猫忘鼠，无虚无我，而后可也。

太和八问曰：何谓冲和？

伍子曰：冲和者，不息之息也。光塞天地，薰蒸一身，不为呼吸之所障，亦不为升降之所困，沐浴故曰当然，守中亦称密法。世人不知调息之谓何，我则曰谓其息之活而冲也。世人不知防危虑险，我则曰防其不和而冲之危险也。惟和故冲，不和则不能冲。采药以是，野战以是，守城以是，结胎以是，养胎以是矣。

问曰：以是若何景象？

答曰：不偏不倚，无过不及，不疾不徐，非无非有。

问曰：是何作用？

答曰：夫妻并肩，阴阳合一，昼则同行，不前不后，夜则同住，不逼不离。如斯了悟，便是冲和道理。

太和九问曰：如何是防危虑险？

伍子曰：自始至终，正多危险。且药生有时，不知其时而采取，而当面错过，此危险也。采药有侯，失其候，不得其真炁，此危险也。其于黄赤二道，茫然不见其循由，此危险也。进火不知进之有所当止之地，亦不由进之所当起之处，退火不由退之所当止之地，此危险也。火足而不止者，有伤丹之危险。得药而不能升三关者，有败药之危险。冲关而窍不真通，是危险。关窍通聚者，而或条散，是危险。三关过矣，而危险在鹊桥。鹊桥渡矣，而危险在服食归黄庭。步步向竿头进，一步无着脚处，虚空着一脚，大有危险者。天花乱堕乃不能出其阳神，即不能无危险者也。出定入定，危险其能尽述？即如斯危险俱勘得过，勘尽无余，仅仅超脱得一个死生轮回，谓之长生不死，方为有份，与道相应。自后，到虚空不坏，始无危险。所谓万般有坏，虚空不坏是也。

太和十问曰：何谓沐浴？

伍子曰：沐浴者，炼药炼神之要法，火候之秘机，故不敢直言轻泄也，而记喻沐浴以示其意云耳。夫五行在世道中，别有所论，生死之理，长生一，沐浴二，冠带三，临官四，帝旺五，衰六，病七，死八，墓九，绝十，胎十一，养十二位是也。生处有死，死处有生。仙家之法，谓火长生在寅，第二之沐浴在卯位，故借卯位为沐浴之名，而独为卯时所当用之机，以阳符其火候者。水之长生在申，第二之沐浴在酉位，故借酉位为沐浴之名，而称酉时所当用之机，以阴符其火候者。然卯酉子午为四正之法，故《入药镜》云看四正是也。

问曰：人皆言卯酉子午不行火候，今乃谓之要法，谓之秘机，得无有火候而与众言相违者乎？

答曰：圣真言此时之火，以不行为候也，此隐言也，非全无火候而不行也。我得之师真，而知之，实不违于众也，而众自违之。彼众人依傍仙圣之隐言，遂言卯酉二时之沐浴不行火候，而世因不能辨，我则咏之曰：世称沐浴不行火，不识呼嘘寄向谁？要将四位融颠倒，才得金丹一粒归。此足以发明之也。有谓二八卯酉之月，不行火候而沐浴者，显知其非也。且论知其非之法安在？以其有钟离仙祖之言，一年沐浴防危险者可证也。薛紫贤真人亦云，一年沐浴更防危，以此证也。知十月怀胎皆沐浴，本不执于二八月，乃言世法中，天道之理，为喻以法，明沐浴时生死之机。既言莫向天边寻子午，又岂有历数中寻卯酉耶？若使养胎而废二八月之功，则神驰炁散而背道。抑可使妇人怀胎，而二八两月不怀孕乎？今此泄万古之秘，与我注之《天仙正理直论》相为大用。后之遇仙授道，嗣我丘长春真人嫡派者，必当从此引证过，而后之为真仙道矣。

太初一问曰：修真功夫如何起首？

伍子曰：少壮之人神炁动静循环之机速，阳生之后采取烹炼，所谓一阳初动，中宵漏永是也。乃有药而行火也。老迈之人神炁衰，谓之老来铅汞少者，则动静循环之机迟，则敲竹鼓琴为唤龟招凤之权法，而后阴极阳生，即谓拨转顶头关棙消息者是也。所谓却将北斗向南移，神运河车无了期。运罢河车君再睡，明朝依旧接天机。乃火生先而又生药行火也。此起首玄妙天机，而世人不得知者有如此。举世皆言衰老者不可修，盖不闻此理也。我则曰，有此一口炁在，皆可为之。《黄庭经》云百二十岁犹可还丹。一古人八十尚还丹。仙经尝言，头上白雪转乌云。老者又安可自诿哉？少者见斯亦无自怠。

太初二问曰：甚时候是初用功之时？

伍子曰：凡人炁与神皆日主动，而夜主静。天然之静，惟夜为然。我于万历壬寅春，初试百日关于家，守一月调息，次一月精进。时至神知，运一周天。自是以来，一夕行过三五周天，又至十余周天，精尽化炁，火候足矣，遂得止火之景而止之，约两月之余，总三月之季。古称百日筑基者，信哉！昔曹还阳真人下功夫时，昼夜功勤，不五十日而火足，采其大药。五日而得火珠驰骤，上冲下突，有自然投关之妙，始知天仙金丹大道独异于世，真不违仙旨之圣哲也欤！

太初三问曰：止火之候，何谓至要？

伍子曰：丹熟则可止火，丹未熟则火无止。丹熟而不止，纵经多劫而不能超死生。未脱凡胎，犹有生死在，非道也。惟止火候，而有服食脱胎，正为超凡入圣关头第一玄机。夫火既止，而采金丹大药，混沌七日，除一日二日之前，速而不得丹之外，于三四五六七日，其或一日之间，丹田火炽，两肾汤煎，风呼耳后，鹫噪京叫。斯时也，眼底金光，田中大药一粒至矣，又名水里玄珠，乃由青龙姹女采取而来。故略言之曰，龙女献珠。得受持者获无漏果，证无量寿。岂忽忽而不知究竟哉？

太初四问曰：世人不知止火者，其后如何？

伍子曰：知止而止，而后知用采大药之功。不得大药，则安于小成，不过长生而已，其真炁犹可散，其基亦可坏。必知止火，而后能超脱，不知止则不能别用采也。采而得矣，力足以过关，是知辨得水源之清，行得火足而止，火候不差之力也。若药不应采而采，或采而力不足以通关，是水源之不清真，而火未及当止，火候之病也，则前功尽弃，与走丹无异。须从丹头炼而后可。此丹一成，即为长生不死之神仙，寿千二百岁、八百岁、五百年老古锥皆是也。尚未超劫运，所以古圣有云：未炼还丹须速炼，炼了还须知止足。若也持盈未已心，不免一朝遭殆辱。又云：饶君八万劫，终是落空亡。可不慎哉？

太初五问曰：何谓周天火候？

伍子曰：周天如日月之行天，一昼一夜行一周天是也。

问曰：如何云为一周？

答曰：天之周围三百六十五度有余者也。借以太阳日度言之，其初上升，自地之下，转而运上于天之上，运而后下于地之下，遍过三百六十五度，谓之一周。一日一周，而明日又一周，积三百六十周而为一年。炼金丹之火候，当神炁并行之初，亦从地下运升于天之上，古圣谓之黄河水逆流，一谓之曹溪水逆流，一谓之洞庭水逆流，而亦顺降地之下，一周于天者也。然三百六十度又象一年三百六十日，即此一年之象便能复还一年之炁也。

问曰：身中造化如何合得天地度数？

答曰：许真君云，二百一十六用在阳时，自子至午六阳之时名三十六为度也。又云一百四十四行在阴候，自午至亥六阴时名二十四为度。正合三百六十之数也。

问曰：古圣又称小周天大周天之说，果何所用而分大小乎？

答曰：钟离祖云，一年沐浴防危险者，大周天也。紫阳祖云，只此大周天一场，大有危险，不可以平日火候例视之也。其言平日火候者，小周天也。小周天用于化炁时，其中玄妙有子午二时之阳火阴符，卯酉二时之沐浴也。大周天用于化神时，其中之妙有不息，即有无之息是也。如是而言火候少有仿佛其迹者，而玄妙天机犹在参悟，自有真机而言不能尽述。

从侄太乙伍达行一问曰：《天仙正理直论》之鼎器以为下丹田、中丹田也。今日教旨以乾坤为鼎器，可是一说、二说？

伍子曰：非有二说也，用之时异也。今言乾坤为鼎器者，是百日炼精化炁时也。凡采下之炁必自上至于天顶之上，取上之炁必自下至于地腹之中，斯有归着，故云归根自有归根窍，复命宁无复命关。虽欲舍乾坤不能也。

问曰：何故有上自下之理？

答曰：元精属水，本往下流，易于灌根。而五脏皆有精炁，皆有系管，而行于二十四椎之间。欲逆之而回，故必由之以向上，向上则离息炁而得真炁矣。元神发动于思虑，本如火而炎上，界于意耳眼鼻舌，欲逆之而回，故向下依于精炁，自下则离旧境而尽脱回生矣。

问曰：中下二田谓之鼎器之理如何？

答曰：下田即炼精之时说，中田即炼炁化神之时也。前化炁时，用上田之乾，下田之坤，极至其上下二田而虚其中田。化神时用在中田，而上下特所经行之虚道耳。而三田各有所当所用之时，故各名为之说。有缘遇此者，见闻此说，当识之为定论。

太乙二问曰：《直论》中云当呼而辟，不降不升，当吸而阖，不升不降。此皆幻妙，是不能测，愿再详之。

伍子曰：昔钟离祖师度纯阳吕祖，已言可升之时不可降，可降之时不可升矣。谓之一阳初动，元精流动而欲下，故六阳时从子后皆升，以升之升采取也，无可降之理则不降也，升而旋归于本根矣。至六阴时，从午前皆降，以降之降而烹炼矣，无可升之理则不升也。所以妙于升降，颠倒用之，始得其妙，此万古不传之天机也。

太乙三问曰：药物之首世人皆用交姤以取精，如是妖人淫心邪说，惑世诬民不必论矣。今言精炁虽真，而不得为真精用，愿闻何旨？

伍子曰：不得为真精用之妙有两句仙机，一是真种时至而神不知，则无配合而不能留，一是知真精时至而不能配合，采取之时过早，炁嫩而不成丹，所以万劫之人修之无成。

问曰：上圣只说时至神知之，果有真机之妙乎？

伍子曰：然此上天帝真大圣所共秘，万劫不传之旨正在于此，绝于世法所谈者不同，所以世无金丹之道，生不能长者皆为无此。是清真之中，又有辨其至清至真、易修易成之仙机也。得此句后全要谨言，我虽多言者，不过摹古写其粗迹，指人寻究之门，令人咸入至道。如遇后辈入道之浅，信道不深，虽然问为所以辨，我则遵天命而应之曰：别有办法，非敢轻言。言者闻者皆有天责，前圣获禁戒之报，详传记矣。后世必有真心悟道者，吾传度之。吾又恐其不知求，所以为辨，故当留此以为后贤愤悱。

太乙四问曰：上古圣真传药不传火，从来火候少人知。今更问果有传药不传火之秘闻否？果不传，其人人有闻，是闻之信否？而火之不传又何以言之？

伍子曰：火候贵要自悟，悟其机，顺其候，非言语所可罄也，亦非密意所可肖也，故曰火候不可传。且言火当起之侯，随药生之候，固然矣。于其火候同服之机，有两情相知之微意，果同用不同用欤？果相知不相知欤？未可言其玄也。文柔之候用进而升，武刚之候用退而降，文不过柔，武不过刚，刚变而柔，柔变而刚。升而不离二炁，降而能顺四时。前此之所以言者，抑曾以是为言乎？而谓胎息，又可易言乎？其肇也，结胎之息从无入有矣，而是若无，于不息之中而成其有，有无兼用之际也。其既也，脱胎之息从有入无矣，而是无，无息中而静定寂灭者，正所谓无余涅槃之极也。天以不息之功为胎，谓之万法归一矣。有一在，则为目之所易见，心之所易知，亦犹可易言易传者也。以无息大定而圆胎，则又归于无矣。无者，无其先天后天之二炁也，无其心之生灭动静之环也，无其六脉而寂灭尽定也。无之见目有所妙其见，无之知心有所妙其知，而谓无之无知则也不可，何也？嫌于晦昧，非妙觉也。而谓无之不可知见也不可，何也？嫌于不知复性真之体也。若此者，此妙悟深入、密修密证而致言者乎？余斯多言，犹是摹写粗迹之教也，犹是所到之万一也。子弗执此传火，便是以闻为得，以知为得也，万幸！万幸！

太乙五问曰：法中有五龙捧圣，前此未闻，果前此凡尔不得，抑前此圣真无此法之可闻乎？

伍子曰：有且多，皆功法之喻耳。昔世尊喻之曰芦芽穿膝，岂磐石之能长芦芽乎？达摩喻之曰折芦过江，岂航海之僧，海不以芦而江以芦乎？皆其妙喻，而独恶愚夫执之妄言以诳世，可差也乎！

问曰：此五龙棒圣之喻，亦喻古人乎？抑今日之喻也？

答曰：前玄帝证道于轩辕黄帝，五十九年甲子岁，当离凡质以养神胎之际，用此法留为法象于武当山，号舍身崖，超脱凡胎也。曰五龙捧圣入圣位也，喻此以示后人，度人之心何殷也？故修仙传道者，得闻而谓恶无闻也。岂虎皮座张真人静虚幽栖于武当？其后口传于芦江李虚庵，虚庵口传于南昌县武阳里之曹还阳，口授止我及汝父真阳。得与闻者，还阳有熊秀庵名守虚、邓绍光名守空，皆新建县西山之仙种也。并曹还阳之子希名、守玄者数人。虚庵以此得仙，大显神通，济民救世，仙隐于万历乙卯年。还阳以此证道，含光太虚，又仙隐于天启壬戌年。当此欲藏迹于西山之时，已形于笔矣。吾亦因之以笔代为口授，普开后学。而凡夫修仙佛最上乘妙道，只此是圣凡分路，他人纵说能仙有证，非此一着，无以透关，脱凡证圣，尽是诳语，妄口胡说，邪人惑世诬民、迷心自误者耳。奚有于是哉？惟此至要当秘之机，不得不露一句，令后人知此参求。有志仙佛者不得轻议斯言，背此不求者，设修万劫，终难逃其六道，可不思之为急务哉？

太乙六问曰：如何是养胎？如何是成胎？

伍子曰：养胎者炼炁化神之喻，非是有胎也。

问曰：既无胎，何云养？

答曰：以其初养胎之时，如无呼吸矣，而又是有呼吸，若胎孕将产时，生灭之相尚在，出入之迹犹存，名二乘，又名曰如来，谓之如理而来，如理而去，故名如来。天仙道微妙难可知，而《华严》之言不可验乎？燃灯佛谓诸行无常是生灭法是也。入涅槃而未是证，由此而渐超者也。又称为渐法。仙家谓之养胎。其修成也，无呼吸而灭尽定矣。若胎媾而未成胎，浑然无物也。生灭之相灭已，出入之迹寂灭，心为不生不灭之心，身为不生不死之身，从此顿悟，真与虚空同。过此以上，则为真顿门，不随天地同坏者，仙家谓之胎成，而后脱胎出神。所以《楞严经》云，既游道胎，亲奉觉彻。如胎已成，人相不缺。身心合成，日益增长。形成出胎，亲为佛子是也。夫既喻之曰胎，宜若有似于胎矣，何也？生人之理，胎婴在腹，修仙之理，胎神在心。世人但闻胎之名，而遂谓胎中是有婴儿，此又可笑之甚也。有志仙佛者不可不以此破疑。

太乙七问曰：如何出阳神？

伍子曰：先天元精谓之真阳，得此真阳，而炼性通神，入定得定，谓之阳神。不得真阳之精配合，以入定得定者，只有阴神。止习枯禅，当下了得，息无出入，心不生灭，到真空境界，方出得个阴神，犹有死生，不免轮回之小果耳。所以四果之徒则生天生人之阶者，以此阴神出而慧光发现，止有漏尽通、神境通、宿命通、他心通，能全通之四，所少于阳神者，乃天眼通，天耳通二者，不与者也。以其不合纯阳之天理，阴性不能违天故也。若天仙之道，炼精得精，炼炁得炁，顿悟真正阳神，乃阴阳二炁合一之道者也。入而静则神通太虚，出而显则通天彻地，千变万化，眼见宇宙，手转乾坤，是为真阳也。真阳神即真空性体也，不能见性，则不得真空，不成阳神，不到见性真空实地，必不能出阳神也。

问曰：若何知是真空实地出阳神之时？

答曰：性合虚空而不神用，不系不染，一尘不动，绝无出入生灭，已是真空实地，一见天花乱坠，神念涌出顶门，阳神超矣，向上炼神还虚而合道矣。

问曰：天花乱坠，古圣真旨遗言何也？

答：不肯轻言泄道者有之，不知者亦有之。昔蓝养素养胎于南岳，十月功成而不知，此久定于中而不能出。刘海蟾祖师假李玉溪十韵寄之曰：功成须是出神景，内院繁华勿累身。会取五仙超脱法，养成仙质离凡尘。养素遂抚掌大笑而出。世尊说法至天花乱坠，而入证道者。丘祖云：若到天庭，忽有天花，方出阳神，得初果也。学者当知仙与佛同一功夫，同一景象，同一阳神证果。彼嘐嘐然强谈为二者，真下愚不移者也。

太乙八问曰：何为乳哺？

伍子曰：炼神之喻也，神炁定而为一神，神出矣。所谓常定者，正当有是也，不常定则失定矣。乳之养孩，养脏腑而令俱足，养形躯而令成人，乳哺之功乃大矣。盖初定之阳神易摇，必定而久定，而后予以炼神还虚之义明之。炼者即乳哺之义也。炼而又炼，至合乎自然虚空，即乳而又乳，成其全体者也。倘不常定于上田，则止上乘，而非上上，顿而非顿，神而不神。或退迷于小果者有之，或坠陷于异趣者有之，所谓无色界尚有生死者此也。乳至还虚，同虚空体矣。出三界之外，生死不能缚，天地不能拘，又皆乳哺之力也。乳哺岂可忽乎哉？

太乙九问曰：李虚庵、曹还阳相传以来有何言句？

伍子曰：虚庵有绝句诗二首，律诗三首。绝句第一云：一阳初动漏迟迟，正是仙翁采药时。速速用功依口诀，莫教错过这些儿。二云：一阳初动即玄关，不必生疑不必难。正好临时依口诀，自然有路透泥丸。律诗一云：识破乾坤颠倒颠，金丹一粒是天仙。要寻莫向深山里，说破无非在眼前。忙里偷闲调外药，无中生有采先天。信来认得生身处，下手功夫自口传。二云：若无火候道难成，说破根源汝信行。要夺人间真造化，不离天上月亏盈。抽添这等分铢两，进退如斯合圣经。此是上天梯一把，凭他扶我上蓬瀛。三云：偃月之炉在哪方，蛾眉现处是他乡。色中无色尘先觉，身外有身道更香。先取元阳为丹粒，薰蒸真炁酝黄梁。其间酿就长生酒，一日掀来醉一场。曹还阳绝句诗云：一阳初动是其时，其时时至我自知。谨依师指临炉诀，自然擒住那些儿。二云：一阳初动本无心，无心拨动指南针。仔细临炉分老嫩，送归土釜结姻亲。二真人诗句皆重宣大药者耳。金丹大道至难明者真火真药也，二真人不得不为之反覆悉言之详也矣，故并书以余言之考证。

太乙十问曰：钟离真人谓仙有五等，天仙、神仙、地仙、人仙、鬼仙之目，世人固知之，犹未知何所修证之异而不等也。

伍子曰：仙有五等，其种则二，二种者何也？阴神阳神之不同也。鬼仙者，阴灵之种类也。天地神人四仙者，阳神之种类也。大修行人能采取肾中真精阳炁，配合心中本性元神，宰运呼吸而为小周天之火候，薰蒸补助，补得元炁充满，如十六岁纯阳之体者，此炼精已成炁者也。炁足于下田，须不用超脱，离下而居中，但能守在下田，即是长生不死之果，而名曰人仙。人仙者，不离于人者也，此不过初机小成之果耳。守之则永保长生，若不守真炁，复泄其精，则与常人生死无异。为其不离于人，犹不异于人也，所以神驰则炁散，精竭则人亡。古真云：留得阳精，决定长生。人仙者，已有焉。地仙者，从人仙而用功不已，造一阶者。精已化炁，则采取此炁而服食之，淫根除矣，出离欲界矣，无炁绝之生死，仙行于陆地。犹有重浊凡质者，故不离于地者也。但不能敌三灾，由有呼吸乃尔也。水之灾可以塞呼吸之窍也，火之灾可以化呼吸之具也，刀兵之灾可以解呼吸之形也，皆为尸解。若不尸解，与神炁为二，终不能久行于地者也。此地仙之名不虚也。从此以进，自一月至十月，行大周天之火，以不息为息，炼炁化神，神合矣，是名神仙。无呼吸之炁，而入水不溺，又名水仙。神仙不离于神者也。由中田以证果，后天呼吸之炁已无，先天真阳之炁尽化，久守于中，而不趋于上田，即昔之蓝养素胎神十月而不能出之类，亦所谓寿同天地一愚夫之类也。于此火足神全，神炁大定，则出阳神。出阳神则为神通变化，炼其能变化之神，而还虚合道，则曰天仙。天仙体同天之清虚，合德同天之无极，不屈名于东天西天，超于三十三天之上，上与天齐，不可以复加也。此人仙、地仙、神仙、天仙，同一阳神之所证也。他如不知真精阳炁，则无周天伏炼，所修者一性之阴而已。性须寂静而不动于妄，当下真空，不起念作轮回种子，不随境入轮回窠臼，出得阴神，不受生死，久为灵鬼，沉空滞寂，为禅宗之所极证者，故曰鬼仙。而亦不能终天地之鬼者乎，由入门之不正真，无阳炁而不足以终天地者也。又有一等在世之人，不争名利，不事繁华，不群人世，隐居深山穷谷，而亦自谓之仙，以之居名山也。人也山也，人山两字合则为仙，乃有五等之外等乎？犹有不能枚举者，而皆谓之仙，不足以为仙者也。后之学者幸无见此不仙而名仙者，遂轻视天仙等焉，则亦可谓羡慕而进者矣。是愿，是愿。

评古类

一问曰：张紫阳、白玉蟾皆言凝神入炁穴。葆真子《直议》曰，神至灵妙，如何凝聚得他？盖息念而返神于身，

息念一句，是紫阳真人自释凝神二字之语。

则炁亦返于身，渐渐沉于炁穴矣。其说不同，如何是？

伍子曰：彼言神返于心，则凝归本位矣。炁亦返于身，只归得本位，不似张、白二真人所说神入炁穴，是神炁有交姤，在此正有修为处，非神返炁返而不合一便谓可证者，不必从《直议》。况二真人之言出于钟离祖化神后之言，安可妄议之欤？

二问曰：葆真子又议无炁穴，谓元阳真炁散于四肢百骇，又为视听言动，岂区区藏一穴之理？此议如何？

伍子曰：人当生时自具一性命，则元神本体原自有着落处，故虽发明曰炁穴，其在四肢百骸、视听言动时，炁绪余为用也，犹有本体在，不为身外之用，亦有本体在。且人之元炁者，元炁即自有所在，人不能见，元炁亦不能见，内有穴无穴不能辨，何必议有穴无穴哉？不过炼精化炁时以下田为主，炼炁化神时以中田为主，皆由三田反覆，有行所当行，住所当住。化炁时固在下丹田，而炁穴又岂在下丹田之外而别议之耶？元精藏于肾，元精不发动时即是元炁，而可谓炁穴远于下丹田乎？强议无炁穴，自已落空亡，后学无所惑也。

三问曰：元太虚议云，凝神入炁穴，只是收视反观、回光内照而已。葆真子议云，非是执着所在，而用意观照不返，是虚静以返神于内。其师徒二说是否？

伍子曰：仙真所谓回光内照者异于是。当炼精化炁时，即回照精炁，当炼炁化神时，即回照神炁，当炼神还虚时，即回照还虚，固不可着相于处用照，亦不可着内用照，皆落空之境耳，去仙机颇远。独喻吾所云回光内照，呼吸太和，是炼精化炁时之内照，以其有呼吸太和四字而知之。至炼炁化神非呼吸可言，元、葆二说不足以语者此。

四问曰：昔李虚庵云，毕竟如何是道，须向二六时中校勘，不与诸缘作对的是个什么？

伍子曰：此禅家套语耳。不知仙真上圣之所谓道者，无形无情无名、至虚至极之妙。其所谓道生一，一生二。今言缘言对，当知缘一也，对缘者我，又一也，则二矣。不与诸缘对者，去缘而尚有我在，我为道中之一物，一为道中之一数，一在，故未至虚极之妙，安可指一便谓之道？一在即神在也。化神时此心着不得缘境，一着缘境即堕六道。虽化炁时对缘而着之，则不化炁，何莫非不对缘而遽称为道哉？殊不知炼神还虚，还之无极而至极，方为与道合真、齐肩于仙佛者也。古今尚无，又岂于二六时为言也？

五问曰：《坐忘论》云，勿于定中急急求慧，急则伤定，伤定则无慧矣。此说是否？

伍子曰：此言非也。盖人之性体灵照是慧，动而发用，从耳曰聪，从目曰明，不用聪明于耳目，而回光复其本体，则名慧名定。是名慧于定，不名慧于不定。定此慧则名定，不定此慧则不名定。彼云定中求慧，定是何物？又以何物求得何慧？此所以非我天仙顿法道理，一性而称者，同语也。

六问曰：金丹必言鼎炉，如何即是？

伍子曰：先把乾坤为鼎器，此天仙家之定论。

问曰：李虚庵乃云身心为鼎器，又曰乾，心也，坤，身也。是否？

答曰：乾非心也，乃《易》所谓乾为首，坤为腹者是也。行得三田反覆之功者，方能真知炉鼎之妙。

七问曰：昔紫阳真人云，元性非他物者，亦炁凝而得灵耳。此言如何？

伍子曰：但看天地亦炁凝而矣，而人之小天地者即是此。张真人发万古之未发，令人一贯性命之旨矣。

八问曰：昔有一人究玄关一窍，李清庵云，二六时中，行住坐卧，着功夫向内求之，语默视听是什么。此言是否？

伍子曰：大修行人顿修于语默视听，一无所着，着了即为有相，虚灵岂可生心？求甚么堕于外道耶？

问曰：除却语默视听，是旁门外道，如何则是？

答曰：玄关者，古人言至玄至妙之机关是也。一窍者，非是以一窍着形相而言，如云一些儿幻妙机关也。事事法法皆有一些儿玄妙在。且云药生，古今人人能谈，所谓有时有处是一些儿幻妙。火候调息呼吸，人人尽谈，所谓进时不退，退时不进，可升之时不可降，可降之时不可升，行有当行之道，住有当住之处，亦是一些幻关。如炼炁化神，十月养胎，人人尽谈，不知前有炼炁之有为沐浴，后之纯阳无为沐浴，亦是一些幻妙。神有将出之景，亦有所出之法。如何是炼神？如何是还虚？超过虚无寂灭于无极至极，皆一些玄妙。今略举以宣示，未可疑于一窍，而小视先圣之教言也。若必求一窍以实之，药生之地何以当言？

九问曰：古云知心息相依，久成胜定，神炁相合，久致长生，二者可能得否？

伍子曰：胜定、长生，皆先天之炁为心之依，为神炁之合，非止言出入息之炁也。以出入息是后天幻化之物，有成坏故。

问曰：随息之法，与息俱出，与息俱入，随之不已，一息自住，此言亦是心息相依，久成胜定之说，岂亦非与？

答曰：仙家真息之妙，只有升降，而至于无升降，不可以出入言。有出入者即凡夫，非仙圣上上顿法也。所以庄祖云：凡夫之息以喉，真人之息以踵。

十问曰：息息归根，金丹之母，陈虚白曰，此言如何？

伍子曰：息能归根，还于静矣，则能生先天真炁。所谓系眼真人云：敲竹唤龟，鼓琴招凤。世人不知招唤，故亦不知金之由生也。

十一问曰：何谓真人呼吸处？

伍子曰：人之呼吸是天地，故呼亦出天根。乾辟是吸，亦出于地根。坤阖是旋乾转坤，是真人呼吸至妙之机，非脐肾中央、口鼻之处。范德昭云：内炁不出，外炁不入，非闭炁也。似知呼吸之妙。若不知呼吸之处，则不能炼鼎中之丹，去仙道斯远矣。最宜究竟。

十二问曰：有云修炼必至于胎息，而后炁归元海，方是纯阳十月之功，此言是否？

伍子曰：非也。凡十月之功，息不归于下田者，炼炁与息，皆至于无，而为神矣，不可以炁归元海言。

问曰：如何是炁归元海？

答曰：元精元炁生于元海，每将顺去，而为后天交感之精。真人依法采取，归于元海，烹而炼之，渐长渐盛，成服食金丹。故先圣之炁归元海寿无穷者是也。此百日炼精化炁时事，非十月炼炁化神时事，故曰非也。

十三问曰：葆真子《直议》曰，三宫升降，乃其自升降，非人升降。周天运用，乃其自运用，非人运用。此议是否？

伍子曰：全是邪说，误人太甚。岂不闻古圣人神运河车，无了期乎？古人教人升降要在自然，运用要在自然，非言不用人力而自升降运用也。凡人不行道者，升降由经络管系，非三田也，非周天也。唯能三田反覆首尾，循环，方能三宫升降，得仙师之火候者，方能周天运用也。

金仙证论

柳华阳禅师　撰并注

受业弟子　静虚子恭参校订

序　一

大道本来无言，以言诠者，易涉迹象，故冥悟甚希，而谬言日出。不得真传，岂不入于歧路哉？况古人之巧喻异名，每索解而不得，不特难窥大道之阃奥，且因喻而执名，反失其性命之真源。观于此而怀存经度人之念者，安得不浅说而直论之乎？惟华阳禅师，幼而好学，夙禀灵根，积数十年，心无他用，苦志不懈，得合洪、冲虚二真人之奥旨，著为是书。剥尽皮毛，独留骨髓，将古之异名扫除涤尽，直说小周天，重论下手工夫，发前圣之未发，启后人之未启。使苦志之好道者，且得升堂入室，而后超登彼岸，复还无极。岂不快哉！是书虽出自一人之著述，真乃后世师教之规则也。读之者，无不谓之仙佛之舟梯、修真之简径。美乎幸矣！闻之者，亦无不为之了然彻悟，豁然贯通，信乎至矣！余自幼慕道，力搜群书，而莫能入悟。时至庚戌春，幸遇禅师，片言相投，示此书与余，余开卷读之，心目通明，不觉手舞足蹈，涣然冰释。其中条理次序，犹如亲口相传。而论小周天之工法，不杂一字，意则实贯串诸经之骨髓。然老师犹不自以为是，恐后人疑惑，不能彻解，又广引先正之秘文，以为凭证。由是独显一真之实，直辟旁门之非，谓之仙佛之功臣，谁曰不然？且也前五条概然出自直说，后数条亦非出于荒诞。风火经，原集诸圣次第用功之正文，以为注脚。总说，直泄天机，使人下手调药，采取工夫不失迟早之误，则炉鼎、火候，一以发明。图论下手之窍妙，而采取薰炼即在其中。顾命之说，示人性命不可须臾离也。赋歌论，即显己所得之意，而大小周天即存乎其内。用尽婆心，平空泄漏，惟欲志士同成道果。是书不独有益于当时，并大裨于后学。有缘遇之，犹如云开见日，潭月双辉，岂不欣然叹赏乎？余自愧管窥之才，喜悦同志，愿普证公用，因而为序。

时乾隆庚戌春，洪都后学无霞道人高双景序。

序　二

盖道不得其真传，由来久矣。自世尊开化，愚智而同度，性命而异指，性阐迷开而渐修，命附灵利而证果，至于西天二十八祖，及东土六代慧灯，心口授受，莫不以性道慧命之兼修。由六祖之后，性法单扬，慧命掩秘，悟之者私附密语独修，超越祖位，故为教外别传。今之为学，不得慧命之嫡旨，阐扬性法，则性亦不得其真。是为识性之障雾，而差讹错认，或以灵觉为真性，或以正念为真性，逐妄迷真，失却如来之旨。盲修瞎炼，身根不能坚固而成金刚之体，长自下漏，故有转劫迷失之误。何况念坐乎？惟华阳禅师慈悲，另通消息。得师所授之真旨，会同元释，吐露慧命之真传，泄漏明星之真性。拔救迷妄，开通智慧，使见之者，立今劫而成佛，免堕他生再修。何等切近！何等简易！愚迷不明双修之理，分别教相智慧。参悟性命之原，融会其法，不分彼此。在释有缘遇真道，得性命之真旨，修成性命，即道是佛也。在道有缘遇真僧，得性命之真旨，修成性命，即僧是仙也。释道原本为一法，大则同，小则异。清净自然觉王如来菩萨，即玉帝所自称也。大仙、七仙、众仙、金仙，亦是世尊所自称也。一道坦坦，有何此何彼之分别乎？余慕觉真宗，涉步山川，叩求丛林知识者，实不少矣。究其所然，无非提公案、参话头、打七坐禅之谈。数十年来都成虚涉，并无慧命之师。忘食失寐，念念不休，感念苍天，辛亥岁幸遇禅师。禅师见余志心苦切，便以开示心肝，决其疑妄，欲指而又未露。余虑为此道之尊重，诸佛之所禁秘，非师之不慈悲。诚心焚香立誓，恳求至切，方才决破根由。一言之下，顿悟全旨。原来成佛作祖之道，即在动静顺逆之间，岂有难哉？盖禅师三十余年，觅道之苦志，今舍慈悲，备著此书。古佛不露的，今始露；祖师不传的，今始传。将慧命寿命、佛性真性和盘托出，愿人人成正觉，超越佛地，不使后世烦劳他人之父母，现今成就，其功岂小哉！

乾隆辛亥岁重阳月，灵台庵僧妙悟序。

金仙证论慧命经合刻序

仙佛之书，汗牛充栋，非初学骤能了徹。同志诸君，悯世之学道，不得其门而入，既无明师，又鲜秘典，流为枯寂，误堕伪术者，比比皆然。因慨然有拯救之志，择近日最真切最显著，不待口传面授，而始明者，曰金仙证论，曰慧命经，梓之以惠同侪。问序于余，并嘱条缕参议，以发扬之。余学劣功浅，乌能诠赞仙佛要妙？第《证论》、《慧命》二书，笃尚清真，深禆性命，进寸得寸，进尺得尺，身践力行，皆有实际。余甚乐怂恿以成其美。夫华阳师云今未远，恒与及门弟子豁然、琼玉诸人，往来名山间，有缘者尚可旦慕遇之，岂虚无高远，可羡而不可学者哉！顾得《证论》，而不得《慧命》，则大周之归旨或差；得《慧命》而不得《证论》，则小周之细微未罄。今二书合订，道释互详，可称全璧。细绎其言，无非以命为体，以性为用，以药为经，以火为纬。命在一时，性在平日，经在我身，纬在我心，经纬合则身心泰，时日修则性命全。即身而得，不假于人，尽人而具，各受于天。于是执天之行以为符，以人之道治其身，本自生成，还其固有，未尝丝毫勉强，但世味浓者，自不觉耳。大抵命贵逆，性贵顺，药以守，火以战，苟不知命，无以得药，苟不知性，无以得火。而篇中所谓元精气神，和合凝集，前后升降，收返薰蒸等说，反覆详究，采药行火工候关渡阐发殆尽，更绘任督六规二图，俾人依循，作丹真秘，昭如灯镜，不必智过颜闵，而皆可以心领神会矣。故论其奥，则言言皆金真七映之文，道其常，实节节尽天人一气之理。熟参此书，即是尽读瑯环福地第一书，能遵此道，即是遨游西天蓬岛之大道。八百地仙，三千活佛，不难重见于今世，视人之工夫勤惰而已。诸君嘉惠同好之心，其利溥哉！勉从其嘱，附鄙论九则于左，识者勿加续貂之诮为幸。

时道光丙午，孟冬望日，闽中正青山人，梁靖阳谨序。

文例

丁戊山人参订

同人重刊《证论》，或嘱修饰字句，以期垂远。然丹书非以文字见长，何必更加斧凿。且前贤每于吃紧处，篇中三致意焉。其重言复句，有未醇者，正以留待后人从此悟入，何可变易原文，徒求脍炙人口，致使读者囫囵过去？若以工雅为文，则当然时琼玉诸门人，名列通儒，不难润色也。今卷中悉照旧本抄刻，虽误犹仍，并不增改。

《证论》一书，乃全真之秘要，平日既已炼心入手，即当调药，偶逢时至，未可遽行。四字诀，只是凝神炁穴，息息归根。此时无鼎器，无火候，无药物也。而鼎器火候药物在此八字中矣。调之既久，神明清壮，可行吸抵撮闭四诀。渐运三百，升降妙周，如得元关现相，鼎器自明，正子时来，丙外符应，斯时始可言药言火言鼎也。此虚耗者筑基之初工，卷中悉已谆切细剖。第篇幅宏广，阅者易忽，故为拈出。凡作丹养舍利，最宜遵循次第，切忌莽裂。但古来经书，理法兼诂，头绪纷纷，繁复又名目各异，正喻夹诠，难分次第，最能炫目。所以昔贤有无从下手之叹。或聪明锐急者，时越乎规矩绳墨之外，致有走失之虞。此皆不遵循次第之过。余曾串合群经，厘为十节，联成一片，揭其纲领，备录琐微口诀，逐节觌缕筌蹄，名曰入室谱，庶几行功之际，循序渐进，不致凌躐也。

《慧命》一书，旧少传本，当时甫告杀青，即遭毁失。天律甚严，足征神护。此本得于云游僧悟明。僧于昔年来闽，常端坐七日夜，不眠食。一日尽弃行囊而去，王子来和，乞而得之，自得释子，并诸同人，喜其书之有裨于禅宗也，乃不避谴责，以公世，其心亦良厚矣。夫世之释教，不见如来菩提久矣。慧命之道，妙悟者希。柳师拈此二字以立名，正所以提醒世人耳。如获读此，何啻暗室明灯耶？得者当知珍重。

古法原有清净栽接之不同，派虽有二，而道则一宗南派者，每訾清净为孤阴难恃。宗北派者，遂辟栽接为舍己求人。轩轾者，又有金液玉液之分。然成佛成仙，有渐有顿，莫不殊途同归。三教尚且同原，三元亦自一致，南北何嫌两歧。有缘者，各随所遇而入，大旨均不离求，此先天一点乾金而扩充之，性命双修，内外一贯，务造其极而已。慧命收光化气，非金液何能臻此？证论翠竹黄花，即栽接亦未尝摈斥也。清净栽接，何必互为抵牾？

凡学道，要学真道，不可学假道。学真道不成，不失为好人，亦不失为长寿人。学假道不回头，直一匪徒耳。肯学真道，自然知命知性，得药得火，一遇机缘，即可结丹成舍利。若夫假道，纵知性命药火，亦不能用。罔念克念，总在一心。儒之要功，可该二教。圣人临凡，不易吾言矣。故超凡入圣之学，第一要克己去私，纤毫务尽，所谓损之又损，一至于无，人未纯阳，心已纯阳，身真未返，天真已返，在欲无欲，居尘出尘，处处培土生金，时时添铅益汞，祖师自然暗中点头，而一旦豁然贯通焉。况此书指陈既明，下手甚易，纵无财侣，亦可独自修持。暂借后天以延岁月，留得舟在，终能渡海。得之者，极乐国在我枕中秘矣。所难在克私一事耳。道之所以尊贵者以此。

抱朴子谓学丹先学医，此诚善诱之法。盖丹道必先周知一身之关脉道路，以及阴阳气血，与天地相通之妙，方能了当。医道亦然。而言之特备，是内经铜人图诸书不可不读也。

作丹之法无他秘，只是药物火候鼎器三者而已。三者有真有假，有后有先，已破之身，莫不借假复真，求先于后，千经万论，只是剖明此三事。读者执此以求于三事之中，分别先天后天，假借真元之义，则眉目纲领自清。

修炼之士，贵夫忘言守一。一非虚名也，即太极也，元关也。圣人隐言曰，元关一窍，曰抱一修行，黄庭在一之内，人壮一灵，人衰一敝，铅汞皆从一生，守静极于虚无，则先天一炁，自虚无中来，借一之形，炼之一气，得其一，万事毕。皆暗指一为元关，元关口诀尽此矣。莫不抱此一念，守聚成真，是即以火炼药而结丹，以神驭气而成道。故风火经谓，此道至简至易，只是降念头入于炁穴耳。神气交久，则超然出现。盖此一在内，阳生则开，阳散则敛，以外物候之，仍将此一气引还，本所其正开之时，即九二多用功之时，即二候采牟尼之时。调药图说云，炁发则成窍，机息则渺茫。诚哉是言也。所以药即火，火即药，药火即鼎器。其流则三，其源则一。此一之窍，即偃月炉，戊己门，西南乡，异名甚多，统曰谷神。为天地根，乃呼吸往来之祖，阴阳阖辟之宗，修炼之大关窍也。必习静日久，见此一关，药炉火候，方为真的。盗天地，夺造化，化生诸天，开明三景，皆在此处。无限仙阶，从此拾级而登。诸书说元关不下百余条，皆未肯直示原委。余得师说颇详，故直书之，以畅华阳师调药图之说，以参忘言守一之自。

道所最宜先者，炼心也。证论炼己篇，已提其要。他则唱道真言为至详。所最宜急者接命也。证论慧命，开首即明言其术，他则金笥宝录，修身正印，亦直揭其真。接命须药，药忌老嫩，统以九二爻为的，即二候采牟尼也。有药则归鼎，鼎在脐下一寸二分，以铜人仰卧图测之，则与前七后三之说符。以本人中指中节量之，则其穴之上下大小，恰与人相合。药入鼎，宜封固。封者封口，固者固身。外丹封固用盐泥，有一毫渗漏，则铅走汞飞。内丹封固用真意，而无形之渗漏甚捷，尤宜谨防密封。固济后即当然起火，有薰养之火，有升降之火。大概行火，必先薰蒸。升降则先文后武，内外一律，可以意消息之。周天之火，尤当细分规则，以循进退。慧命六候图，泄尽天机矣。他则伍守阳真人自注二书，辨其精微，而尤郑重于沐浴闰余之妙用。任督脉及水火之道路，惟华阳师独阐真图，他书从未有明剖者。然又不可以图害意，方为得诀。此皆起手之紧要关节也。至若过关一节，最为秘密，其法合宗颇详，然非平日操持纯熟，则临时鲜不偾事。盖此时一身百窍俱开，痛如刀刺，千邪备至，声震形淆，心难主持，混沌欲死，元珠在内，焉得不顺溜而出。必须功德两全，明暗有助，方可举行。七日之中，别有火候，前人多辨平日火候，而此时无火之火，无候之候，鲜有言及者。切须认定吾身子午卯酉四正位，以沐浴洗涤为至要，以铅汞文武为秘机。过此七日，剿尽群阴，一战而天下平，证位入仙，可谓得道者矣。

正青山人又识。

序炼丹　第一

尽言小周天。

华阳曰：欲修大道者，理无别诀，无非神炁而已。

神乃心中之元神，炁即肾中之元炁。炼精之时，则炁原在乎精中，精炁本是一物。所以曹祖师云：大道简易，只神炁二者而已。凡学道之士，能识神炁之道，即是阴阳性命之道也。故曰：无别诀，神炁而已矣。

先须穷其造化，究其清浊，

造化者，乃吾身之生机。人由此机而生形，仙佛由此机而成道，学者能先穷此造化之机，则有下手处矣。清者，是无天地人我之象，浑浑沦沦，恍如太虚，斯时一派先天，机之未发，虚而待之，静极自动，是为清也。浊者，因有存想思虑，见闻知觉，而后机动，即为浊也。岂可不究哉！

则精生方可採摄。

精生者，元炁之动，是谓精生。採者，採其炁之妙处。必须以我之正念，敛收微细之神，诚志专意，採入其炁之动所，招摄已生之精，归于本穴，用火烹炼。

次察其呼吸，明其节序，

呼吸者，巽风也。其用则有次序转变之法，非可一概论也。

如精生之时，则当用摄精之呼吸；如药生之时，则当用采药之呼吸。药既归炉，则用封固之呼吸。如起火之时，则用起火之呼吸；沐浴之时，则用沐浴之呼吸。金丹始终全仗呼吸，故曰节序。

则神凝方自恋吸。

神既凝入炁穴，则神自然恋炁。神炁相合，则炁自然恋神矣。

然后可施可受，而精可化。

施者，后天气也，而为母气。受者，先天炁也，而为子炁。子炁既受母气，则精自化炁矣。倘不明母气之真消息，则子炁散于外境，其精焉得化而为炁乎？

余见世人亦知阳生，而炼精不住，金丹不成者，皆因不知其自然而然，以混采混炼之过也。

凡世之学道者，知阳生固多矣，而所以化精成金丹者何少也？由不知其风火之法，药产有时，封固有炉，周天有度，混采混炼耳。

且观古书之所作，喻名炉鼎、道路，则人被炉鼎、道路之所惑。

古书所喻炉鼎者，是炼精炼炁之所。方士借此为言，曰女鼎、曰烧炼，初学未得真传，信而惑矣。纵有真志，岂不误哉！而道路者，即采取升降任督之脉络也。俞玉吾云：任督二脉，呼吸往来之黄道也。任脉者，起于中极之下，以上至毛际，循还腹里，上关元至咽喉也。督脉者，起于下极之腧，并绕脊里，上风府，入脑顶。二脉通，则百脉俱通矣。采取由此而运，周天由此而转，能识此炉鼎道路，则金丹无不成矣。

喻名铅汞、药物，则人又被铅汞、药物之所误。

古人修丹，以神炁比喻铅汞，以真精比喻药物，使人易悟。愚夫闻之言铅汞，便以凡铅凡汞烧炼为药物。妄图点化服食，求富贵长生，反到丧身破家，愚之甚也。

故假道愈显，而真道愈晦。世因喻而惑人诳人者众也。

群书喻名虽多，究其根源之所在，无出乎心肾之神炁而已。妄人见喻，借喻为言而诳人曰：药之先天炁，不在自身，在女鼎。初学浅见，不能分别真伪，信方士迷弄，不识金丹真诀，不明大道根源，岂不更惑乎！

由此观之，智者得师而明，愚者被师而误，皆因不悟群书简易之妙，而竟失于正理矣。

智人能识真假，除妄归正，参悟大道，访寻明师，以求印证秘密之真诀。愚夫不然，喜旁门之小法，暗图为人之师，纵有仙书真诀，而曰：吾不用看经，真诀在吾心内。惑众乱真。后学以为至言，皆因心地不明，少读群书，未有不失正理者也。

故予正欲详而直论。夫仙道者，原乎先天之神炁。

神乃元神，炁即元炁。何以谓之先天？当虚极恍惚之时是也。既知恍惚，是谁恍惚？此即先天之神也。恍惚之时，不觉忽然真机自动，阳物勃然而举，此即先天之炁也。若此时即能下手修炼，何患不仙也？

炼精者，则炁在乎其中。

精由炁化，炁由精满。炼精者，即是炼炁。故曰：炁在其中矣。

炼形者，则神在乎其内。

炼形即是炼精。古云：形化而后炁生，神凝而后水融。神炁合一，故神在其内矣。

炼时必明其火，用火必兼其风，

火者神也。精生之时，必以神而驭精，则精归源。既知归矣，又当久久以呼吸薰蒸，则精方能化为炁。

存乎其诚，入乎其窍，合乎自然。

凝神之时，外除耳目，内绝思虑，专志一心，凝入炁穴。又要合自然之动静，不可强制纵放。

若能如此依时而炼，则药物自然生矣。

依时者，是阳动之时，依时而炼。凡有动时，遂即炼之。既炼已，则药物自然生矣。

药生竟游其熟路者有之，若不起火归炉，难免走失之患也。

熟路者，即阳关也，乃昔日精炁所游之路。古人有走泄者，皆由此也。起火者，是药物归炉之工法。药生若不采归炉，则药物顺熟路而泄矣。

然药物既归炉，又当速起火，逼行其周天。

古云火逼金行颠倒转者，即此也。行是阴符阳火之法，若不行周天之火，则炁不聚，丹不结矣。

倘不明其火候之精微，虽有药而药亦不能成丹。

火候是一总名，其中有次第节序，而各有其候。如精生有调药之候，药产有采取之候，归炉有封固之候，起火有运行之候，沐浴有停息之候，火足有止火之候。此乃小周天之秘机。如若不尽精微，虽有药，不得火之法度，则焉能成丹也？可不历历以明之哉！

不知橐龠之消息，

橐龠者，即往来之呼吸，古人喻之曰巽风。升降由此风而运，不得此风，则辐轴不如法。凡小周天始终全凭橐龠之风，以为金丹之权柄。

不明升降之法度，

升降是运行周天之法，既行周天，则有度数。往往学道之人，不知升降度数，所以丹不结矣。

不识沐浴之候，

沐浴者，乃卯酉生杀之位也。故停息为沐浴之候也。

不晓归根之所，

归根者，乃还炁穴归其本位之所。

如此空炼，何得成其道也？

兀坐顽空，不明大道要诀，虽修无益矣。

大凡临机之时，必须畅明其神，勇猛其志，

此机时者，即采取薰炼之时也。切忌昏迷散乱。欲修丹者，当自精进勇猛，非他人所能助者也。

立定天心之主宰，

天心，名曰中黄，居于天之正中，一名天罡，一名斗杓，在天为天心，在人为真意。中宫若失真意，犹如臣失君主矣。

徘徊辐辏之运转，

辐辏者，即徘徊往来之意。犹如车轴使爪之运转一般。太上云：三十辐共一毂。

内鼓橐龠之消息，外依斗柄之循环，

橐龠即呼吸也。周天火候凭橐龠之息，以定周天之度数。朝元子云：劝君穷取周天数，莫使蹉跎复卦催。斗柄循环，即活泼运转之机耳。

如此神炁相依而行，相依而住，则周天之造化，无不合宜矣。

凡行火之时，炁依神而行，神依炁而住。火候当行，则神炁亦当行；火候当住，则神炁亦当住；火候当止，则神炁亦当止而止。如此而炼，则金丹无不成矣。

时乾隆庚戌春，传庐柳华阳，序于皖城之洁王古庙中。

正道浅说　第二

尽言小周天。

华阳曰：仙道炼元精为丹，

凡炼丹下手之仙机，即炼肾中之元精。精满则炁自发生，复炼此发生之炁，收回补其真炁。补到炁足，生机不动，是谓丹也。则人之根窍无漏精之路，便成人仙矣。

服食，则出神显化。世间无不喜而愿求者。

服食者，是得前小周天，如法修炼，以采大药，运过三关，故曰：服食。炼炁化神，出神显化，世间无不喜矣。

奈何天机秘密，学者未必穷其根源，故多在中途而废矣。

天机者，即吾身中之生机。古人云阳炁生，今人曰活子时。真仙上圣秘之深密，不书于竹帛，学者无所觅处，空自磨炼。岂不在中途而废？

所以予今浅说，使学者概而证之。夫精为万物之美，即养身立命之至宝。

万物最美曰精，人有其精则生，人无其精则死。所以精者，即性命之根源。《阴符经》云：精是炁之母，神是炁之子。古云：留得阳精，神仙现成。岂不宝哉！

如精已败者，以精补精，保而还初，所谓得生之由。

中年年迈之人，因精已耗散，故必用补精之法助之。钟离真人云：晚年修持，先论救护。

未败者，即以此而超脱，养胎化神，则亦易为、易修、易成之果也。

未败者是童真，本有阳精足炁，免得补精筑基之工。从此下手采大药，不过七日，静工十月之期，即可以出神，为神仙乐事。故此易为、易修、易成是也。

若以神顺此精，由自然之造化，则人道全；

世人每遇精生，不知修炼，顺此造化，男女交合，即为生人之道，由炁顺化。

若以神逆此精，修自然之造化，则仙道成。

真人知此精生之造化，以神留精，逆归炁穴，用火锻炼，精化为炁，脱胎神化，仙佛从此而得，由精逆化也。

故精者，乃是入死入生之关锁。

精乃凡圣根由，故名关锁。精耗必死，保而炼之即生，此理之至也。

其名虽然称之曰精，其里本自无形，因静中动，而言之曰元精矣。

此精当未动之先，里本虚无，有何精可名？因入静极，阳炁从静而发动，故名之曰元精矣。

当其未动之前，浑然空寂，视之不见，听之无声，亦非精也，亦非物也，无可名而名，故名之曰先天。《易》曰无极是也。

此正鸿蒙未判之时，元门名曰先天，释氏名曰威音，《易》曰无极，总属虚无，是无炁之谓也。

斯时则神寂机息，万物归根，此正谓之虚极静笃。

此正上文鸿蒙是也。浑然一团，不见天地人我之相，如万物逢冬归根，阳炁潜藏，故曰机息。然则机虽息，而生炁之机，即在息机之中矣。

静中恍惚，偶有融会之妙意，

此言炁机将萌未动之时也。

便可名而有其名，故名之曰道，《易》曰太极是也。

此正上文炁机将萌是也。

因此机一萌，曰元炁也。炁既以萌，而又旋动，曰元精矣。

元炁元精，分而言之，其机则是一也。

修仙作佛之造化，即从此而入手。若夫尘念兼起，必化淫精，顺阳关而出。

凡修丹者，即在此时用工，则神炁自然相投，合而为一。若炼己未熟，逢此炁机，淫念顿起，真炁必化后天有形之精，顺阳关而泄矣。

修士正当此时，正念为主，以神驭炁，起呼吸之气，留恋元精，可谓还原之道矣。

既以神驭炁，必加呼吸之气，收回元精，其精自然逆回于炁根矣。

真精既得还原，取其神炁混合，两不相离，使其二物熔化，合而为一也。

元精不能自熔，在元神熔之。绵绵若存，使性情相洽，神炁合而为一者也。

如《易》所谓天地氤氲，万物化生。

天地之炁不交，万物光所生焉。金丹之道不交，真种何所觅乎？《崇正篇》云：两般灵物天然合，些子神机这里来。

然后先天真一之炁，仍旧从窍中发出，

窍即丹田炁穴也，所以混然子云火从脐下发，即此。

而为金丹之主宰。

主宰者，依此炁为主也。

所以古云：未有不交媾而可能成造化者也。

此即尹真人之旨。造化者，即采取运周天之造化。先若无交媾之法，何得有药产之机发现也？交媾即调药之法。澹漪真人云：人身中只是一个元炁，只要回光返照，将此炁收敛，沉到极处，久之，其中自有造化。

夫既知此炁之生机，即可以行火补炁炁炼丹，

生机者，即药产之时也。古人云药产神知，即此也。行火，行周天阴符阳火之法。即升降往来，复还丹田之所。真炁得此动炁之所补，故谓之炼丹也。

故有辨时采取周天之候。

辨时者，即言药之老嫩。古人常表药老炁散，不能结丹。药嫩炁力微，亦不结丹。然则何时不老不嫩？上阳子云：若人采先天炁之时，以暖炁为之信。又伍子云：如浴之方起，而暖炁融融。然此不辨，辨在其中矣。周天法者，是言子午卯酉之法。子午为进退，卯酉为沐浴，然子午亦有沐浴。

古云时至神知，正言此药产之先天炁者，是也。

药产神有所知，即上文暖信之谓也。若不知采取，则当面错过矣。

修士宜当此时，须用凝神合炁之法，

以敛聚微细之元神入于炁中。

收付于本宫，则是为我所有之妙药矣。

本宫即丹田也。

药炁既承受以归炉，

炉即丹田也。

须当徘徊于子午，

午属于顶，子属于腹。

运动身中之璇玑，又必须假呼吸之气而吹嘘之，方得乾坤于元关，合而为一循环之沟管矣。

璇玑者，即黄赤之消息。天道日月之循环，由黄赤而行。丹道神炁之循环，依任督而运。七悟祖师云：采取以升降，从督脉上升泥丸，从任脉降下丹田者。盖真阳之炁，不能自循环于乾坤，须假呼吸之气，吹动元关橐籥之消息，逼逐真阳，通任督，达乾坤，合元关而为天地，吾身造化之一大总窍矣。紫阳云一孔元关窍，乾坤共合成是也。

故神炁承呼吸之能，才得相依同行而不外游矣。

神行则炁行，神住则炁住，而为相依矣。且神炁又当承呼吸之能，方得随脉胳，而不外游矣。然呼吸皆神炁之权柄也。

且炁之行住，又怕有太过不及之弊，故必依周天之限法。夫周天法者，

周天三百六十五度有零，故以法数而限定之也。

言十二时如一日一周也。故冲虚云：子行三十六，积得阳爻一百八十数；午行二十四，合得阴爻一百二十数；

阳爻自子至巳为阳，阴爻自午至亥为阴。阳爻用九，积数一百八十；阴爻用六，积数一百二十，共成三百数。

外兼卯酉之法，中途行沐浴，完成周天。

卯在六阳之中，酉在六阴之中。凡行沐浴之法，必在中途而薰蒸。周天原有三百六十有零，前行三百，未满造化之积数。此行沐浴无数之火，合成全机。

所以古云：炁有行住起止多少之限法。

行住起止四法，即达摩云四候有妙用。又云一时用六候，则采封之法兼于其内。行者行于黄赤，住于生杀。起于虚，止于危，是为一周天也。白玉蟾云起于虚危穴，以虚危宿在坎宫子位也。

学者不可不察也。夫既得周天之妙用，积累动炁，

动炁即丹田之生机。

时来时炼，补完真炁，

凡丹田有动之炁，即要炼之，以完一周天。如若不炼一周天，则本根之炁不得满足，而亦不能成大药。冲虚子云：又不可一周完而不歇，虽无大害，亦迟其动机，为无益也。

则精窍不漏，便可谓之长生矣。

李真人云：阳关一闭，个个长生。

如有精窍漏者，则未及证不死之果。

有精漏，则是有死之凡夫。无精漏，则是不死之真人。世亦有一等不漏精之躯，未经火法，久之亦漏，非真人薰蒸不漏。又有老者弱者而阴缩者，自无精矣，是精已枯竭，休误认为修证。

必加精修，以元精尽返成真炁，

无精则阳不举，内里有真实丹成也。

则亦无其窍，

无精，则阳关之窍自闭矣。

而外形亦无萌动之机，

窍闭，则阳不举，方是丹成。若有微萌之意，未证有成，必加火以薰炼。

则是名为大药成矣。便可作大周天之工法也。

以上尽言小周天。

炼己直论　第三

华阳曰：昔日吕祖云七返还丹，在人先须炼己待时。

己即我心中之念耳。若欲成还丹者，必须炼己为先。己若不纯，焉得精还为炁，炁还神也？盖七乃火之成数，先以火入水中，谓之返也。后以炁升火位，谓之还也。待者候也。若欲有心待之，则属于拘滞，而真阳反不生；若欲无心而待之，则落于顽空，错过真机，此则有无两失矣。然则若何为哉？且有还于无，而无内灵似于有。故《离骚》远游篇云：毋滑而魂兮，彼将自然。一炁孔神兮，于中夜存。虚以待之兮，无为之先。

盖己者，即本来之虚灵。动则为意，静则为性，妙用则为神也。

四者未发之前，浑然如太虚，有何名目？因机萌而言，故有意性之喻。

金丹神虽有归一，则有双发之旨。

凡炼丹时，先则无为，寂然不动，浑然空空荡荡，不见有无之念。待其机之动时，则发意采取。运周天时，又立念主斗杓斡旋二炁橐籥之消息，而神又随真炁循环。

先若不炼己还虚，

还虚者，是纯乎以静，静乎以化，杳无朕兆，还乎鸿蒙，复乎无极，万象空空。此即本来之性体是也。

则临时熟境难忘，

时，即药产之时。先若己不纯，采药炼药之际，则有分花之念。神不能主张，炁则散也。

神驰炁散，

神不宰炁，安有不散也。

安能夺得造化之机，

夺者，取也。造化者，阳生也。

还我神室，

此神室即下丹田也。凡神室却有三釜。炼精之造化，即以下丹田为主。故神炁起由此，归藏亦由此，是之谓神室。即神炁所居之室也。

而为金丹生发之本耶！

由前活子时，用之得法，然后方有炁发生，而为炼丹之本。

故古人炼己者，寂淡直捷，纯一不二。

不存有无之念，故可以谓纯一。

以静而浑，

正是鸿蒙无极之时。

以虚而灵，

十二时中不昧曰灵。

常飘飘乎，

不著一点形迹。

随处随缘而安止。

四相俱忘，安然独立自在。

不究其所在，

是过去心则无了。

不求其未至，

未来心不萌。

不喜其现在。

现在心不存。

惺惺寂寂，

照而寂。

寂寂惺惺。

寂而照。

形体者，不拘不滞。

不被身之所劳。

虚灵者，不有不无。

活活泼泼。

不生他疑，

明心见性。

了彻一心，

通天彻地，杲日当空。

直入于无为之化境，

威音之前，无极之先。

此乃智者上根之炼法也。

此以上皆言顿法，还虚之炼法者也。

若夫中下之流，则未然。

未修炼己之人曰中下，非世俗曰中下，盖修道本无中下。

当未炼之先，

己未炼之先也。

每被识神所权，

凡思虑有心，总是识神用事也。

不觉任造化之机而顺化。

世人每遇身中炁机之生时，不知修炼，而行世法，则生人矣。亦有不交媾者，此炁而亦耗散。何故？炁既发动，不得其法，留归本处，焉有不顺化者耶？

欲炼精者，不得其精住；

炼精是坎离交媾以前之法，名曰调药。若不知调法，精则不能住矣。

欲炼炁者，不得其炁来。

炼炁者，是小周天之法。不得炁来，是炼精不住，故此无炁之发生也。

古云不合虚无不得仙，盖谓此也。

能到虚无，方可炼丹。如不到虚无，丹则不成也。

故用渐法而炼矣。

由浅而深。

且谓炼者，断欲离爱，不起邪见，逢大魔而不乱者，曰炼；

欲爱是妻子、富贵、师弟等事，断而不留，为炼己有力。邪见者，是眼偶见奇异，或见光，或见光中现神物，或平日所未见者，今始见之，为外魔。于此信之，即为魔之所诱，曰天魔，曰邪魔，曰妖魔。眼不见，或心见者，为阴魔。见而喜悦为好，贪见则著魔矣。心不见，或耳见。耳见者，耳闻魔言，或言福，或言祸，喜闻则著魔矣。见而自不见，闻而自不闻，知而自不知，依于正念，魔与我不相干也。不乱者，水火刀兵、劫杀打骂，凡诸魔来，皆不可妄生惧乱之心也。

未遇，苦行勤求，励志久而不退者，曰炼；

未得诀者，当立真志而求师。天地之间，富贵以及妻子是有定分。若大道则不然，可以苦志而得。古云：有志者事竟成。古来多少不该成道者，而竟成之，非生来有分也。

虚心利人，不执文字，恭迎而哀恳者，曰炼；

世之学道不得其真传者，皆因己之假学问，障于他人之真学问，故不得其道矣。若能虚心恳切，执弟子礼，行弟子之事，岂有不得者乎？

眼虽见色，而内不受纳者，曰炼；耳虽闻声，而内不受音者，曰炼；神虽感交，而内不起思者，曰炼；

此三者真炼法。

见物内醒，而不迷者，曰炼。

即六祖所谓见物心速起。

日用平常如如，而先炼己纯熟，

己纯后可炼丹。重阳云：湛然不动，昏昏默默，无丝毫念想，此由炼己纯熟而得。康节云：思虑未起，鬼神莫知，不由乎我，更由乎谁？

则调药而得其所调，

即前炼精之法。

辨真时即得其真时，

即药产之时，用采药之法。

运周天始终如法升降。

周天是往复之机，升降是进退之工，由己纯则无昏沉散乱矣。

己有不得其先炼者，则施法之际，被旧习所弄，错乱节序，故不得终其候也。

错乱节序者，因己未熟，或知采封，不知运行，或知升，不知降，或知升降，不知沐浴，或知先天炁，不知后天气，或炁行，神不行，或知周天，不知归根沐浴。

世之好金丹者云有不炼己而能成道者，谬矣。

西王母云：声色不止神不清，思虑不止心不宁。心不宁兮神不灵，神不灵兮道不成。

炼己者在于勤，若不勤，则道遥也。

己在时刻勤炼，如若放荡，丹则有走失之患矣。

昔日吕祖被正阳翁十试，正念而不疑。

吕祖任他魔来不生疑心，独立正念，后六十四岁随正阳翁修道，卒能成道。

又丘祖受百难于重阳，苦志而不懈。

丘祖初至重阳会下，重阳谓丘饮稀粥。丘自知福力小，苦行七年，累遭魔难。当过二番死魔，二次飞石打折三根肋骨，又险死，扑折三番臂膊。恁般魔难，苦志而不动心，自能决烈精修。

费长房静坐，偶视大石坠顶，不惊不动。此得炼己定心之显案也。

昔世尊坐于菩提树下，魔王波旬领百万魔众以兵戈恐佛，而不动，以魔女淫事诱佛，而不动坐。坐至坚刚牢固，自言我终不起离于此坐。

并书以告同志。

小周天药物直论　第四

华阳曰：仙道元精喻药物，药物喻金丹，金丹喻大道，何喻之多也？

神从炁化，炁从精生，欲望成其道者，先当保其精。精满然后炁生，以此生炁，是名药物。药物炼之不动，便名金丹。服此金丹，出神千百亿化身，天地坏时，这个不坏，故喻名大道矣。

《道藏》经曰：精者妙物，真人长生根。

《黄庭经》云：留胎止精，可以长生。

圣圣真真，莫不由此元精，以阐明药物也。

正阳真人云：除了铅汞两味药，都是哄弄愚夫。

夫药物既根于元精，而又曰元炁者，何也？

静为元炁，动为元精。

且此炁从禀受隐藏于炁穴，

炁穴即丹田也。

及其年壮炁动，

人至十五六，丹田炁自动。

却有向外拱关变化之机者。

炁动自有暖融之信至于阳关，不知修炼因此之融信，则神转变而为情，而亦至于阳关，此炁则化淫精而出。

即取此变化之机，回光返照，凝神入炁穴，则炁亦随神还矣。

古云：回光返照，要知去处。七悟禅师云：凝神收入于此窍之中，则炁随神往，自然归于此窍矣。

故谓之勒阳关，调外药。及至调到药产神知，

药产有二景：时至神知为内景；药炁外驰，外别有景。

斯谓之小药，又谓之真种子。

行大周天，初采药时，谓之大药。此处行小周天，初采药时，谓之小药，或谓之真种子。古人未言小药，及曹伍二真人，始发小药之名。后人即可以用药不误药产之真时，因得此名，则易明矣。

因其有顺逆之变化者，故曰元精、元炁也。

顺为元精，逆为元炁。

若不曰元精，则人不知调外药，

元精从外摄归炉内，谓之调外药。

以混采混炼于周天。

无药先行火，水火煮空铛。

不知既无其药，且落于空亡，将以何者为小药哉？

不知前此调药之工，则无药产之景到。

然古人但言调药，而不言调法，

法即绵绵不断之旨。七悟云：一阳初动，凝神入炁穴，息息归根。

不言调所，

所即炁之融动处。

又不言调时，

时即外物动之时也。

一调药之虚名，在于耳目之外。未得师者，茫然无所下手。故我今直论之曰：既知调药矣，则元精不外耗。

以前尽言调药化精之法，以下皆说小周天之事。

而药炁自有来机焉。

古云：神明自来。

此古圣不肯轻言直论，予明而显之曰：未有知机而不采者，未有未调药而先采者，如此或缺焉，是不得药之真故也。

未得真传，则不能得此药。

且欲得药之真者，惟赖神之静虚，炁则生矣。

混然子云：时至炁化，机动籁鸣，火从脐下而发。

冲虚谓之动而觉，

动者，炁也。觉者，神也。

以此不惧不惊，

或者乍见此景，而不禁惊讶，则心动而神散，欲望成丹，不亦远矣乎？

待而后起。

阳未融盛，不可急于采取。

冲虚谓之复觉。

此即在后《风火经》见得明白。

此时即药炁之辨机，不令其顺而逆之，

顺是出炉，逆是归炉。

斯谓之采药。

守阳真人谓之归炉。

鼎中既有药炁，

此鼎即丹田也。

则有周天之火候。

周天三百六十五度有零，薰炼金丹亦似此理。

起刻漏之息火以烹炼之，

刻漏，即是呼吸。炼金丹法，全在呼吸之气以定爻数。

古人谓之升降也。

升谓之进，降谓之退。

然采得此药来，

由周天之法如意。

斯固谓之金丹。

丹是炁得火之炼法如意，谓之丹矣。

即可以行大周天之法，

是采大药之秘机。

则小周天之造化，从此毕矣。余愿同志者，休误入于邪师，以淫精之邪药认为真药，则非药也。

小周天鼎器直论　第五

华阳曰：仙道以神炁二者薰蒸封固，喻之曰炉鼎。如炼外丹者，以铅汞烧炼之炉鼎也。悟之则在一身，迷之则堕入别途，故世因炉鼎之喻而惑者众矣。且有一等妄人，见炉鼎之喻，因诳人曰：以女人为鼎，以淫媾为药。取男淫精、女淫水败血为服食，补身接命。殊不知诳人自诳，反堕弃其万劫不可得之人身？

此言采战女鼎闺丹之邪术，尽是用女人为炉鼎。信者必丧性命，堕于异类，万劫而不可复者矣。

又有愚夫，泥其迹象，专喜烧铅炼汞。世莫不由鼎器者误也。

福薄愚夫，不知身中本有真铅真汞，便以凡铅凡汞烧炼为服食。误信方士，反失其人身，皆由炉鼎误也。

夫欲明炉鼎者，在夫神炁之机变。

神炁升为鼎，起止为炉。古云：鼎鼎原无鼎。

当其始也，

元精初生。

精生外驰，以神入精中，则呼吸之气，随神之号令，摄回中宫，混合神炁。

中宫即丹田。混合即绵绵息息归根之意。

神则为火，而炁为炉。

以神炁言者，神在炁中，炁则为炉，神则为火也。

欲令此炁而藏伏者，惟神之禁止。炁则为药，而神为炉。

以炁神言者，炁在神内，神禁止其炁；神在炁外，神则为炉，而炁则为药也。

即古人所谓炁穴为炉是也。

以形言者，指丹田为炉。神炁归藏于此，此即调药之炉也。

乃其采药运周天者，当从炁穴坤炉而起火，升乾首以为鼎，降坤腹以为炉。

乾在上为鼎，坤在下为炉。

即古人所谓乾坤为鼎器者是也。

以形言者，首腹为炉鼎，即周天之炉鼎也。

见神炁之起伏，

起是升，伏是降。

而鼎器在是矣。

有神炁即有炉鼎，无神炁即无炉鼎。

然古人将神炁二者借喻鼎器，或以丹田为炉，而以炁穴为鼎者，

丹田炁穴一也。

或以坤为炉，而以乾为鼎也。

坤即腹，乾即首。

一鼎器之名目，纷纷引喻，故后人无以认真。余若不推明直论，将何处炼精、

即调药也。

炼药，

即周天也。

为结金丹也？此古圣皆不轻露，

丹田为调药之炉鼎，古来不肯明露。

今予阐明，正合吕祖所谓真炉鼎，真橐籥。知之真者，而后用之真。用之真者，而后证果得其真矣。冲虚子不云乎：鼎鼎原无鼎。若不明火药次第之妙用，执著身体摸索而为鼎器者，则妄也。非仙道金丹神炁自然之鼎器也。

风火经　第六

尽言小周天。

华阳集说《风火经》，

风者，乃炼丹之妙法，即升降之消息。古人喻曰巽风，或喻以橐龠，是即往来之呼吸也。火者，炼丹之主，化精化炁之具。风火有同用之机，大丹有修炼之法。古圣不肯全露，或有用言之隐，而人不能彻悟，视之如故事。然言之详者，又违天诫。风火同用之机，乃上天之秘诀，金丹至要之法。凡人德薄，未遇真传，岂知有同用之机哉！前圣高真，科禁秘之，不肯并论轻泄。愚亦不敢臆说，故集诸圣之隐语奥言，而为此说。每句之下逐一解明，以昭后学。见之者，详究此解，印证本文，即知风火同用，次第不离之机也矣。

曰：仙佛成道，是本性元神。不得元精漏尽，不能了道，还至虚无，而超劫运。

本性元神其名虽二，源流则一。佛谓之性，仙谓之神。元精漏尽，乃修命之别名，即先天一炁是也。仙修谓之炼精化炁，又谓之炼形；佛修谓之漏尽成，又谓之慧命。不得此道，则不能超劫运。纵然修得灰灰相，无非五通之灵鬼耳。焉能契如来之妙道乎？故如来《大佛方等大集经》云：修习五通，既修习已，垂得漏尽，而不取证，何以故？愍众生，故舍漏尽通，乃至行于凡夫地中。又《愣严经》世尊谓阿难云第一漏尽难成，即此也。

元精漏尽，不得风火，则不能变化而成道，

元精漏尽，虽有生机，不得风火，则不化为炁。混然子云：人呼吸之气为风，如炉鞲之抽动，风生于管，炉火自炎，久久心息相依，丹田如常温暖。今之禅僧，不知风火，漏尽无成，常自下流。余有俗堂弟，字道宽，法名源明，久住金山。曰：禅教原不问此事，似过浸灌，只悟自性，不必究他。余曰：既有走漏，则与凡夫淫媾似也。《首楞严经》云：淫身、淫心、淫根不断，如蒸砂石，欲其成饭，经百千劫，只名熟砂，必落魔道，轮转三途，终不能出。禅教何得不问也？但如来风火之法，佛佛相印。若能自用，则三种淫事一炼自断。世尊云火化以后，收取舍利，又云微风吹动，则其中自有深旨。非亲传，焉得知之？

故曰：修炼全凭风火耳。

广成子云：息者，风也。白玉蟾云：火者，神也。

往古圣真，禁而不露。

上天所禁秘之，不传于无德，实传于有德。超乎劫运，出乎大宝，岂传于无德者哉！

中古圣真，略言其始。而人不究其始，往往搜寻其中，徒劳精力。

始者，微阳初动。古圣隐而不露，乃金丹造化之根。人若能明乎其始，何事不成？故虽近代，亦有得道高真，惜学者不知下手，重言其始。人犹不究其始，每每妄自采取而不知搜寻。其实虽药有不采而自采之景到矣。故学者不可徒劳无成焉。

不知中宫周天之说，或显于周天炼法，而隐于采取中宫；

中宫即炼丹之所，天心居焉。人若晓中宫之消息，则丹自成矣。盖中者，非中外之中，即元关消息之中也。此中包罗乾坤，运行日月，真种由此而生，升降由此而运，炉鼎由此而立，橐籥由此而转，药物由此而化，坎离由此而合，斗柄由此而建是也。世人或知中宫，不知周天，则炁亦暂聚而暂散矣，安得成丹乎？冲虚云：药已归炉，未即行火，则真炁断而不续，亦不成大药。

或显于采取中宫，而隐于周天炼法；

周天即升降也。时至药产，阳炁从地升于天。天者，在人为首，位居上。《阴符注》云：上涌潮元，通灵阳宫。复降下，通于巽坤。坤者，在人为腹，位居下。混然子云：从子至巳，流戊土，从督脉进阳火；自午至亥，以己土，从任脉退阴符。世人或知周天，不知中宫，妄自行火，则与水火之煮空铛何以异乎？冲虚子云药未归炉，而先行火，药竟外耗，而非为我有者，其斯之谓矣。

或显于火，而秘于风；

炼丹全凭风以扇火。风者，息也，曰巽风、曰母气、曰橐籥，皆我之呼吸也。

或显于风，而秘于火；

炼丹全凭火以炼精。火者，神也，曰汞、曰日、曰乌、曰龙，皆我之真意也。

或有言之简，而论之详者。皆宜一一体玩，不可浅视也。使徒执其偏见，取宗于妄人之口，何其诬耶！

简者，深言神炁之机。详者，细言神炁同用之理。初学未得真传，非由忽其简而即略其详，是终不得夫丹道之秘矣。况又宗于邪说，致生疑惑，其不至于暗昧者少矣。

余曰：觅法寻师问正传，若无真诀难成仙。

凡求师者，当察其真伪。若言不用风火，即是假道。虽欲成仙，何可得乎？

谷精火到风吹化，

精因火化，火因风灼。世人被此精损志夭命，因无制伏之法。智者，借此精养身助炁，是有风火之功耳。

髓窍融通气鼓煎。

窍者，即肾府也。肾属水，水无火，焉能融通？所以人之精华，多因肾而耗散。智者得风火之功，自能融通矣。鼓者，即所谓巽风也。

物举潮来神伏定，情强性烈意和牵。

物即外阳。外因内动，故此举矣。始举始伏，则易伏矣。倘未觉其伏，则阳壮性烈，必须回光返照，绵绵若存，使炁与意和合，虽一时修炼之功，而性情不觉其浑合矣。

青阳洞里须调炼，炉内铅飞喜自然。

洞即炁穴。凡调药时，务要绵绵，使精化为炁，则内之真铅，自然潮于上元矣。

抑闻之《玉芝书》曰：元黄若也无交媾，争得阳从坎下飞？

元者，天也。黄者，地也。即神炁也。神炁不交，安有药之可采？

冲虚子曰：有机先一着，而后生药以行火。

先一着者，乃微阳初动也。药生而行火，所行火者，即行周天之火。

朱元育曰：晦朔之交，即活子时。

活子时者，乃阳动之时也。

觅元子曰：外肾欲举之时，即是身中活子时。

外肾举者，非有念而举，乃自无而生。生而或速或缓，皆由活动之机。然有念而举者，乃是邪法，炼之即成幻丹。浑然问曰：假若睡浓之时，不觉而自举，及偶然觉之，此时下手，亦成幻丹否？华阳云：正睡浓时，自己身心俱已不觉，念从何有乎？尝闻纯阳祖师云：动则施功静则眠。又夏云峰云：自然时节，梦里也教知。以此句言之，可以印证矣。

俞玉吾曰：内炼之道，至简至易，惟欲降心火，入于丹田耳。

内炼之道，乃上乘之法，简易之事。但人被邪说所惑，不能信受。故真人破之曰：惟欲降心火，入于丹田也。

又曰：肾属水，心属火，火入水中，则水火交媾。

古人谓心肾非坎离，殊不知心肾乃坎离之体，神炁乃坎离之用。且肾非脊肾之肾，乃内肾也。古云内肾者，即脐下是也。虽在脐下，犹未得其所以然，要必得其神炁相投者。盖其穴正在脐后肾前稍下，前七后三，中间空悬一穴。此正是调药炼精之所，而学者不可不察矣。

六祖《坛经》曰：有情来下种。

有情者，非欲念之情，乃妙道中元机萌动之情。故龙牙禅师云：人情浓厚道情微，道用人情世岂知？空有人情无道用，人情能得几多时？

元育曰：要觅先天真种子，须从混沌立根基。

古人言真种不一，或有言神是真种子，或有言炁是真种子，而不言真种子其父母所由生之理，故人被此颠倒之言所惑。《元学正宗》云：始者，上下相交混而为一。盖混沌者，乃天地合璧之象，即神炁会合之时。若觅先天真种子，先须明种之父母。盖神炁比如天地，天地即种子之父母也。神入炁中，则是天入地中之象，即为混沌之时也。真种子原由神炁而生，神炁若不交，安得有真种子乎？则此中之根基，当明矣。

正阳祖师曰：南辰移入北辰位。

南者，离宫，心乃离也，神即藏其中。北者，坎也，炁即藏其中。移入位者，即以神入炁穴。杏林云以神归炁内，丹道自然成是也。

纯阳祖师曰：我悟长生理，太阳伏太阴。

长生乃我之元炁，悟之者则生，迷之者则死。欲学清静正道者，先明道之根源。道无非我身内之阴阳，非是外来物件。许旌阳云：大丹若不以日月交光、乾坤合体，更假何物为之乎？盖太阳乃喻心之神，太阴乃喻肾之炁。伏者，以神伏炁之法。能伏住者，即得长生，否则不能得矣。

觅元子曰：始则汞投铅窟。

程先生云：铅得汞而相亲，无中入有。铅汞非他物，即我神炁。故吕祖云：不用铅，不用汞，还丹须得炉中种。投者，以神投炁，则精炁不下泄，似水银与铅相制不动，然后炉中炁自生矣。吕祖云：安炉致鼎尽周圆，须得汞去投铅。若不用汞投铅，则铅炁无所生矣。俞玉吾云：铅得汞以生形。旌阳亦云：铅因汞伏。

海蟾翁曰：先贤明露丹台旨，几度灵乌宿桂柯。

灵乌喻心中之神，桂柯喻肾中之炁。《元学正宗》云：心乃神之宅，肾乃炁之府，岂无造化乎？古云：心以坎为体，以离为用，故心欲虚而澄。肾以离为体，以坎为用，故丹田欲实而温。离火上腾故损，离火下驻故益。几度者，凡阳生不拘时数，灵乌宿亦不拘时数，时来时宿。紫虚云：夜半金乌入广寒。

旌阳祖师云：与君说破我家风，太阳移在月明中。

望江南云：日精若与月华合，自有真铅出世来。盖太阳喻神，月明喻炁。移在者，神炁相会也。古云：要知大道希夷理，太阳移在月明中。

李真人曰：金丹大要不难知，妙在一阳下手时。

世人学道，每被丹经之词文所惑，不知真诀简易之理。自己心内糊涂，反谓古人不明言，及见真师，强自争辨。殊不知炼丹者阳生之时，即起手之时。能于此时下手，又何疑惑乎？真阳云：先天之炁藏炁穴，虽有动时，犹是无形，依附有形而为用，始呈而即始觉。守阳云：凝神入此炁穴，而神返身中，炁自回矣。

重阳祖师曰：纯阴之下，须是用火锻炼，方得阳炁发生，神明自来。

阴即是先天坤地，变为后天之坎。而中年之人药少，故不能采取。真人言须用火锻炼，然后有药可采。冲虚云：有机先一着，而后生药以行火。俞玉吾亦云天入地中，以此而产药是也。

又闻之龙眉子曰：风轮激动产真铅，都因静极还生动。

此以下皆言风之妙用。上文一节专言火之用法，而呼吸之气，未表其所用之理，故真人恐人只知用火而不知用风，其精则不化矣。栖云先生云：火不得风，不灼。抱一子云：知摇空得风，则鼓吾之橐龠可以生风；知嘘物得水，则胎吾之炁可以化精。产铅者，即药炁所生之时也。还生动者，即药产之时，即炁药之候也。

《入药镜》曰：起巽风，运坤火。

巽风者，呼吸之喻也。火者，乃元炁也。元炁不得呼吸，则不能成药，是阳不得阴，则必不聚之故也。必须存心中之阴神，驭肾中刚阳之火，绵绵息息归根，则坤火自运矣。然又恐用火者失于太过与不及，须当文薰武炼。故萧紫虚云：炽则坤火略埋藏，冷则巽风为吹嘘。此言可玩矣。

《黄庭经》曰：呼吸元炁以求仙。

呼吸者，后天之气也；元炁者，先天之炁也。先后原有兼用之法，若不兼用，元炁顺流而出，不能成丹矣。必假呼吸之气，留归以炼之。如冲虚子所谓以后天呼吸气，留恋神炁是也。

李清庵曰：得遇真传，便知下手，成功不难。鼓动巽风，扇开炉焰。

此言果得真传，便知用巽风。风者，后天气也。冲虚云：元炁固要逆修，而呼吸之气亦要逆转。盖人呼吸之气，出入本在丹田，何曾有隔碍？但人只知出，而不知入耳。学者凝神之时，炁穴之神，能觉进吸者，则气自鼓自扇、自吹自嘘、自逆转矣。不用而自用之，何劳之有乎？混然子云：神呼气炁归窍内，吹吾身中无孔笛。常觉在此息不用，归根而自归根矣。庄子云其息深深，又云真人之息以踵，即此也。

李道纯曰：炼精其先，以气摄精。

精生之时，原是下流，若欲归源，必须用气摄之，则无走泄之患矣。然又当知精生之所。冲虚云用后天之呼吸，寻真人呼吸之处，即此之谓也夫！

无名子曰：精调炁候。

调者是精生时，以用调法，不然则易走泄矣。古人云：精炁之为物也，运行则常，退守则灾。四时不运，万物何以生？日月不映，万物何以明？流水不腐，户枢不蠹。人不测道之根本，乃云固精为长生，此言为大谬也。若闭精可以常存，则布囊可以贮水。盖炁候者，是候炁之生时，即所为采取之谓也。

冲虚子曰：调定其机。

机者是精生动机，若不调则炁必泄，而药物不生矣。

又曰：药若不先调，则老嫩无分别。

老嫩是采取之景。若不先调者，则何时而能采取乎？能知调者，自有老嫩之景到。

李虚庵曰：忙里偷闲调外药。

药即吾身之元炁。炁虽藏炁穴，生则化元精向外下流。若任外流，将何物而为药乎？故调此炁，返还于炁穴，久则天机自活动矣。钟离云勒阳关，即此也。

冲虚子曰：调到真觉，则得真炁。

觉者，乃是时至神知。故其本灵之心体不能昧，谓之觉。若能如法调药，则自有造化之机发见于外，可不劳而自知矣。

《楞严经》曰：愿立道场，先取雪山大力白牛。

道场者，修佛道之起手也。欲成佛道者，先当取雪山大力白牛。若无此牛，任汝修八万劫，终不能出《楞严》之五阴。盖雪山者，喻五阴俱空。既已空矣，则一阳生于五阴之下，元门谓之阳生，释家谓之情来，又谓之真如，又谓之那偏事，皆是喻事之生也。太初古佛云：一阳发现，只是明心。千百譬喻，只教人晓此一事耳。大力者，喻法象，释家谓之明心，又谓之有物，皆喻牛之征也。光明古佛云：日天开朗，是为见性。千万种譬喻，无非教人明此牛耳。若谓实有此牛者，即非我如来、达摩、六祖之嫡传，则是外道，非释家之子也。岂不谬哉！

《涅槃经》曰：雪山有大力白牛，食肥腻草，粪皆醍醐。

雪山喻炁之生处。白牛即是喻炁。醍醐喻炁之升降也。故六祖云：吾有一物，上举天，下举地。若独修心中之识性，不兼修性海之真性，饶你八万劫，终不能成六通，契如来之真性。《心经解》云：谁知更有过于此者？宽则包藏法界，窄则不立纤毫，显则八荒九夷无所不至，隐则纤芥微尘无所不藏。又云：乃人之本源。

栖云先生曰：人吃五谷，化为阴精。不曾锻炼，此物在里面作怪。只用丹田自然呼吸之气，吹动其中真火，水在上，火在下，水得火，自然化而为炁。其炁上腾薰蒸，传透一身之关窍，流通百脉。烧得里头，神嚎鬼哭，将阴精炼尽，阴魔消散矣。又觅元子曰：阴精者，五谷饮食之精。苟非巽风坤火，猛烹极炼，此精必在身中思想淫欲，搅乱君心。务要凝神调息，使橐籥鼓风，而风吹火烹，炼阴精化而为炁。其炁混入一身之炁，此炁再合先天之炁，然后先天之炁，再从窍内发出而为药。

此二真人之明言，不必赘解。

朱元育曰：晦朔中间，日月并会北方虚危之地。天入地中，

月包日内。斯时日月停轮，复返混沌，自相交媾。久之渐渐凝聚，震之一阳，乃出而受符矣。

晦乃月尽无光，以比人身中阴静之时。朔乃次月初一，比人身中阳动之时。日月并会者，即神炁同宫之法。北方虚危者，炁穴也。天入地中者，比神入炁之义。月包日内，即是神摄炁也。一阳出者，乃药产之时，即是炁取之候。受符者，是起周天之火符，符又是运息数之别名耳。

此上数者，《金仙证论》之妙诀，风火化精之秘机，具在斯与！而其调药之法，亦不外是矣。

此总结上文风火同用之旨。调药之法，古圣所言不肯明露，故人难悟大道。余浅说解明，以晓后学，庶不入于旁门，而成正觉。世之好金丹者，果潜心此经，自修自证，即成大道，岂不乐哉！

予故曰：自始还虚而待元精生，以神火而化，以息风而吹，以静而浑，以动而应，以虚而养，则调药之法得矣。

以上言调药之法，以下言真种所生之真时，即药生也。

不闻邵康节之言乎：恍惚阴阳初变化，氤氲天地乍回旋。

恍惚者，浑然一团，外不见其身，内不见其心，恍恍惚惚。初变化者，即此恍惚之间，忽然不觉融融和和，如沐如浴。回旋者，真炁旋动，正是元关透露，而阴中阳生矣。

尹真人曰：俄顷痒生毫窍，肢体如绵，心觉恍惚。

此乃药产之法象，不可惊怪。一起惊疑之念，则神驰炁散矣。务须思虑顿息，以虚待之。不可妄起刻漏之武火，亦不可迷失真候，静听炁之动静，则元窍之阳自旺生矣。

紫阳真人曰：药物生元窍。

药物者，即真炁也，亦名真种子。元窍者，乃元妙之机关，即炁发之所。下通阳关，上通灵台，后通督脉，前通任脉。

六祖《坛经》曰：因地果还生。

地者，道曰丹田，释名净土，又名优陀那，又名苦海，巧喻异名，无非果生之处。果还生者，因以前能明有情来下种之机，到此方有果生。果即菩提子也，又曰舍利子。

太初古佛曰：分明动静应无相，不觉龙宫吼一声。

无相者，道曰虚无，释曰真空，此原无相，因静定而生。龙宫者，即上文因地是也。吼一声者，即上文果生也。故世尊谓见明星而悟道。能知此一声之机，则洞水可流，西江可吸，海水可灌顶矣。

《元学正宗》曰：弹指巽豁开。

弹指者，顿然而觉。然不可起太明觉，须恍惚而待之。若起明觉之念，则后天之气随念而起，包裹先天之炁。先天既被后天所裹，则其所发之炁不得融盛，亦不能采取矣。

混然子曰：时至炁化，机动籁鸣。火从脐下发。

时至者，乃药产之时也。籁鸣者，即元关之机动也。火者，炁也。脐下者，丹田也。古人云时至神知者，此也。学者苟不知此时之机，则当面错过矣。

冲虚真人曰：觉而不觉，复觉真元。

觉者，知也。不觉者，浑也。阳炁才萌，似有可知，故曰觉也。阳炁未旺，不宜急进火，故此言复觉真元。元者，即真炁也。

又曰：则用起火之候以采之。

此下言起火采药归炉也。起火者，后天呼吸之气。先天之炁生时，仍行熟路，故用起火之法，采炁归炉。然呼吸之火，本自有形，而用之必如无形。若着有形用之，则长邪火。果能有，有而若无、无中得有之妙，二炁用之如法，则药自归炉矣。

又曰：采药归炉。

药者，真炁也。炁之生时，则往外顺出，故用神气采之归炉。真炁既得神气之力，自然随神而归炉矣。

又曰：封固停息，以伏神炁。

此二句，言入中宫之沐浴。即是运周天子时之头。故子时有沐浴之候，即此也。封固者，温养之义。停息者，亦非闭息，是不行其鼓嘘之法，将神炁俱伏于炁穴。随后火逼金行，有行动之机者，则周天武火，自此而运起。浑然问曰：我闻《直论》言药已归炉，未即行火，则真炁断而不续，亦不成大药。此处既有沐浴，岂不断否？余曰：不行，非是闭塞呼吸之气，全然不行，乃是不行橐籥鼓嘘之机。盖呼吸之气，原有温柔之息在此吹嘘，何得断？行火之机虽暂伏，微妙之理，而真机无有随后不动之情。

岂不闻之《合宗》乎？采封是子时前也。其即此矣。

玉鼎真人曰：入鼎若无刻漏，灵芽不生。

此下皆言子时起火炼药，行小周天之火。前论起火采药，是子时之前也。此乃周天子时当令之事，故达摩云二候采牟尼。然则药生即为药生之子时，而亦为活子时，行周天谓之行周天子时，不必认做一时。盖鼎者，炁穴也。真炁既归鼎内，必要刻漏之火以炼之。若无刻漏之火，则黄芽不生。

上阳子曰：外火虽动而行，内符闭息不应，枉费神功。

外火，即元炁也。内符，乃呼吸之气。元炁由呼吸而采归炉，亦由呼吸而炼之，则炉中之药方成变化。仙翁云：火销金，而神炁不败。若药已归炉，呼吸之气半途而回，不应先天之炁，则药已耗散。及再行周天之火，与前不相续，亦不能成丹也。

守阳真人曰：起火炼药。

起火，是起周天之火，行十二位也。非真有位，借火为位。又谓十二时，非真有时，借火为时。

混然子曰：火逼金行，当起火之初，受炁宜柔。

火者，呼吸之气也。金者，元炁也。盖金不能自升，必假火以逼之，使朝于乾宫。然炉中真炁，初起火之时，药物未旋，不可即行武火，须以柔温之火逼之。金有旋机，则火当长矣。若药未甚动，炁伏而缓，先起武火，则内之炁，亦不顺随大路，堕于蹊径。欲归正路，不亦难乎？故曰：宜柔也。

又曰：采时须以徘徊之意，引火逼金。

徘徊，是往来活动之意。引火者，即神呼气之法。逼者，催也。上文只言呼吸以用元炁，尚未显明用元神。人知用二炁，不知神为二炁之主帅。盖采药炼药全赖炁穴之神，权驭二炁徘徊，则金自行矣。前文云神呼气炁归窍内，吹吾身中无孔笛，是此也。

又曰：运动坤之火，沉潜于下。

坤者，炉也。火者，元炁也。运动坤火之时，往下而行，以通督脉而进。若别行异路，是不能上乾鼎，则药即耗散矣。浑然问曰：我闻玉蟾翁言：神即火，炁即药，以火炼药而成丹。今何又言炁是火，而前文又言化谷精以呼吸为火，三事俱言火，不明孰是？华阳云：此视学者得师不得师耳。真参实悟者，一见了然于心。若心下不实，焉得明乎？非是丹经惑尔，乃尔认错丹经。诵几句古言熟语，以为自己聪明，误也！凡云是起火、引火、火逼、行火、止火，皆为呼吸气之火也。凡云凝火、入火、降火、以火、移火、离火、心火，皆属神之火也。凡云运火、取火、提火、坎火、坤火、水中火、炉中火，皆先天炁之火也。凡呼吸之火能化饮食之谷精而助元精，凡神火能化元精而助元炁，凡元炁之火能化呼吸而助元神，元神之火又能化形而还虚助道，成始成终，皆承火之力，以登大罗之金仙。所谓火者，有逐节事条，岂可执一哉？

混然子曰：鼓吾之橐籥，采药之时，加武火之功，以性斡运于内，以命施化于外。

古人或以内呼吸为橐籥，或以外呼吸为橐籥，内外兼说，则何是何非也？余特指其是，以示之：橐籥者，消息也。若无消息，安有橐籥？古云一阖一辟谓之变，知变，通无穷矣。橐籥者何？似牛车车水运行一般，同消息而不同路。若同路则不名橐籥矣。又如风箱一般，同箱而不同风。若同风则不能运转矣。以风箱之内，暗藏子箱，向炉之风，是子箱之风，非风箱之风，实从无中生出。水车之水与子箱之风，即喻先天之炁也。牛车与匠手抽动之风，即喻后天之气也。子箱者，元关也。消息者，即两搭界之滚轴也，即喻先后二炁之机。子箱之风，若无抽动之风，则亦不能自吹嘘矣。水车之车，若无牛车，则水车之水，不能自运矣。至车与箱，若无牛与匠，则水与风又无从而吹运之也。盖武火者，是药物曾已行动，故必橐籥之息火，以应刻漏之度数。若徒用文火，则药物亦不行也，而真炁竟耗散矣。内者，中宫也。炼药行符，务要性主立于中官，而为斡运辐辏之主宰，则水火方能随外之道路而升降。又外必借命之元炁施化，则脉络方能开舒畅快，内外融通，自然命听于性，性持于命矣。

丘祖师曰：采二炁升降之际，若不以意守中宫，药物如何运得转？

二炁者，先天后天二炁也。先天之炁不得后天之气，则不能招摄转运；后天之气不得先天之炁，则亦无处施功。冲虚云：炁则不能无先后之二用。中宫者，炁穴也。药物者，元炁也。升降之际，中宫若无主宰，则药物不转矣。然全在中宫之真意，使真炁之动运矣。故禅师云北斗往南看是也。

混然子曰：内伏天罡斡运，外用斗柄推迁。

冲虚云：斗柄外移，而天心不离常处。若以内伏天罡，而外不推斗柄，则真炁不升降。若外推斗柄，而内不伏天罡，则真种不结。后《禅机赋》云：禅主斗杓，见明星而团旋。

许旌阳老祖曰：冲开斗牛要循环。

斗牛者，虚危穴也。斗牛既开，用升降之法以运之，冲虚子曰行所当行。又白玉蟾云起于虚危穴，以虚危宿在坎宫子位也。盖虚危者，即任督二脉之起止处，亦名河车路。俞玉吾云于此时鼓之以橐籥，锻之以猛火，则真铅出坎，而河车不敢停留，运入昆仑峰顶是也。

《金丹赋》曰：子时河车耸驾，火销金而神炁不败。

子时是运周天之子时。驾动河车，采药上升。混然子云：铅遇癸生之时，便当鼓动巽风，扇开炉鞴，运动坤火，沉潜于下，抽出坎中之阳，去补离中之阴，成乾之象，复还坤位。

纯阳祖师曰：凭君子后午前看，一脉天津在脊端。

子后是阳火，午前是阳火。一脉者，即行周天之道路。凡行火时，神炁必由此路而运。萧紫虚云：几回笑指崑山上，夹脊分明有路通。又俞玉吾云：元海阳和动，寒泉炁脉通。此子午当行之道，若神炁泛然于道外，不成路矣。或神不知其炁，或炁不能随神，空空锻炼，则金丹不成矣。守阳云有两相知之微意是也。

又曰：寒泉沥沥气绵绵，上透昆仑还紫府，浮沉升降入中宫。

圆通禅师云：群阴剥尽，一阳复生。欲见天地之心，须识承阴之法。寒者，坤也；泉者，坎水也。皆喻肾中之水。肾水果得以前所论之工法，到此自有沥沥波涛之象，乃真阳所产之时也。气绵绵者，续而不断之义。道光禅师云：一爻看过一爻生。昆仑即乾也，乾为首。紫府即丹田也，丹田为坤。升即上昆仑，降即下紫府。中宫即丹田也。祖师教人行火，须上至乾鼎，下至坤炉。

广成子曰：人之反覆呼吸彻于蒂，一吸则天气下降，一呼则地气上升，我之真炁相接也。

吸降呼升者，即先天后天二炁之机也。然后天气吸，则先天炁升焉。升是升于乾，而为采取也。后天气呼，则先天炁降焉。降是降于坤，而为烹炼也。若以口鼻一呼一吸为升降者，则去先天之炁远矣。

觅元子曰：乾坤阖辟，阴阳运行之机。一吸则自下而上，子升；一呼则自上而下，午降。此一息之升降也。

此皆言先天后天二炁消息之机也。乾者，首也，为天，故位居上。坤者，腹也，为地，故位居下。阖辟者，乃内外呼吸之元机。盖外面之气降，里面之炁则过我而升；外面之气升，里面之炁则过我而降。此乃周天之秘机，凡夫岂能知之！故仙翁云：若教愚辈皆成道，天下神仙似水流。浑然问曰：老师所言有两重之呼吸，但升者，其意要主宰中宫，以为斗柄转移之主。又见此处，其神要随先天之炁升降。又闻后天之气在意上升降。如老师言，三处都有动静知觉之意，不知其神其意重在何处？又不知其神其意如何分别用度？我闻之丹经曰：行则神炁同行，住则神炁同住。今此分别神意，其不相合，何也？华阳云：子之不明者，非经之不明，是子之执着偏见。云何为机也？譬如世人安消息以制物件之法，如若投机，一叩即应，无处而不动。夫但有先天之炁者，则我之经络自能通应，而又有后天之气鼓舞，安有上下中间不应之理乎？可见先天后天，上下中间，皆主乎其机也。若是无其机，焉得应之？故太初古佛云：一片东兮一片西，两头动处几人知？出有入无真造化，神炁相交透祖机。云譬如乡人织布，其意一发，手足头目俱以发动。发者是谁？动者其神意在何处？若能明此理，则临时而不误造化之机缄矣。故俞玉吾解《阴符经》云：恒山之蛇，击其首，则尾应；击其尾，则首应；击其中，则首尾俱应。又云：其法潜神于内，驭呼吸之往来，上至泥丸，下至命门，使五行颠倒，运于其中。此即周天内外机动而已是也。又冲虚云：以意在中宫，以神驭炁，其炁自尾闾夹脊上昆仑，复下丹田，周流运转不绝。又何必有疑哉？因问曰：闻江西道人王山，而亦能升降，因何以几十载，不结丹成大药？答云：此人乃后天之意气，非先天之神炁也。

冲虚子曰：当吸机之阖，我则转而至乾，以升为进。当呼机之辟，我则转而至坤，以降为退。

吸机之阖固是下，然而内里之机要上。上者自下而升至于乾，为进阳火，为采取。呼机之辟固是上，然而内里之机要下，下者自上而降至于坤，为退阴符，为烹炼。此即内外阖辟之机也。

萧紫虚曰：乾坤橐籥鼓有数。

此以下皆言周天之息数。上文说升降法，而其中卦爻之数，尚未表明。若不用其数，则丹道又不成矣。朝元子云：劝君穷取周天数，莫使蹉跎复卦催。盖乾坤者，乃天地之定位。橐籥者，即鼓风之消息。奈何真炁不能自返复于乾坤，惟赖橐籥之法，以吹运之？盖乾坤即橐籥之体，坎离乃橐籥之用，所以乾呼返吸至于坤，坤吸返呼至于乾。乾坤者，乃坎离之体。内呼吸者，即坎离之用。人若能明乎内呼吸，则橐籥自鼓，而乾坤自运矣。数者，乃阴阳升降之度数，假呼吸之息数，而定卦爻之揲数。

薛道光禅师曰：火候抽添思绝尘，一爻看过一爻生。

抽添即真炁上升下降之旨也。绝尘者，凡临机时，幻化顿息，则真我不离于炁。爻过爻生者，喻绵绵不断之意。守阳云：随机默运入玄玄，呼吸分明了却仙。

陈泥丸曰：天上分明十二辰，人间分作炼丹程。若言刻漏无凭信，不会元机药不成。

天上有十二支之辰位，炼丹亦有十二时之火候。故六阳用进，六阴用退。程者，每时有一定之度数，若言不用息数之刻漏，则是旁门外道矣，而非金丹也。纵能强制升降，亦不能结大药。既不用周天之度数，又将以何物而为周天乎？以明明之刻漏而不悟，则是愚之甚也。

钟离祖师曰：生成有数。

有数，即乾用九而坤用六也。

金谷野人曰：周天息数微微数。

周天即往来返复之义。微微数者，不著于相，顺随而行火候。元机是周天程限之数无差也。

陈泥丸曰：乙阳复卦子时生，午后一阴生于姤，三十六又二十四。

冲虚子曰：子至巳六时为阳。阳合乾，故用乾爻乾策。乾爻用九，而四揲之为三十六，故阳火亦用九，同于四揲。又注云：子丑寅以次，皆用四揲之三十六。又云：午至亥六时为阴。阴合坤，故用坤爻坤策。坤爻用六，而四揲之为二十四，故阴火亦用六，同于四揲。又注云：午未申以次，皆用四揲之二十四。又云：阳时乾策，二百一十六，除卯阳沐浴不用，乾用实一百八十也。阴时坤策，一百四十四，除酉阴沐浴不用，坤用实一百二十也。合之得三百数，周天之数也。闰余之数在外。盖三百数者，实非三百数，皆譬喻辞也。

守阳真人曰：子行三十六，积得阳爻一百八十数。午行二十四，合得阴爻一百二十数。

阳爻六时用九，除卯时不用，只得一百八十。阴爻六时用六，除酉时不用，只得一百二十。冲虚子曰：卯在六阳之中，酉在六阴之内，调息每至于六时之中，可以沐浴。即此也。

《悟真注疏》曰：子进阳火，息火谓之沐浴。午退阴符，停符谓之沐浴。

息火停符者，停住有作而行自然之妙运，非是停住先天而不行，是停住后天之武火。故履道云：十二时中，毋令间断。俞玉吾云：天道无一息不运，丹道无一息间断。故卯酉时不行之中，而默运吹嘘，则子午亦然。又重阳云：子午冲和连卯酉，春冬秋夏相携。冲虚子云：世称沐浴不行火，且道吹嘘寄向谁？要将四正融抽补，才得金丹一粒归。又陆子野注《悟真篇》云：卯酉不进火，但以真炁薰蒸而为沐浴。万古不移！

曹还阳真人曰：十二时中，时时皆有阳火阴符。凡进则曰进阳火，凡退则曰退阴符，亦以阳用者曰火，以阴用者曰符。

十二时者，即吾身中运周天之时也。子巳六阳时进阳火，午亥六阴时退阴符。进则为升也，退则为降也。故进则曰进阳火，退则曰退阴符。时时皆有阳火阴符者，不在沐浴时，而亦有沐浴。故阳用者曰火，阴用者曰符。浑然问曰：但闻六阳时中沐浴，六阴时中沐浴，此理可明。但不知六阳时中，时时有阴符，六阴时中，时时有阳火，此理深微，愿求教训。华阳云：凡行周天之时，其后天之气有回转之机，故在此回转处，内藏阴符阳火之秘机。既有六阳六阴之限数，焉得一息而运至于天哉？纵运亦不成周天之度，不合刻漏之法则矣。浑然又问曰：弟子尚愚迷，不识阳火阴符之精微，敢再求指教。华阳云：凡运火之时，后天气进，则谓之阳火，后天气退，则谓之阴符。凡阳火阴符、沐浴归根者，皆是借后天呼吸之气，以为周天度数之法则。若无其呼吸，则不成阴符阳火、沐浴归根矣。丘祖师云：运行周回，自有径路，不得中气斡旋，则不转。又冲虚云：火候谁云不可传，随机默运入元元。达观往昔千千圣，呼吸分明了却仙。又问曰：昔日达摩言二候采牟尼，何为二候？云：药生而往外，以用息采归炉为一候；药既归炉封固，又名一候。又问曰：何为四候？云：升降沐浴即为四候。又问曰：何为之闰余？云：即归根还于下丹田之处，故亦有温养沐浴之位也。

冲虚子曰：凡一动则一炼而周，使机之动而复动者，则炼而复炼，周而复周。

此即言凡有炁之动者，必须炼之，则小周天之火容易止。如若不炼，则火不能速止，而大药亦不能发生矣。古云：运罢河车君再睡，来朝依旧接天机。古皖山合封问曰：余自学道，今已八旬，阳还自动，是何故也？答曰：阳既举，是未得火炼之过耳。合封曰：余得七悟师所传，运于周身四肢，运六回阳，六回阴，左运三百六十，右运二百四十，岂不是火工？华阳曰：既是火工，八十因何阳还举？此非金丹，乃小法，是七悟师当初止汝之念耳。如此空运，有何益也？合封曰：金丹之道，若何为哉？华阳曰：金丹之道，从阳生时，凝神入炁穴，鼓起橐籥之巽风，息息向炉中吹嘘，犹如铁匠手中抽动风箱一般，风生则火焰，火焰则精化，精化则炁自生矣。采此生炁，升降往还，谓之周天也。

又曰：积之不过百日，则精不漏而返炁矣。

百日是炼精之名目，但凡有二候之机来者，则百日可期。少而勤者，成之速。若中年年迈而又不勤者，未可定其日期。凡有精漏者，则未成漏尽通之道。如精不漏者，则精尽还成炁，不死长生之果得矣。太邑海会寺方丈僧龙江问曰：以此自保守，可得《楞严经》漏尽通成否？华阳云：保守只名断淫心淫身而已。知用火化，则淫根方断，漏尽通自成，则不漏矣。然淫根者，即外肾也，若有举动，即有生死矣。

正阳祖师曰：果然百日防危险。

防危险者，防时至药生，而神不及知觉，则错过矣。或不明起火之法，或昏睡而神不灵，此乃失于炁矣。或当进火而不进火，当退符而不退符，当沐浴而不沐浴，当止火而不止火，当归根而不归根，则失于造化之机，故曰防危险。

萧紫虚曰：防火候之差失，忌梦寐之昏迷。

差失者，皆因学人心不诚，而意不专。若灵台洁净，火候明白，有何失乎？古人往往走丹者，皆因理未明，而心不专，故有差失之患。梦寐昏迷者，凡学道之士，宜乎先养神，神纯自然灵觉。神若不纯，睡则生尘妄之心，故有梦寐走失之患矣。

石杏林曰：定里见丹成。

丹之所成者，是炁已曾圆满，外肾不举，丹光上涌，故有所见也。

正阳祖师曰：丹熟不须行火候，更行火候必伤丹。

丹熟是有止火之候到，故谓之熟。既知熟矣，当用采大药之法，则小周天之工法无所用矣。若再用小周天，丹不伤乎？

萧紫虚曰：切忌不须行火候，不知止足必倾危。

凡炼丹，若不知止足，必有倾危之患也。昔日白玉蟾六十四岁下工，已到止火之候，未及采药，则已倾危矣。又丘真人到止火之候，未防其险，则夜自走失。又曹还阳真人，曾亲偶见此止火之景，未及采取，亦以走失元阳矣。故崔公云：受炁吉，防成凶。火候足，莫伤丹。所以紫阳云：未炼还丹须速炼，炼了还须知止足。若也持盈未已心，不免一朝遭殆辱。

此皆言小周天造化，火到丹熟，止火之候也。

止者，不行升降也。然虽不行升降，时刻不可须臾离火，常常温火薰蒸，离则亦自走矣。

冲虚真人曰：有止火之景。

此乃止火之时，采大药之候也。须求真师口授，方能出炉。若无真传，不知采取之法，不知采取之时，故景不得矣。得真传，知采法，景到又不可不知也。若旁门认取眼光、静坐慧光、千百种光，则错之甚矣。若前此不知坎离交媾之法，丹田则无药，而外肾亦不能如马阴藏之形，纵有外光发现，此非丹田之苗也，盖属想妄而发矣。若真能成马阴藏形者，自有异常之景。故纯阳祖师云：曲江上月华莹净。又《翠虚篇》云：西南路上月华明，大药还从此处生。俞玉吾云：西南属坤，坤为腹。药生于丹田之时，阳炁上达，丽于目而有光，故自目至脐一路皆虚白晃耀，如月华之明也。

守阳真人曰：且待其景到之多而止，大药必得矣。又曰：初炼精时，得景而不知，猛吃一惊而已。乃再静而景再至，猛醒曰：师言当止火也。可惜当面错过。又静又至，则知止火，用采而即得矣。是采在于三至也。今而后当如之，及后再炼不误。景

初而止，失之速，若待景至四而止，失之迟。不速不迟之中而止火，得药冲关，而可点化阳神。凡有真修仙真，千辛万苦，万万般可怜，炼成金丹，岂可轻忽致令倾危哉！

自古圣真，不泄止火之真候，亦不泄采大药之真景。真候真景，独赖冲虚、守虚二真人，泄万古不泄之天机，今则尽泄矣。但后学无有不沾二真人之恩。此乃明言直论，不必重加注脚。后学因缘若至，财侣双备，速早下工，求取大药，炼炁化神，参明三至，则大药可得，神可化而仙成矣。如或不透，再觅冲虚真人之秘文，参合宗之九章，则大周天之造化，其情无不明白矣。此以上尽属调药、炼精化炁成金丹之造化，而逐节工法之口诀，尽备于此矣。但经中所言，后天呼吸之气者，必待师传，方敢自用。非是著于口鼻，亦非闭气于丹田，著此二者，俱属于旁门，非金丹也。凡借后天之息，以为吹嘘逼运者，是炁穴之内，有生机之动者，因此而调息。既调炁穴内之真息，而后天之息，则自然而至于炁穴，相兼相连以同动矣。然古人或以单言后天之息，则先天之息无有不得其机，而妄用后天；或单言先天之息，则后天之息无有不借其机，而能用先天，故先后原有兼连之消息。凡调息之时，其神专重于先天之炁内，以熔化于行住起止。不过借后天之息，以为熔化行住起止之权。先天之炁既有生机，若不得后天，则先天亦不能自熔化于行住起止矣。凡四方有学道之同志者，果知造化之机，不问先天与后天，若临时能用消息二字者，则先天后天有不待辨，而能自明矣。

此以上皆言炼精化炁成金丹之元功，风火同用之妙旨，尽在

斯欤！余不敢谓此集为自论之妙道，然皆荟萃先圣之真传，即后来万劫高真，用风用火之根本。使见之者即自了悟，契合仙佛之真旨，成己成人，仙佛之果证矣。

效验说　第七

尽言小药产景。

华阳曰：以前六章，药物、炉鼎、火候，无不表明矣。但药产之景，尚有未全，此篇重以发明，愿有志之士，早成大道，是余夙所怀之志也。且药产之效验，非暂时可得。至真之道，在乎逐日凝神，返照炁穴之工纯熟，而后有来之机缄。夫或一月元关显露，或数月丹田无音，迟早各殊，而贵乎微阳勤生，不失调药之工夫，则药产自有验矣。且炁满药灵，一静则天机发动，自然而然，周身融和，苏绵快乐，从十指渐渐至于身体。吾身自然耸直，如岩石之峙高山；吾心自然虚静，如秋月之澄碧水。痒生毫窍，身心快乐，阳物勃然而举，丹田暖融融。忽然一吼，神炁如磁石之相翕，意息如蛰虫之相含，其中景象，难以形容。歌曰：奇哉！怪哉！元关顿变了，似妇人受胎。呼吸偶然断，身心乐容腮。神炁真浑合，万窍千脉开。盖此时不觉入于窈冥，浑浑沦沦，天地人我，莫知所之，而又非无为。窈冥之中，神自不肯舍其炁，炁自不肯离其神，自然而然，纽结一团。其中造化，似施似翕，而实未见其施翕；似走似泄，而实未至于走泄。融融洽

洽，其妙不可胜比。所谓一阳初动，有无穷之消息。少焉恍恍惚惚，心已复灵，呼吸复起，元窍之炁，自下往后而行，肾管之根，毛际之间，痒生快乐，实不能禁止，所谓炁满任督自开。又云运行自有径路，此之谓也。迅时速采烹炼，烹炼复静。动而复炼，循环不已。少年不消月余，中年不过百日，结成金丹，岂不乐哉！

此一篇本不当安于此。效验原是调药后之事，理当安于调药之下，因句法多之故耳。读者当默会于调药之下。假若有此效验，不可认为怪事，即是药产之真景，当自保护真种矣。

总说　第八

夫金丹之道，从静而入，至动而取。若不静则神不灵，而炁亦不真。如此妄炼，即属后天，与先天虚无金丹之道不相契也。盖静者，大道之体，造化之根。唯静则可以炼，不静则识性夹杂，终与道相违矣。故幻丹走泄，而道不成就者，皆由未静而夹于识之过也。夫静者，静其性也。性能虚静，尘念不生，则真机自动。动者非心动，是炁之动也。炁机既然发动，则当以静应之，一动一静，不失机缄，是谓调药，是谓交合。行乎造化，性命双熔，是谓真旨妙用矣。苟或专以静而不识动，或专以动而不复静，皆非正理也。次当明其药产老嫩。老则炁散不升，嫩则炁微不升，务在静候动旺始采，是谓当令。故曰：时至神知。以顺行之时候，即逆行之时候矣。故又曰：药炁驰外，则外别有景。前所谓调药用之日久者，是为虚耗之躯言之耳。若壮旺之体，只于运周天之当时调之，不用日久。若调之日久，不运周天，则阳极而精满，满则又溢矣。不知法则活而诀则一。故童真只用大周天，不必用小周天。壮旺之体，虽不可不用小周天，亦不必调之日久，只候药产景到时，调其老嫩。凡元炁一动，伺阳之长旺，即当采封，运行周天。运而复静，动而复运，循环不已，是谓之进退行火，是谓之采取周天也。勤行不惰，道有何难哉？故曰：丹田直至泥丸顶，自在河车已百遭。又云：以虚危穴起，以虚危穴止。盖虚危穴，即任督二脉之交处。立斗杓，运河车，皆由此而起止。故冲虚曰：起于是，止亦于是。且运必假呼吸而吹之，若不以呼吸吹嘘，则神炁不能如法，似有似无，合乎自然相依之运行。盖行以神为之主宰，不见有炁之形迹。元炁乃无形之行，随元神之运行，听呼吸之催逼。故曰：夹脊尾闾空寄信。而呼吸乃采运元炁之法则，逆吹微缓，谓之文火，紧重谓之武火。数息运元炁者，为爻为时，为度为位，而周天之造化，以此为规模，非真有三百六十有余也。故曰：每时四揲。所以然者，使其水火不致太过不及也。是范围元炁而成其度数，为造化之总序耳。故曰：以息数定时数也。或又问炉鼎道路，药物火候。曰：能此虚危任督运用，即炉鼎道路；明此阳动升降，即药物火候，而道即在是也。除此皆非正理，尽属筌蹄，惑人矣！借筌蹄获鱼兔，谓筌蹄为鱼兔则误也。去筌蹄专鱼兔，朝采暮炼，自然精化炁足，丹成景至。再行向上工夫，炼炁化神，超凡入圣，出定千百亿化身，皆可由此书而上达矣。

图　第九

圖丹金成精煉藥調
若問金丹消息路
真妙訣
了然明
教君這裏覓根由
發火周天原此穴
調藥法
煉精所
運行沐浴又歸根
宮
午
乾
退符
呼接天根
橐籥
闢籥
絳宮
酉
卯
銀河
吸接地根
進火
任脉
督脉
穴宮
子
炁坤
精道

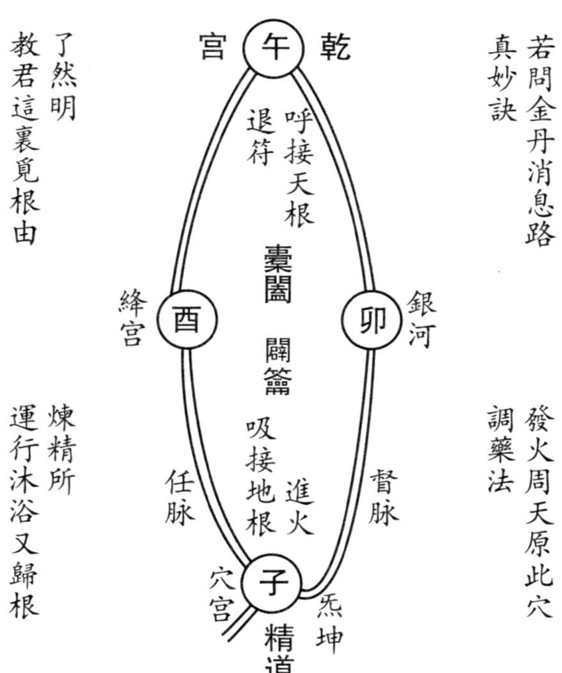

图说　第十

金丹之道，前八篇已尽之矣。尚恐学者不知窍妙，故备此图以补全书之要诀。愿有志者，一览无疑，不为旧图所惑。庶知阳生在此，调药在此，鼓巽风在此，药产在此，采取在此，归炉在此，驾河车在此，还本复位在此，金丹造化之元功，莫不在此矣。然窍本无形，自无而生有，则谓之元关、中宫、天心，其称名固不一也。夫虚无之窟，内含天然真宰，则谓之君火真火，真性元神，亦是无形。静则集氤氲而栖真养息，宰生生化化之原，动则引精华而向外发散。每活子时二候之许，其窍旋发旋无，故曰：元关难言。其炁之行，后通乎督脉，前通乎任脉，中通乎冲脉，横通乎带脉，上通乎心，下通乎阳关，上后通乎肾，上前通乎脐。散则透于周身，为百脉之总根，故谓之先天。其穴无形无影，炁发则成窍，机息则渺茫。以待成全八脉，则八脉凑成，共拱一穴，为造化之枢纽，名曰炁穴。譬如北辰居所，众星旋绕护卫，即古人所谓窍中窍也。窍即丹田。上乃金鼎，鼎稍上即黄庭，窍下即关元，古谓上黄庭，下关元是也。关元下即阳关，亦名命门，乃男女泄精之处，肾管之根由此而生。但黄庭、金鼎、炁穴、关元四穴，俱是无形，若执形求之，则谬矣。又谓夹脊两肾中藏元炁，则亦谬矣。此书图之所作，实发古人所不尽泄之旨，而又有以辟其诞妄也。

顾命说　第十一

此炼己立基之首务。

夫顾命者，乃是收视返听，凝神聚炁之法，岂有他术哉？古圣有言曰：命由性修，性由命立。命者，炁也。性者，神也。炁则本不离神，神则有时离炁。俞玉吾云：心虚则神凝，神凝则炁聚。欲其炁之常聚而不散者，总在炉火勿失温养其元，使神炁如子母之相恋。左慈云：子午顾关元。元即命之蒂也。若不顾守，则火冷炁散，久而命亡矣。黄帝云：存心于内，真炁自然冲和不死。故性命二者，不可须臾相离也。离则属于孤偏矣。崔公云：十二时，意所到，皆可为。混然曰：无昼无夜，念兹在兹，常惺惺地，动念以行火，息念以温养火。玉蟾云：神即火，炁即药，以神驭炁而成道，即以火炼药而成丹。有药无火，则水冷而炁不生。火养锅底，则水暖而炁自腾。古云：火烧苦海泄天机，红炉白雪满空飞。雪即炁也，故炁因火而升，火因风而灼。十二时中，回光返照，刻刻以无烟之火薰蒸，使性命同宫，神炁同炉，绵绵息息，似有似无，内外混合，打成一片。黄帝曰：火者，神也。息者，风也。以风吹火，久炼形神俱妙。人能如此，何忧命之不固也。夫命之元炁，乃月魄。神之灵光，乃日魂。以魂伏魄，则先天之炁自然发生。人多不测造化，盲修瞎炼，性命各宿，孤阴寡阳，自谓长生得道，而不知其违道甚远也。夫修炼者，方入室之时，当外除耳目，内绝思虑，真念内守，使一点元神，浑浑沦沦，随其形体荣枯，听其虚灵自然，融然乎流通，湛然乎空寂。于此常觉常悟，冥心内照，防其昏沉，昧乎正念。《参同契》云：真人潜深渊，浮游守规中。规中，指元关一窍也。然又不可执着，以致真阳不生。其妙总在不急不怠，勿助勿忘而已。《清静经》云：空无所空，寂无所寂，真常应物。果如此，则神炁浑然如一，恍恍惚惚若太虚然。古云先天一炁从太虚而来者，即此也。夫机之未发，静以俟之，炁之既动，以神聚之，而顾命之旨，尽在斯矣。

风火炼精赋　第十二

总言大小周天。

炼者，造化之工；精者，变化之源。火因风而焰灼，精得火以熔铅。勒阳关谓之调药，摄炁归即是还元。察其机，锻谷精而调燮；辨其候，运百脉以归源。会其源，则神炁相依；鼓其风，则真精朝元。夫精者，乃天地之源，造化之本。逢时节而旋机动，得火以磁恋；达关窍而流变泄，吹风则还壶。是故坎宫森布，元神摄而徘徊；离中橐籥，真炁旋而运转。炉内火逼，白虎朝于灵台；鼎中水融，青龙游于深渊。阳关禁闭，元窍门开。果然风火既同炉，久而水暖自生霞。月华吐，则汞引铅而铅引汞；日精射，则蛇交龟而龟交蛇。造化之变迁兮，待静观动；药物之老嫩兮，伺机听命。杳冥中起，恍惚中迎。自无炁而生炁，本无名而喻名。知其时者，能夺天地之真炁；顺其机者，即有升降之法程。薰之炼之，则超凡而入圣品；食之饘之，化枯骨以登太清。嗟呼！今之学者，奔山驾海，坦坦之大路偏过；劳形兀坐，赫赫之明珠抛播。利驰而名谩，德薄而垢重；识性以妄谈，去正而归左。彼夫道本至近，情隔遥偏，理自不远，性失违天。殊不知精者炁之融，风者息之源；火者神之灵，炼者会之坛。以风而扇火，以火而炼精，则老还少而形长存；以炁而留神，以神而运息，则情复性而神自纯。自然可如赤松彭祖之优尊。

禅机赋　第十三

恐后世学禅者，不明佛之正法，反谓吾非禅道，故留此以为凭证耳。

道者，化育天地；法者，返本还元。柄动静而同用，随有无而自然。体本来之正觉，威音恍惚；持无生之妙用，极乐幽元。显优昙之家风，秋水皎月；隐惠能之法语，春雾藏烟。是故浮云散而天心现，蒙雨开而壁峰存。潭水清兮澄月澈，黑漆熔兮物形明。情寒而禅心定，意灰而性朗清。若夫黄芽白雪，当求元关之妙义；地涌天花，即凿混沌之面目。会则有，散则无；出为尘，入为默。有情下种，乃如来之妙用；无法枯禅，即道人之顽空。水清月现，达龙宫而演法；风传花信，坐竭陀而受供。朗朗兮皆拱北，荡荡兮尽归东。降蛟龙于北海兮，烈焰腾空；伏猛虎于南山兮，洪雨普济。搏虚空而作法兮，刀兵奚伤；收毫芒而藏身兮，鬼神莫测。展则包罗天地，定则入于微尘。悟之者，顿超上乘之法；迷之者，带了六道之根。禅固自参，无非一念之定静；机由师授，能吸法水之鸿滋。正法眼藏，尽隐祖师之秘旨；涅槃妙心，微露如来之浅辞。由是能宣漏尽之法，方称马阴之师。尔乃机来有时，非顽空而长坐；禅主斗杓，见明星而团旋。灵台极乐，通行善提之坡；净土家乡，秘锁慧命之奥。教外有因，不明元机，苦劳累世婆娑；谩守三更，强留一宿，暗通密印关锁。识重智少者，则曰不然不然；突然朗见者，乃云如是如是。慧性灵而道眼开，头头尽是；魔王迷而法窍闭，处处皆偏。人有迷悟，佛无后先。达之者，融会天机；迷之者，执定死禅。打七跑香，即禅和夙业之责；黄花翠竹，乃高人得意之时。千里因缘若至，方晓禅外之规。偶逢决破铁牛血，笑煞禅机有两期。

妙诀歌　第十四

大小周天。

大道渊微兮，现在目前。
自古上达兮，莫非师传。
渺漠多喻兮，究竟都是偏。
片言万卷兮，下手在先天。

有名无相兮，元炁本虚然。
阳来微微兮，物举外形旋。
恍惚梦觉兮，神移入丹田。
鼓动巽风兮，调药未采先。
无中生有兮，天机现目前。
虎吸龙魂兮，时至本自然。
身心恍惚兮，四肢酥如绵。
药产神知兮，正是候清源。
火逼金行兮，橐籥凭巽旋。
河车运转兮，进火提真铅。
周天息数兮，四揲逢时迁。
沐浴卯酉兮，子午中潜。
归根复命兮，闰余周天。
数足三百兮，景兆眉前。
止火机来兮，光候三牵。
双眸秘密兮，专视中田。
大药难采兮，七日绵绵。
蹊路防危兮，机关最元。
深求哀哀兮，早觅真传。
择人而授兮，海誓相言。
过关服食兮，全仗德先。
寂照十月兮，不昧觉禅。
二炁休休兮，性定胎圆。

阳纯阴尽兮，雪花飘迁。

超出三界兮，乳哺在上田。

无去无来兮，坦荡逍遥仙。

夙缘偶逢兮，早修莫挨年。

休待老来临头兮，枯骨无资空熬煎。

论道德冲和　第十五

道高龙虎伏，德重鬼神钦。斯言也，盖道以载德，德以植道也。夫道者德之用，德者道之体。人能明乎其德，而天性自现；体乎其道，而冲和自运，是之谓寂然不动，感而遂通也。盖人禀虚灵，原本纯静。至德体纳太和，浑然一团，天理一发，皆能中节。何劳修乎？但人被情欲之私所隔，忘本逐末，竟昧其真。故元和之正炁，纯静之天心失矣。所以圣人表虚极而养己德，论易理以明天道，则尽性致命之学，可以穷神知化矣。然学者，欲体乎道德，当寻来时之消息，而穷本然之根苗。欲探造化之机缄，须察迟促之景象，则临时有把柄，而无危险之患。然后得入道德之门，可造冲和之境矣。盖至人能权动静之消息，须用智慧；而浑然无我，故能默运化育之道，长定中正之理。活活泼泼，则随中极之冲和，而充塞乎两间，达逍遥之境，乐无何有之乡，大至默默，还乎无极，此乃至人之大德也。苟内怀私欲，外沽名誉，假善法以遮面，暗取泥水之资，非为无德，实贼德也。唯天地滋万物而无心，圣人顺万物而无为，亦何期德之洋溢乎？古圣云：德者，性道中求之耳。夫德非道则无著，道非德则无主。道外觅德，其德远矣。培德体道，其功切矣。故曰：天心居北极而众星拱，东海纳细流而百脉归。人若能静心养炁，何虑道德之不成哉？吾尝自内观而无心，外觅而无体。飘飘乎寻之不得，恍恍乎觉而虚灵。似鱼之随水，如雾之笼烟，一派冲和，萦卫天地。但人不能深进，故本然之道昧却矣。纵元文奥辞，无非口头三昧，又乌能尽道德之本然，明体用之精微，解冲和之奥妙哉！

火候次序　第十六

尽言小周天。

夫道从炼己起手，次下手调药，既了手行周天，三事非一也。已熟，或坐或卧，不觉忽然阳生，即回光返照，凝神入炁穴，息息归根。此神炁欲交未交之时，存神用息，绵绵若存，念兹在兹，此即谓之武火矣。神炁既交，阳炁已定，又当忘息忘意，用文火养之，不息而嘘，不存而照，方得药产。但忘息即不能以火薰之，但用息即是不忘。息无不泯之谓嘘，欲嘘不觉之谓忘。但用意即是不忘，但忘即不能以意照之。古云：心无不存之谓忘，欲无不泯之谓照。忘与照，一而二，二而一。当忘之时，其心湛然，未尝不照；当照之时，纤毫不立，未尝不忘。是谓真忘真照也。此即谓之文火矣。文火既足，夜半忽然药产神知，光透帘帷，阳物勃然而举，即当采封运行。采运之时，存神用息，逆吹炁穴，谓之武火也。封沐归根，即用上文文火之法，照顾温养之，谓之文火矣。但不在交媾与周天之时，俱是用文火之法，以时刻温养之。而炼己之工，亦是用此法，不然不能还虚。然阳生谓之活子时，而药产亦谓之活子时，两段工夫当明次序。而运周天，谓之周天之子时，用火调药炼药，谓之火之活子时也。然候者，亦非一说。不论阳生及药产，但有炁动者，即为一候，以神用炁，又为一候。此乃神炁会合之二候也。又曰：阳生为一候，而药产又为一候，此乃药炁所生之时节之二候也。故曰二候采牟尼者，即此也。药炁既产往外，采归炉为一候，而炉中封固，又为一候，亦谓之二候采牟尼。升降沐浴谓之四候，总谓之六候。此乃周天一时工法所用之六候也。候虽多，亦不必执著。不过是阳生调药，调到炁满药产时采归，运行子卯午酉，归根即是也。然其中候法，亦要明白。当用呼吸，变文武火之时候，不明白则文武不能如法。所谓火候不传者，非不传也，即此难言也。夫火是火，候是候，岂混而一言之？其中文武火候，逐节工法，师所传之口诀，尽备此书。余虽为僧，自幼觅此道，励志江湖，三十余年，方得全旨。后人有缘遇之，不要三日，即明乎斯道，则不为诬徒所惑矣。

华阳云：此篇重所言候者，非余之好事也。因群书所言候者，前后混杂，则令人实难悟。余前文虽表六候者，尚不能决人之疑，故添此篇，以决同志读群书候之疑病也。

任督二脉图　第十七

折開隱閉天仙訣

垂露源頭佛祖機

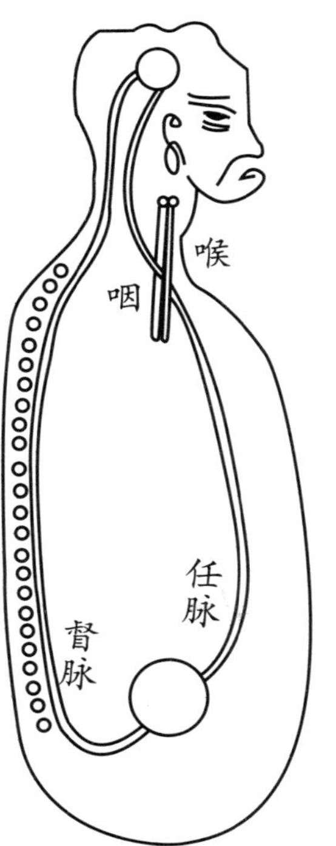

得視嗄嗄笑

存行步步真

华阳曰：此图直泄元机，实愿得药之士，不失运行之路。丹道最秘，非余之敢妄泄也。古圣虽无图，却有言存留，奈何不全之过耳。又因旧说，谓督脉在脊骨外，而任脉止于上下唇。此二说皆俗医之妄指。岂知仙家说任督，实亲自在脉中所行过，以为证验。非但行一回也，金丹神炁之元妙，必要在脉中所行过数百回，方得成就。不但俗医谬妄乱指，今之修元者，亦此谬妄乱指，愈加纷纷。苟不亲自领会境遇，妄臆猜指，浅学信受，误丧励志，岂不痛哉！故余将师所授之诀，以亲自领会之熟境，画图以证其非。然而此图一出，游方之士与那假道学，则无容身之地矣。

决疑　第十八

僧豁然七问

问之一曰：弟子愚暗，蒙老师传授火化断淫之法，行四个月得景，海中火发，对斗明星。又蒙传授法轮常转之密语，行持五十日，淫根自断，永无生机。反照北海，犹如化银之光，其光浩荡射目，自知成舍利子矣。弟子昔在打七一门，不见成道，反人人吐血，是何故也？

答曰：自如来开化，西天二十八祖、东土六代，并无此门。乃僧高峰门人，诬捏坑害后人。况高峰所习是闭息之旁门。何见得也？高峰自曰：忍气急，即杀人。吾云：吐血，因跑香忍气，伤其脏腑，坐打香板，伤其脊络，就是卢医扁鹊，莫能救之！

问之二曰：参禅问话头，不见成道，何也？

答曰：如来有所问试者，是看学人性道明与未明。明则教外别传慧命，不得慧命，无所成也。

问之三曰：专念经念佛，不见成道，何也？

答曰：经，路径也；佛，名字也。譬喻考试求官，欲取第一名，求圣人唱四书，可进否？六祖云：东方人造孽，念佛求生西方；西方人造孽，念佛往生何方？

问之四曰：我释教参禅人，灰心长坐，不起欲念，凡有走漏，不能成坚固之体，是何故也？

答曰：为人至十六岁，关窍开，既开无有不走泄之理。况且念经，伤其中气；枯坐，心肾又不能交会，走漏格外多矣。所以近代出家人，反得疟症、水枯、吐血、枯目，皆谓此也。坚固实有火化之法，譬喻铛水在上，灶火在下，水得火，自然变化为炁矣。如来云：火化以后，收取舍利。实有真传也。

问之五曰：今之参禅人，而不问走泄之事，自言修道，可得成道否？

答曰：天上未有走泄身子之佛祖。走泄一回，与凡夫交媾一回，其理一也。故无所成矣。

问之六曰：佛是何法起手？

答曰：佛以对斗明星起手。对，即中华返观是也。斗，即北斗丹田是也。明星，即丹田之炁发晃是也。不对斗明星，万万不能成道。释教下手一著最秘，吾今全露，尔当默思默思。

问之七曰：今之释教传法，得者以为出头，自称为大和尚，可是真法否？

答曰：得者，如梦得金；称者，如戏台上汉高祖、楚霸王，何曾有实也？自达摩至六祖，以口传心授，故五祖云：密附本音。今之所传，纸上传某僧某僧之名为传法，志者观之，嗄嗄一笑而已！

王会然七问

问之一曰：弟子蒙老师传授下手工夫，修炼两月，得药产之景。又蒙传授周天之口诀，行运三月，外肾不举，丹田常自温暖，自知丹成矣。不知别门亦有可成之理否？

答曰：不得神炁交合，产出真种，万无所成。或有行之专者，无非却病。所谓万般差别法，总与金丹事不同。

问之二曰：有一先生自言得药产之景，能以升降，又长坐数十年，凡有走漏，不结丹，何也？

答曰：虽得药产，不知火候。虽是升降，不知阖辟度数。强运，故不结也。

问之三曰：有一位言教人凝神入炁穴，阳生之时，后升前降，不结。何也？

答曰：不知起手之法，无药先行升降，水火煮空铛，故此不结也。

问之四曰：有一位言阳生之时，以舌抵住齿，往上提之，吞津降下，不结。何也？

答曰：此阳乃微阳，非药产之阳，升降无用。况又不知道路，乱提起邪火，必得吐血之症。吞乃有形之物，落于肠，出二便。有何益也？

问之五曰：有一假道人，教人阳生时用息采之。一息采，一息封，谓之二候。左边上，右边下，一息一转，谓之一周天。不结，何也？

答曰：此一非旁门，乃未得诀者，自诬造作此言，诳哄愚夫耳。真人云：凡流不知道，运行由五脏而循环，非周天也，故此不结矣。

问之六曰：专凝神在炁穴，能出阴神，不结丹，何也？

答曰：不知阳生用呼吸之法，故不结也。

问之七曰：不打七亦吐血，得疾病，何也？

答曰：误信盲师之过耳。冲虚祖师云：外道邪法行气，必至有病。何以为病？升提太迟重，则提为邪火，其病头晕，病目赤肿翳障，病咳嗽痰火吐血，病痈瘇等症。若降下而迟重，则逼沉精气，贯入肾子，为疼痛偏坠病，腹胀水蛊胀病等症。上下两病，皆致人速死。

了然五问

问之一曰：弟子旁门外道不必问矣，愿闻正道之火候。钟离祖师云乾用九，坤用六，可是此理也？

答曰：而名是，法不是。

问之二曰：冲虚谓子行三十六，午行二十四，可是此理也？

答曰：而名是，诀不是。

问之三曰：真人谓阳爻一百八十，阴爻一百二十，

可是此理也？

答曰：而名是，事不是。

问之四曰：许旌阳谓阳用二百一十六，阴用一百四十四，可是此理也？

答曰：而名是，火不是。

问之五曰：其四非也？

答曰：道最重在口传，不得真传，四皆非矣。如果得真师，其四俱真。不但四真，千真万圣俱合此火之元妙，而三教成道者，亦此火之元妙。

危险说

此言下手调药及小周天事也。

华阳曰：学道者，外道纷纷，及其成功，未有一人。何也？不得性命之真传，分门立户，俱是妄为。且今之悟性者，不识先

天之性，落于后天之识性；今之修命者，不识先天之命，落于后天之渣滓，是故无所成也。

盖不知其中性命之修持，

离中之灵曰性，坎中之炁曰命。奈何灵之进出无时，炁之生而外耗，性命不能自合矣。故祖师教人以离性去制坎命。当其际，敛收微细之灵念，入于动炁之所，用巽风吹发其中之火，锻炼此后天之性命，合而为一，则先天之性命，自然发现矣。故曰修持也。

危险之防虑，

防之者，防其阳生不自灵觉。归炉之后，恐精之未化，阴气来役。不会锻炼，或神光失照，或呼吸失嘘，或药产不知，或升降昏沉散乱，或丹成而不知景，或温养失宜，或不采大药等法是也。故古人谓百日防危险，诚哉是言也！

以错修错炼之妄为也。

盖不知金丹之诀，总是妄为。所以古人云：任他万般差别法，总与金丹事不同。

或者闻其性命之门户，

夫门户者，乾坤也。乃先天之源，内含乎四象。故《参同契》云：乾坤为门户，坎离为药物。即此意也。

正理不明，根源不透，

正理根源，即性命也。愚昧夙根，于道无缘，惑于邪师，向外求道，皆非己之根源也。

入于旁门，

无数门户，总不知自己之性命。故《皇经》云：三万六千种道，以释来者之心之谓也。

执于一边，

且如今之修性者，不修己之命，则淫根不断，常自下漏，与凡夫一般，真可惜矣！又有学习吞津液，以弄运后天者。不知玄关之消息，阖辟之机旋，虽苦加修持，亦可惜矣。

虽曰归道，奈性命不合，神炁不交，

且性命神炁一也，不会交合，则无真种子矣。

纵自修为，

不识性命之交合，犹自以苦身心，如隔靴搔痒，有何益乎？

真元暗耗，

盖阳炁生时，不知采取归炉，炁焉有不耗于外乎？

终归于无所成也。

到头总是空劳矣。

或有夙缘相逢，言语相投，知乎调法，

夫调法者，是活子时所来之际，用风火之工也。其中有文武，不知逐节，亦无所用矣。

未能彻乎精微，

且精微者，难言也。能自行持玄关之精炁神三者，以此不相离不相执，知乎轻重转弯抹角之用法者，则妙诀得矣。

炼己之生浮，

心不纯熟。

行功之沉睡，

不自灵觉。

及至阳生时，

活子时来。

迷而不自灵觉，

当面错过。

炁薰形起，

玄关炁之融暖，则外肾举矣。

昧却采工，

因睡之过耳。

炁之极动，变而外施。

元炁融极之时，不采则自欲出关，变为后天矣。

既无主，则无所留，

主者，神也。留者，息也。采工全赖神与呼吸之能也。炁既无神息之工，安能自住哉？

拱关一旦泄去，

出阳关矣。

安有药之可调、可炼乎？

心之不诚，意之不专，反谓炁之不住，乃愚夫矣。

且既知乎灵觉之调法，

灵者，神也。觉者，知也。法者，以神用呼吸摄元炁，皈炉烹炼之工也。

而又无所成，何也？

夫丹法有文武，若以混用，则亦无所成。

盖不知其中丹法之逐节、火候之次第，

逐节次第，必要得真传授，方敢无疑自用。如阳未生之时，存之以神，用之以息，长教绵绵不断，息息归根，乃文火之工，即古所谓炉中火种也。及其阳生，以武火采之，是用神用息而重之，即古曰勒之之谓也。且皈炉之法者，亦是神息之相守相住，文火之谓也。若夫炉中之锻炼者，即动之以意，鼓之以风，乃武火之工也，即古所谓化精成炁矣。至炼后而温养者，文火也。不得真传，则不知此中之妙也。

是以盲修瞎炼。

且学道之粗心人，闻师一言，便以此为自得，不虚心求于精切，及至修时，工法已错乱。

不知调药者，

乃起手之法也。

武火采之，

武火者，用息摄炁之法也。且炁之生而下行，不自逆而上行。欲逆而归乎其源者，非息之招摄，无能还乎其炉矣。故曰：降中升，升中降，即谓之阖辟之机。又曰往来不穷。所以伍祖师云阖辟不明，不能采药皈炉，即此之谓也。

武火炼之，

武火者，即上文阖辟之机也。紫霞问曰：炼法之中而又有阖辟，何谓也？曰：阖辟者，即采药炼药及周天之秘机，乃仙佛之密言。不得此中之妙，则丹无能成矣。故古所云大有大阖辟，小有小阖辟，即此谓也。阖辟者，乃鼓风化精之具。故曰：鼓巽风，运坤火。又太上云天地之间，其犹橐龠乎？即此之谓也。

文火养之，

文火者，吹嘘之养也。紫霞问曰：吹嘘岂不是阖辟乎？曰：尔所见错矣，吹嘘乃后天之气也，阖辟即先后二炁之机也。又曰：昔朱子谓一呼一吸谓之阖辟，乃后天之说也。非大道精微，至妙至妙之玄机也。请问曰：至妙可得闻乎？曰：阖辟者，乃大道二炁相动相应，玄关中之消息也。有四个往来，故曰往来不穷。若以一呼一吸两个往来为阖辟者，则有穷焉，非真玄关也。又问曰：吹嘘与阖辟，何所分别用法？曰：吹嘘者，神炁不动之义也。阖辟者，神炁俱动之义也。夫阖辟之神炁，又在乎动与不动之间耳。若出乎玄关之外动者，非炼药之阖辟，神炁亦不能相交相合，孕为真种。如凡夫欲生子，雌雄在外鼓舞，岂不愚乎？

忘火以待其自生之故耳。

夫文火温养之后，浑然静之，使阳之再生也。

且既明其逐节，晓其炼法，何以张脉偾兴？

此乃以前用风火不到处，阴气阴精发生为走泄之坏景。速用武火锻炼，炼到无此景象，方保无事。

无意之欲起，

此亦是阴精在丹田内作怪，使心君妄动，扰乱主人之故耳。即当用阖辟之法，鼓动炉内真火，化此阴精，是谓秘密天机，救命宝法也。故虚静天师《入火镜》云欲心一起，速用武火锻炼是也。

种种阴魔阴怪来扰，

魔怪者，或现鬼神龙虎等类是也。

或沉寐时外阳不举，竟自泄之，又何故也？

此亦炼时用风火少之故耳。若勇猛之士信得已，及风火用之已到，工夫不息，则断无此事矣。

此乃火候用不到处，尽是阴气变幻，不识此时用武火鼓巽风，锻去阴气之法也。

如还遇有坏景之来，即再用武火炼一次，永保无事矣。

且夫真修之所为者，外若痴若愚，内安然逍遥，

故曰：大智默默，无何之乡。

最忌身之劳碌，

古人云：欲静其心，先静其身。诚然也。

心之外驰。

古人云神一出便收回，谓炼也。

苟不勤慎，则炉火断而不续，失其文火，

盖文火者，存之其神，用之其息，绵绵息息，皈根之法也。平常既失此法，焉能留其炁哉？

炁既无主，而无所钩，

主者，神也。钩者，息也。

不落下而变为后天者，未之有也。

夫炁既无神息之工，则自然变而为有形精。故凡人无欲念而亦走泄者，无此火炼之故也。

此皆因当其际，不知有武火为救护命宝之法也。

盖当劳碌外驰之时，凡有所劳，必当速以炼之。故曰：忙里偷闲调外药。即此谓也。

盖其精泄去，其炁亦泄之，

精炁本一也，故《阴符注》云：真炁即在阴精之内。

安得不谓危险哉？

一场空劳。

夫采取明乎二炁，

夫此采取者，即是调外药之采取外药也。二炁者，先后二炁也。先天之炁以得后天之气招摄，方能归炉。故守虚真人云：先天炁不能自皈炉，以后天之气采之。即此谓也。

阴跻知乎道路，

阴跻者，乃摄精之路也。正在谷道前，膀胱后，上通乎丹田，是采药之的路。故张紫阳《八脉经》云：阴跻一脉，诸圣秘之，高人藏之，乃仙佛采药之所。又马天君解《大洞经》云：一阳初动之时，运一点真汞于脐下以迎之。即此泄尽矣。学者不可不察焉。

是为勒阳关之法也。

夫阳关者，即上文道路之口是也。

若夫皈炉之后，不知回风混合，

盖回风者，回旋其呼吸之气，以逆吹之。

锻炼之法者，

锻炼者，即上文回风之法也。能自回风，则炉内神炁，亦能自混合为一者矣。故我冲虚祖师云：神虽宰炁，未知其炁可宰否，以回风混合之。又《心印经》云：回风混合，百日工灵。即此谓也。

其元精与阴精，

元精者，即元炁也，动为元精。阴精者，饮食之精也。此精最作怪，必假神炁二火合为一火，在炉内鼓动巽风，炼化此精。故栖云先生云：用丹田自然之呼吸炼之。苟不得此诀，则精不化。

依旧藏而不化。

在丹田内。

阳之暂伏，顿然又生。名虽调药，实不知炉中调法。

法即前文炉内鼓巽风也。

然后阳之复生者，

外举肾。

竟将以前未化之精，拱而射之，

泄矣。

则其药之无所产。

既无真种，则不能行周天之火也。

不思己之精不返，谓师之诀不真，

自生退心。

何不悟之甚也！

此以上尽言调药之法也。

且药产薰炉之际，

真炁在丹田内，自交欢融暖鼓动矣。

危险大矣哉！

此处不知正念相就相翕之法，必失其交合之机也。

彼愚昧，

因自昏沉，不生正觉之故耳。

不早自提点，

夫既调药，早早提点药产之景来。

贪著其乐，

此乐者，与凡乐大别。若不知此处交合之法，则失其炁之交机，空费炁之欢翕。譬如凡妇之活子时来者，其炁暖融，正在无止无底之际，欲想交合，而失其丈夫，岂不叹孤伶乎？此是失其生机之故耳。

内失其照，

此即上文神不去交炁之意。

已交将别之时，

既知此处神炁之交合，是谓真种，古仙谓之天然交。又当明此处采药之候，若不知此候者，是名有候无火，丧失止在半息之间，岂不危乎？

若不即生复觉者，

此教人即速用灵念采之。

则昧却采工矣。

上文言用灵念采之，此又言采工，实有异也。盖念只能宰其炁，不能摄其炁皈炉，故以神用呼吸采其炁也。

所产之真种，

即真炁也。

不能自皈炉，

炉即下丹田是也。

洋洋乎，

正在恍荡之际。

竟自泄去，累积之工，空无所有，岂不悲乎！

一场空劳，皆因心之不专，用工时意之不诚。此以上言药产之危险。

若夫升降之机，又在乎斗柄，

盖升降者，进退也。斗柄者，丹田之意也。

神息之力也。

夫神是挟炁同行同住之主，息是逼炁退炁之机，机不可少主，主不可少机，主机又不可少意，三物并用，方为真玄妙之修士。如缺其一，则有危险。

炁之行而息不逼，

有炁无息，炁不随路而行。

乃导引旁门，

如今运炁之外道。

非阖辟之道也。

盖阖辟者，乃大道最妙之天机，必得真师传之，方得其精微。

息之应而度不合，

有息无数，息之混行，丹不结。

乃无知外道，

如今运后天气之旁门。

非周天之数也。

周天有三百六十五度又四分度之一。苟不暗合此度，任你运行，元炁万万不能成丹。

不但炁之不结，

炁散于别络。

亦费药之空生，

可惜当面错过。

则周天之危险，即藏其内矣。

此以上尽言周天之危险。

夫药之归炉，

盖炉者，下丹田，亦谓中宫。

若文火之失薰蒸，

时刻之吹嘘。

则阴气又存之。

阴气者，因丹田火不到之过耳。

诸般怪现，皆由此之故也。

诸般怪现，如阴人鬼神，即当用武风吹之，以武火炼之。不然阴气胜，阳炁埋藏，则有危险之病矣。

且平常无事，若失其薰蒸，

时刻用息嘘之。

误食香辣，

丹之成时，忌香辣，乃散炁之危险。

劳其身心，

身心有劳，则炉火不勤，有危险之病出。

昧其动静，

盖动静者，非心意之动也，乃丹田之炁动。若不知动而收，静而薰，则丹有危险矣。

丹则异生，

不知不觉。

或时迫炉而出，

盖炉者，丹田也。丹之已成，全在神光之护持，呼吸之薰蒸。若一时失检点，顷刻炁从丹田纷出，或走于身前，或走于身后，诸窍皆可藏之。不得其诀者，无能复皈其炉，即谓之走丹。或问曰：以何诀收之？答曰：以静定而待之，且看丹之从何路出去，而藏于何所。已知其的处，再用微呼吸吹于丹田，用意从的处，从原路引而皈炉。或一引，或数引，谓之收丹之法也。

或时火生，

火生者，因饮食有动火之物，或热水浴身，此二者引动丹火，不得其法，亦是走丹之危险。或问曰：何法能救之？答曰：存想一黑云，悬于目前，以神引入于丹田，其火则自退矣。

或时见水生，或阴人现象，

夫水生、阴人者，即阴气也。因呼吸之火断续，故有此景来。或问曰：用何法救之？答曰：急用呼吸之息，以武而吹之。不见此坏景，丹复光明，方为美事。

若不得其法救之，丧失在顷刻之间。夫炁之满而丹成，其危险者，在当止而不止，不当止而止之诀焉。

法在以前《风火经》中。

若夫火之圆足，又勤勤于薰蒸，

即呼吸之逆吹嘘也。

相护于性命，

即以神返照也。

或有意放，则汞散铅冷。

又是阴气来矣。

丹之怪异，不又重生乎？

如上阴气之变化一般。

非师之诀不真，乃己之失照。然丹已成者，急于超脱，着贪著尘俗，待以年月，一时不觉丹之迫炉，汞飞铅走，哀哉！空空已乎！余愿同志者，将此危险审而察之，细而悟之，精而行之，则永保无失矣。

此以前有十五段，内有三十五条，细数难以表明。看别经，方知全旨。细看熟玩，然后用工时方免危险之病。

后危险说

炼丹之诀，自古丹书多引而不发，欲求其全诀全火者，尤难之，学者难从末由，岂不可叹哉！故予前《危险说》，补《金仙证论》及《慧命经》所不足之处，使苦志者，得下手调药，及小周天之工法也。夫篇中所谓凝神者，是凝于道心之所。道心而得人心之翕聚，则元炁聚而不散，为孕药之工，即为双修性命之苗也。夫神既凝住炁穴，而炁穴之神不又有当知乎？盖觉其呼吸之往来，是为炼精之风火也。且神又不可泛驰于外，息又不可断续无嘘，神息之相炼，动静之相依，不出乎范围，不执乎有无，是谓化精之诀也。且又当知乎神安于阳动之所，以协乎其机，莫离乎其炁，炁化之所在，即神安之所在也。篇中又曰武火者，是采药、炼药、炼阴精之妙诀，内外呼吸之秘机，故曰阖辟。其妙在乎二炁逆用之工，故谓之采外药矣。且炼之者，是化精也，即玄关之中，意鼓息吹之玄机，谓之阖辟，即所谓鼓巽风，运坤火。又云：风轮激动产真铅。因坎中之阴精难以制伏，便使风火而化之，神炁相摩而激之，如二物之相摩而生火也。悟一子云：欲降而静之，必先激而动之。此诚言其妙诀，是指玄关中神、炁、气三物相动相激之机欤！且炉内神炁既以相炼，不可息乎其风，不可出乎其外，不可离乎其炁。神炁之二意，同此相翕，如雌雄交合。当其际，二物周身之意，尽归于此处。如此得法调药，何患精之不化，欲之不死，而真种不产者哉？且又曰炼阴精者，谓人食五谷百味所化之精华，名曰津液，是滋养五脏之后天，皆属渣滓，昼夜滋润乎周身，而至于丹田者，则为阴精也。此精时刻作怪，搅乱心君，引动元炁之散泄。所谓炼之者，因有先觉之坏景来前，却当以后天之神火注于炉中，是为火种火引也。便使橐籥之鼓风，以风扇火，以火鼓动先天元炁之真火，二火之相摩相激，阳火胜乎阴精，融透周身，何患精之不化，怪之不灭，道之不成者哉？且又曰文火者，乃神炁相定而不动之旨也。真人云：修之首务，潜之深渊，韬明养晦，而后可以善其用也。夫既曰不动，而又曰文火者，何谓也？盖神炁虽曰不动，而呼吸之气又在此吹嘘绵绵不断之旨也。古曰吹嘘，曰温养，是定而嘘之意也。且火得风之所嘘，火不息冷，药则融而温暖。故文武火者，调药之的旨也。夫药既调而自产者，莫当去其武而用其文欤？不知药产时，呼吸之文武火，俱无所用也。故曰：定息候真铅。夫既曰不用呼吸之火，而药之产岂不散欤？盖妙在乎神炁之相就、相照、相顾之旨也。且当此际，药之老嫩，铅之迟早，又必叩乎秘传相合相离之机采取，安敢妄泄哉？然采取之诀，非用武火，药焉能归炉哉？夫升降之火，兼文武而用之，故曰柔而变刚，刚而变柔，刚柔乃丹道之妙旨。及乎六阳吸机之入而升是谓武，然呼机之回而定即属文；且以六阴呼机之退而降是谓武，然吸机之进而定即属文。故曰时时有沐浴者，此也。盖卯酉者，去武全文，不息息中而暗息息者，谓养其生杀之机也。且子午妙在于升降，而又云有沐浴者，是谓一时八刻。而一日有百刻。谓此四刻，即属乎沐浴之法也。且归根之文火薰蒸补助，乃养丹之的旨，为返照之工夫。而丹之成时，去武火，用文火，是谓薰蒸养丹之法也。

嘉庆四年，端阳前五日，华阳著于北京仁寿寺。

增注说

书有可注者，谓本书藏密之未明也。而破章立说，必先得其真师之授受，事理透彻，己工有所成，然后发笔，显然明白，与前书合一，则曰注矣。若事理不彻，而己工无所成，以时文套语，冒妄杜撰，经自为经，注自为注，何足为注哉？书有不必注者，谓本书显然已注明者，何烦画蛇添足而再注也？若强生妄说，以为己之聪明，不得真师，而内丹无所成，傍解瞎摩，则反为坏书之药引，实乃害众之病根者欤！若《金仙证论》与《慧命经》之原体，本已直切，又恐学者错认门户，重加亲注，道合仙佛之真机，工用自己之效验，诚为二门登堂入室之良方者矣。非余之好事者，是违后人之妄注也。反覆诀之，明白重叠，显修之真工，仙佛微细之实事，无一字一事而不尽泄于此二书之中矣。是书得保全两家，悟彻根源，则不外乎大道而同归，究竟自己之性命者矣。名虽分仙佛，而用之真工，实则一也。尊师之所集，原以愿宗从之所好，而不失性命，免落偏枯之见，立今劫以成大道。愿谢不烦欠师缺工妄注者之所增也。以此戒云：毋劳再注！

慧命经

柳华阳禅师　撰并注

受业弟子　静虚子恭参校订

叙

生可必乎？自古无不死之圣贤。生不可必乎？世尊何以云，能不死阿罗汉。《易》曰：天地氤氲，万物化醇。男女媾精，万物化生。又曰：有男女，然后有夫妇。有夫妇，然后有父子君臣上下，而礼义有所错。故古圣人于男女之际，谨夫妇戒容止，三致意焉，所以尊生也。而况为佛氏之教者，既以清净慈悲为主，更当求不死之道，如阿罗汉矣。但其道，岂无所指授而能得哉！兹华阳和尚者，向有《金仙证论》一书。盐官吴君，既悦其言而为之序。会予以署协篆，至皖城，又以《慧命经》索弁言。阅其目，自《漏尽图》至《决疑》，凡十有四。其言曰，不识性命，则大道无所成，从古佛祖，莫不由性命为修炼。修者以破而补囹，炼者以火而化物，火非风则不灼，物无所则失居，是故至人参乎大道，修乎性命，风火与物并而同用。心肾相合即是性命合一。命者根于肾，肾动则水也。性者根于心，心动则火也。以火入于水中，则慧命不致外耗。以风吹火，变化而成真种。修真种而成舍利，此其大旨也。其中真实次第之工夫，有下手时，转手时，了手时，撒手时等法。遵《愣严》之漏尽，表《华严》之奥旨，合诸经之散言。明此双修之天机，不堕旁门，一片婆心，尽在此书矣。今而后，道成寿允，安知华阳之不如佛弟子，迦叶住世七百年而遇世尊，宝掌和尚住世一千七百十二年而遇达摩也。

寂无禅师而后，非华阳，其孰能以浅近喻至道，以显露泄秘理，而传后世于无穷哉！予故乐得而为之叙，且付诸梓云。

时乾隆甲寅冬初，庚辰科会元，钦赐探花及第，御前侍卫，诰封通议大夫，原任浙江黄岩镇总兵官，诰封武显将军，署理安庆协副将孙廷璧叙。

慧命经自序

华阳，洪都之乡人也。幼而好佛，因入梵宇有悟，常怀方外想，见僧辄喜。一旦闻长者曰：昔五祖三更时，私授六祖道。侧听欢然，憬如梦觉。始知修炼家必赖师传，乃寻求不已。足迹遍荆楚间，迄无所遇。后乃投皖水之双莲寺落发，愈加咨访，凡三教之师，靡不参究，竟无悉慧命之旨者。因自叹曰：人身难得，遂此虚度乎？忽发一念，于每夕二鼓，五体投地，盟誓，虔叩上苍，务求必得。阅及半载，幸遇合伍冲虚师，传余秘旨，豁然通悟。乃知慧命之道，即我所本有之灵物。嗣至匡庐，又遇壶云老师，窃聆论绪，知为非常人。勤恳听受，继以哀吁，师乃大发鸿慈，开悟微密。中边奥窍，罔不周彻。及余临行，师嘱曰：佛教双修，今已断灭，子当续其命脉，以度有缘。余隐迹江左，与二三道侣焚修切究。因碧蟾、了然、琼玉、真元，苦修已成舍利，默契师传，故纂集是书，命曰《慧命经》。画图立相，开古佛之秘密，泄师祖之元机，洵接引后学之梯筏也。余见世之求道者，多宗语录，而语录中有实语者，有妄语者。彼下学不知如来慧命之道，误入套语口禅，终为下愚，转受语录之害。余通阅诸经，与师传印证，有《楞严》、《华严》、《坛经》乃实语也，禅师语录、和尚语录乃妄语也。夫修炼之道，非实语不足以证真诠，非实语不足以辟虚妄。虚妄胜，则魔障生，虽有智贤，无所从入。千百年来，慧命之道，深秘单传，卒难窥觉。今以浅率之言，将佛宝秘传，和盘托出。俾世之学者，睹此《慧命经》，即若亲口相传。只须励志精勤，不必他山求助，则佛果可以立证。此余苦心求师悟道之本愿也。

乾隆甲寅夏，湖口传庐柳华阳，序于皖城忠洁庵中。

漏尽图　第一

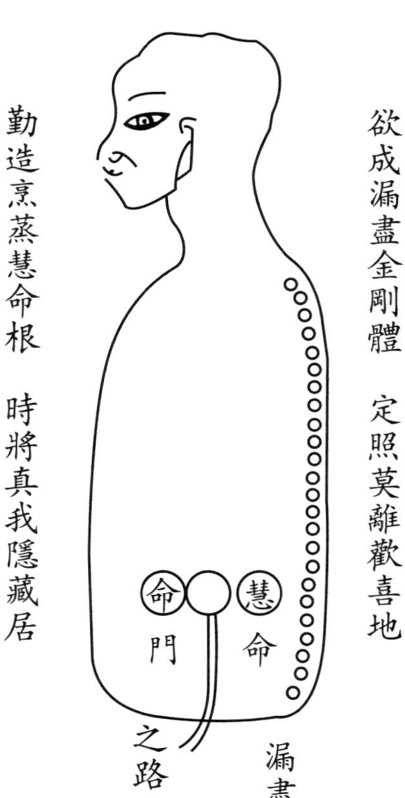

盖道之精微，莫如性命。性命之修炼，莫如归一。古圣高贤，将性命归一之旨，巧喻外物，不肯明示直论，所以世之无双修者矣。余之所续图者，非敢妄泄也。是遵《楞严》之漏尽，表

《华严》之奥旨，会诸经之散言，以归正图，方知慧命是不外乎窍矣。且此图之所立者，是愿同志之士，明此双修之天机，不堕旁门，方知真种由此而怀，漏尽由此而成，舍利由此而炼，大道由此而成。且此窍也，乃是虚无之窟，无形无影。炁发则成窍，机息则渺茫，乃藏真之所，修慧命之坛，名之曰海底龙宫、曰雪山界地、曰西方、曰元关、曰极乐国、曰无极之乡。名虽众多，无非此一窍也。修士不明此窍，千生万劫，慧命则无所觅也。是窍也，大矣哉！父母未生此身，受孕之时，先生此窍，而性命实寓于其中。二物相融，合而为一，融融郁郁，似炉中之火种，一团太和天理，故曰先天有无穷之消息，故曰父母未生前，炁足胎圆，形动胞裂，犹如高山失足，囫地一声，而性命到此则分为二矣。自此而往，性不能见命，命不能见性，少而壮，壮而老，老而呜呼。故如来发大慈悲，泄漏修炼之法，教人再入胞胎，重造我之性命。将我之神炁，入于此窍之内，合而为一，以成真种。如父母之精炁入于此窍之内，合而为一，以成胎孕，其理一也。夫窍内有君火，门首有相火，周身为民火。君火发，而相火承之。相火动，而民火从之。三火顺去，则成人；三火逆来，则成道。故漏尽之窍，凡圣由此而起。不修此道，而另修别务，是无所益也。所以千门万户，不知此窍内，有慧命主宰，向外寻求，费尽心机，无所成矣。

六候图　第二

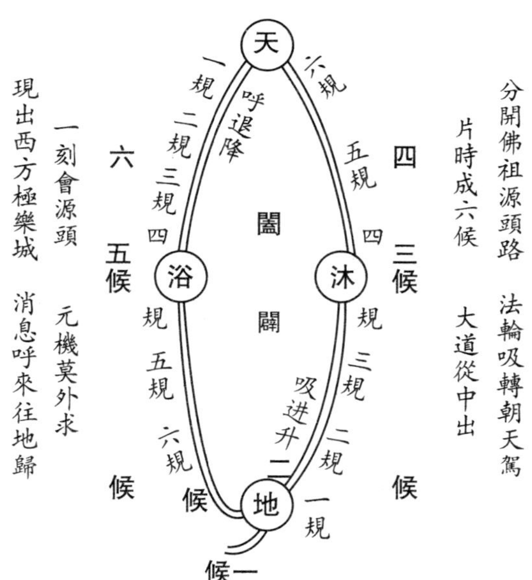

且道之妙用，莫如法轮。运行不蹊，莫如道路。迟速不等，莫如规则。限数不差，莫如候法。是图也，大备法全，而西来真面目，无不在此矣。且其中之元妙行持，莫如呼吸，消息往来，莫如阖辟，不外道路，莫如真意，有所起止，莫如界地，舍己从人，备著此图，全泄天机。愚夫俗人，得之亦无不成也。苟无其德，纵有所遇，天必不附其道。何也？德之于道，如鸟之羽翰，缺一无所用也。必须忠孝仁义，五戒全净，然后有所望焉。而其中精微奥妙，尽在《慧命经》中，两相参看，无不得其真矣。

任督二脉图　第三

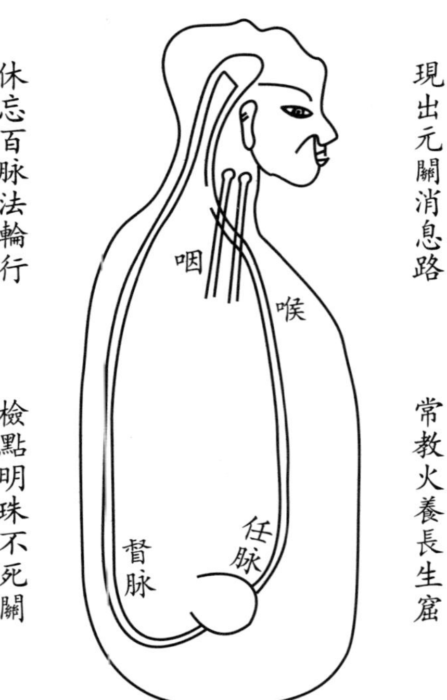

盖此图与前二图原是一也，所重续者，何为？是恐修道之人，不知自身有法轮之路道，故备此图，以晓同志耳。盖人能通此二脉，则百脉俱通矣。所以鹿之睡时，鼻入肛门，通其督脉，鹤龟通其任脉，三物俱有千岁之寿，何况人乎？修道之士，既转法轮，以运慧命，何患不长其寿，而成其道也。

道胎图　第四

且此图《楞严经》原本有之妙旨，俗僧不知道胎者，因当初未续图之过耳。今以阐扬，修士方知如来有道胎真实之工夫在矣。盖胎者，非有形有像，而别物可以成之。实即我之神炁也。先以神入乎其炁，后炁来包乎其神，神炁相结，而意则寂然不动，所谓胎矣。且炁凝而后神灵。故《经》曰亲奉觉胤，二炁培养，故曰日益增长。炁足胎圆，从顶而出，所谓形成出胎，亲为佛子者矣。

出胎图　第五

《楞严》咒曰尔时世尊，从肉髻中，涌百宝光，光中涌出，千叶宝莲，有化如来，坐宝花中，顶放十道，百宝光明，皆遍示现，大众仰观，放光如来，宣说神咒者，即阳神之出现也，故名曰佛子。苟不得慧命之道，枯寂口禅，焉有自身之如来，坐此宝花，放光之法身出现者哉！或谓阳神小道，焉得世尊小道乎？此即泄《楞严》之秘密，晓喻后学，得此道者立超圣域，不落凡尘矣。

化身图　第六

出有入無承妙道
分形露體共真源

面壁图　第七

虚空粉碎图　第八

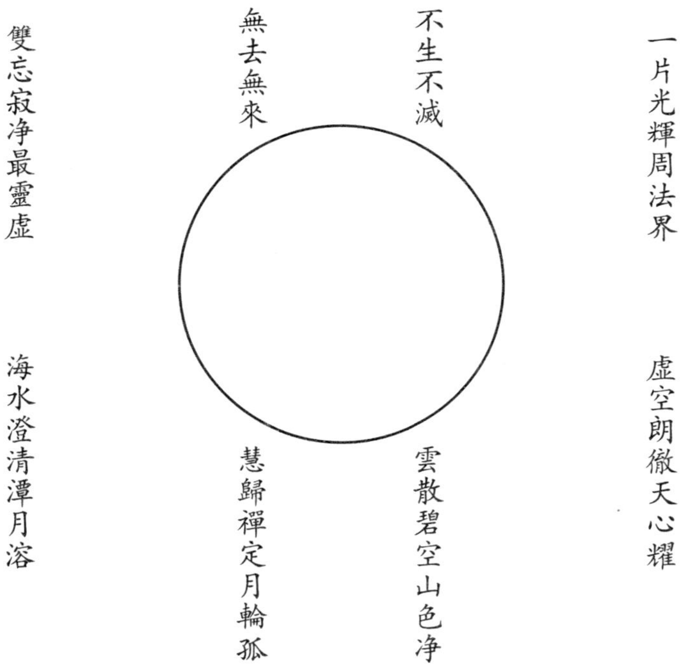

一片光輝周法界

虛空朗徹天心耀

不生不滅

雲散碧空山色净

無去無來

慧歸禪定月輪孤

雙忘寂净最靈虛

海水澄清潭月溶

集说慧命经　第九

华阳曰：成佛作祖是本性灵光，不得慧命漏尽，不能了道，直入于如来之太空。

盖本性灵光者，其名虽二，源头则一也。在定则谓之性，定中慧照则谓之光矣。慧命者，乃如来当初所取以示人之名也，是西方之梵语，中华曰人之本源，儒谓之先天炁也。是修佛之舟梯，作祖之权柄，即孟子所谓善养浩然之气者是也。漏尽者，即世尊以示阿难所修之名也，亦是西方之梵语，中华曰走漏，儒谓之走精，医谓之泄元炁。而漏尽，即慧命之所化，当其未动之先，本是命也。及其动，而不知其修炼，出关则化为有形之漏尽矣。故儒谓之炁化精也。当其童真之时，坚固之体，原无漏尽之名，圆陀陀、光灼灼。此时若遇真师，不用漏尽之法，只要将此圆陀陀、光灼灼之慧命，收归中宫，时时惺悟，刻刻觉照，护持十月道胎，养成佛体，即《楞严经》所谓既游道胎，亲奉觉胤。功勤炁足，自然出胎。到此法身广大，即《楞严经》所谓形成出胎，亲为佛子。此即谓之顿法矣。若夫十六岁以后，命宝满足，足而自漏矣。从此以往，炼至无漏，故如来谓之曰漏尽矣。世之学佛者，若不虚心求师，指点火化之真诀，任尔打七参禅，长坐行持之流，万无所保。既无所保，焉有道之可成哉？故《华严》云：不求此妙法，终不成菩提。是以如来发大慈悲，示人下手接续添油之法，补足圆陀陀、光灼灼之慧命，再皈中宫，此乃谓之渐法矣。故光明如来云：老僧会接无根树，能续无油海底灯。且又当勤勤修炼，非一朝一夕能成道也。故世尊谓阿难云：第一漏尽难成。而漏尽又是佛所喻之别名，乃此篇修慧命之法也。若修性不修命，习气难消，纵然能到恢恢相，无非五通之鬼，不能契如来之六通。所以《大佛方等大集经》云：修习五通，既修习已，垂得漏尽，而不取证，何以故？悯众生，故舍漏尽通，乃至行于凡夫地中。太空者，法性圆之虚极也。故《华严》云：性如虚空。即邵子所谓道通天地有形外，思入风云变态中是也。

而慧命漏尽，不得风火炼法，不能和合凝集而成大道。

风者，是助火之烈焰。火者，是化物之能功。故如来云：微风吹动。又云：火化以后，收取舍利。风火漏尽并用，自然和合凝集而成大道矣。

是以佛法次第用工之真传，岂无凭证，

且真实之道，则有真实次第之工夫。如或前后混杂，非如来之道也，乃旁门外道而已矣。且次第者，如下手时，有和合真种之功；如转手时，有修炼舍利之功；如了手时，有温养道胎之功；如撒手时，有出胎面壁之功等法是也。然而次第非敢妄论，是集佛祖次第用功之秘文，攒凑逐节以为凭证。每句之下添一注脚，喻晓同志，概而证之，则无所误也。

妄以一言半句而为道哉？

如今之禅门，自己尚未得真传，妄以化人，或曰父母未生前，或曰念佛是谁，这等婆婆妈妈等之言语，哄弄世界愚夫愚妇，东问西寻，谓之参求佛法，到头一场空劳，何足为道哉？志者观之，真谓之老婆禅、口头禅、是非禅、皮壳子禅、衣食之禅耳。

且千古至今，莫不以盲引盲，坑陷无数之善信，深入九泉，竟不能出头见佛之光华矣。

盖佛法，自汉明帝始入中华。前秦始皇，却有梵僧来，始皇送还不用。由汉以来，谬妄莫知其数，幸遇达摩来此土，以证其非，单传六代。自六祖至今，非上又非，谬外更谬，所以有九十六种外道，二十四观之旁门。独有打七一门，是害人之毒药，埋人之火坑。释教西方二十八祖、东土六代，原无此门，乃高峰门人诬捏。况高峰所习，乃是闭息之旁门，非如来之正道。或问曰：何见得也？答云：高峰自曰忍饥寿昌金粟是也。但看打七门人，个个吐血，不但不成大道，反得劳症，苦恼而死，岂不痛哉！是人身气血脉络尚且不知，焉得知其道乎？夫人身日间劳倦，全靠夜静安神，以待后天心肾交和，为滋养此身之根本。苟教人七七昼夜，劳倦不睡，为之大道，安有不得其症者之害也？医曰：凡人七夜不睡，则心肾不能交，必得劳症。何况七七乎？又加打其脊络，伤其脏腑。呜呼！此刑自唐帝解之后，至今不敢妄用矣。帝当初见受此刑者，十有九死。阅诸医书，谓人五脏俱有脉络，系于脊之总络，以通其气血，为运行养形之本。一打此处，即阻其气血，逆而上行，就是庐医扁鹊，莫能救之。故解其刑，以杖臀为之责也。又或以黄绻之上，续某僧某僧之名字，谓之传法，以假传假，迷惑世人，坑陷初学。又加口头禅之语录，遍满世界，纵有励志，无所觅求。以为佛祖是皆天生，亦以虚劳空死。如此将佛之光华，竟变为黑暗矣。

盖大藏之法宝，本是全旨，奈因当初学者，学有浅深，根有利钝，遇此前后混杂，实不肯成其逐节之次第也。

且大藏之教，有权法，有实法，有无为法，有有为法，岂可一概论之？是在人之学与不学耳。所以然者，性命双修之道，即在其中矣。

而后来诸祖所得以成者，亦不肯并泄而同论，

且后来诸祖，有所得授而成者，不肯公同大众。以权法制伏俗僧，谓其悟性，免其多事，而生别念。实法有悟知者，私附密授，故为教外别传，另通消息。如世尊不传堂弟阿难，私付与迦叶为一祖。如五祖不传首座神秀，私付与侍者惠能为六祖。是以成佛作祖之大宝，岂传无志之人？必要有超乎佛祖之志气，知晓那边道理，方可付之。故佛法之秘，宜世所难闻也。是以不肯并泄而同论。

或显于无为而隐于有为，

无为者，是养道胎面壁后半之法，非今之俗僧以枯坐之无为也。其有为者，即凝集和合，修慧命前半之法。有凭有据，乃先天意炁之妙用，非世间之有为也。故《宝积经》云：一切诸法，悉如幻化，是中却有一法，和合凝集，决定成就。又《经颂》云：大士修行解脱门，转益慈悲求佛法。知诸有为和合作，志乐决定勤行道。又《经》云：所谓二乘，堕于无为广大深坑，不能超脱证果。古德云：有为虽伪，弃之则功行不成；无为虽真，趋之则圣果难证。今之禅门，闻之有为，谓之著相，弃而不取。殊不知此有为，乃定静之中妙道之有为也。譬如天地，是个无为，而天地所以生万物者，是个有为矣。则最上一乘之佛法者亦然。而人之心，能到无为之时，则内里有一物，超然而出，若不以意取之，此物岂不散于外境？即非我所有矣。如此取皈之法，故名之曰有为法矣，即六祖所谓往北接度者是也。

或显于无物而隐于有物，

无物者，乃后半之性功也。有物者，即前半之命功也。今之假禅道，闻之有物，莫不厌之。殊不知此物者，道之根本，法之津梁，人人本有，即非思虑之物，乃元关内之物也。故六祖云：吾有一物，无头无尾，无名无字，无背无面。又傅大师云：有物先天地，无名本寂寥。能为万物主，不逐四时凋。乃先天之物也，宰育后天。散则无形影，聚则成舍利。故圆悟云：何物高于天？生天者是。何物厚于地？育地者是。何物宽于虚空？包虚空者是。何物超佛越祖？植佛祖者是。乃化育之本，物我同途。故曰物我同一大父母者，即此矣。顺去生人生物，逆来成佛成祖。顺去则物我同知，逆来非师莫能晓用。故云峰禅师云有物密救人，争奈人不知，即先天纯阳至刚之炁也。散之乃在一身，促之即在玄关。故寒子云：可贵天然物，独一无伴侣。觅他不可见，出入无门户。促之在方寸，延之一切处。你若不信受，相逢不相遇。大则包藏法界，细则粟米微尘。所以云峰禅师云：盖天地，撮来如粟米粒大。虽然如是，先必须和合凝集，而后有物。世尊谓之菩提种子，法华会上龙女所献者，即此物也。

或显于无事而隐于有事，

无事者，是祖师所制伏众人之法耳，乃小乘法也。有事者，祖师隐藏密授，乃上乘法也。无根凡夫，不能信受。故世尊云：我于五浊恶世，行此难事，得阿耨多罗三藐三菩提。为一切世间说此难信之法，是为甚难。又云：世尊如此之事，世所难信，而祖师若与下根之人说破，反生非言。故《法华经》云：尔时佛告舍利佛，止不须复说。若说是事，一切世间诸天及人，皆当惊疑。又云：唯此一事实，余二则非真。且有事者，又非旁门之事也，即元关机动物产之事矣。以我之意宰之，以呼吸收之，和合真种，转运法轮，采取熏炼，总是意同呼吸用慧命矣。故名之曰有事者也。慧命即元炁之别名。元炁生时，若不收取，岂不散耶？故兴阳禅师云进一步则迷理，退一步则失事，即此也。

或显于小乘而隐于大乘，

小乘之法，乃禅师所施之权法也，曰参禅打坐，曰念佛看经，种诸善根之因果。大乘之法，即祖师受记之密语也，曰慧命寿命，曰漏尽马阴，是超凡入圣之佛果。此以上言道之大概而已。

或有言之易而喻之浅者，当逐节以熟玩，不可冒视也。参悟无疑，再求印证，使徒执其偏见，取宗于妄人之口，何其诬耶！

浅易之言，即性命之真方。未得诀者，难以晓悟。必须前后凑合，究竟层次，再求真师印证，免误此生之空修也。若今之丛林所传所证者，非如来之正法，乃黄绻上所传，某僧某僧之名字，谓之佛法，若认则误也。此乃六祖之后，未得真传者，妄人所捏，争方丈之计耳。哄弄后学，误了多少善信。既非佛法，乃争讼之端也。

余故曰：脱俗离尘觅过知，

古云：欲往山下路，且问去来人。过知者，是得诀之人，或已成，或未下手，然而其诀则一也。

断淫悟道贵真师。

且断淫者，即《楞严经》之首戒，成佛之津梁。苟为释子，袈裟锡杖，不断淫机，谓之修道，岂不取笑儒道之高人乎？外面虽威仪，内里与物无殊，真可耻矣！且断淫一事，若不求真师，将何法断之？凡求师者，先问此法起首，余此俱是旁门也。

任他指说万般法，与我身心难自规。

今之释教，无非看经念佛、参禅打坐、打七问话头而已，余此之外，无所为也。此乃黄叶止小儿之啼，与我身心有何益乎？

格外高谈非至道，

今之学佛者，不得正传，开口便曰某菩萨、某佛祖。自己无能，将此婆婆妈妈等话，哄弄愚人。又曰：某僧死已得道，某和尚死已得大道。若教死已得道，天下死尸尽是得道之汉。殊不知得道者，在生能为无所不有之变化，方为至道矣。

片言暗点是良医。

片言乃老实之话，非文字之长篇，亦非花言巧语。故五祖所谓师师密付本音。暗点者，如五祖三更点与六祖，如世尊在舟点与迦叶。凡得真道者，疑病尽去，藏教之经文，无不通达，故曰良医矣。

得来暂试从头看，一刻工夫果自嘻。

既得真诀，且从下手修起。如果若是真道，淫根一萌，以心凝而宰之，以呼吸而吹之，不要一刻工夫，淫根自缩，意炁自合，心静身爽，果自暗笑矣。

抑闻之《心经》曰：观自在菩萨。

华阳曰：此乃如来天恩，教人起手双修性命正法之切境。奈何凡夫不得真传，便谓以念观念，谓之观自在菩萨，则错谬矣。殊不知此念乃缘习所有，识种所结，非道之本源。故程子所谓正道定理，果是心乎？抑非心乎？此所示人，另悟消息之至矣。夫观与菩萨，乃如来妙喻二物双修之嫡旨。何得一物也？若此念谓之道，则道遥矣。故《圆觉经》云：一切众生，妄认四大为自己身相，六尘缘影为自己心相。又元妙宗一云：灵台智性，这个是生死根本。妄想缘气，只因前尘而有分别。故传法如来曰：空王殿内无踪迹。若认为真实，则菩萨依旧埋藏于地，不得出头，变化成如来之妙相，空费此生一大因缘矣。且此念乃心中之阴气，识神之变化，万劫千生，原是他摄裹菩萨，迷弄往投贪尘爱欲，不得解脱，所以不得证果。转劫迷失，皆因不知菩萨出处，妄认此识之误也。故景岑禅师云：学道之人不识真，只为从前认识神。无始劫来生死本，痴人唤作本来身。又南泉禅师云：心不是佛，智不是道。马祖又云：即心是佛，乃止儿啼也。岂不误哉？且今之学佛者，闻之心不是佛，智不是道，岂不落空亡，茫然无主哉？问曰：何所修炼？答曰：观乃我正念中之灵光耳。未得真传者，谓之本性。且菩萨住居净土，二物所隔八寸四分远，非观莫能相会。即下文所谓和合凝集，决定成就是也。而菩萨即是慧命，实谓之佛性。自离母腹，囫地一声之时，观与菩萨，两自睽隔。且菩萨隐而深密，若不求师亲指，纵有聪慧灵悟，莫能见之，所谓道心惟微。自此而往，昼夜谋务，聪明智慧，无不是识神用事。故祖师云：汝无佛性。所以如来发大慈悲，教大地众生，时时刻刻观照此菩萨。菩萨所得受此灵光之慧力，久则自然如梦觉，融融然似熏蒸，活活然如盆珠，豁然灵惺，放大光明。力足时至，忽然一涌潮上，与我识性合而为一。到此识性死而佛性灵显，灵灵当当，依旧是个主人。光周沙界，六通俱全。任他尘尘垢垢，我独安然一性，圆融太空，所谓一切含灵，俱有佛性。虽然如是，顺去生人生物，逆来成佛成祖，凡圣之变化，总是这个，所谓一物一太极。有此太极，知觉言语；无此太极，眼垂口闭。医谓之真火，实无形无影，而藏之脐后肾前稍下，空悬一穴，古谓之净土、家乡、极乐国、妙有真空。有此真火，蒸熏有形；无此真火，息断形坏。六祖所谓心是地，性是王，王居心地上，王在身心在，王云身心坏。然此心又非肉团之心，乃道心也。故曰道心居于北极而众星拱者，即此矣。天下学佛者，不修此菩萨，而另外别有道可修乎？若有所修，尽属旁门外道而已，即非观自在菩萨之道也。

《宝积经》云：和合凝集，决定成就。

此乃世尊之密语，大藏一教之秘文，即性命双修之法宝，故曰决定成就。奈何此道，自汉明帝至今，并无一人宣讲。独有达摩、寂无二祖师密受，故肉身俱已变化，亲登太空，允证金身。达摩微露，而寂无著诸经典，阐扬此道。奈门人藏闭其书，余今解明备全，愿同志者，概而证之，免堕旁门，得疾病而夭死，早成乎大道矣。夫和者，乃心中之阴炁，去和肾中之阳炁，阴炁得此阳炁，则有安心立命之所，故曰和矣。合者，是肾中之阳炁，承受心中之阴炁。阳炁受此阴炁，则成敛收坚固之体，故曰合矣。《易经》所谓一阴一阳之谓道，偏阴偏阳之谓疾。古往佛祖，必须性命双修，不曾偏枯。且凝者，是凝神之法。集者，是集命之方。命不集聚，不成菩提。即孟子所谓集义而生也。此乃性命并修，养神养炁，简而易成。但人不知双修，故如来曰和合是也。且人自离母腹，神则不能顾其炁，炁不能顾其神。神藏于心，发于二目，而七窍共用，是逐日而上耗，炁藏于肾，发于淫根，夜静而下耗，禀受能有几何哉？耗尽呜呼。若不求师指点凝集，纵修，无非此心中一点阴神耳。殊不知此神乃纯阴，不能独立成乎至道。故世尊教人二六时中行止坐卧，以念收敛微细之神，凝入于命中。命得此神，犹如臣得君主，拱伏自定，不敢私自偏枯外耗。如此用工，再加晓悟后面采收阳生之法，少年不过月期，中年不过三五月，则命窍之中，不觉无中生有，莫知所之。忽然真机发动，其快乐之妙，不可以言语形容。到此，当自保守，速转法轮。故如来还世人一个当头，汝等若依我此和合凝集之法修炼，决定成就矣。

六祖《坛经》曰：有情来下种。

盖情者，乃修慧命下手一著之天机。若无此情，万不能成佛果。譬如农家无种，欲望收成，岂不愚乎？今之禅僧，不得成佛者，实不知此情之过耳。昔日五祖，先世为栽松道人，所求四祖之道，四祖视其形骸老而无情，乃谓曰：汝转一转来。道人果自立亡，转而自投周氏，再得正道。且道人既可立亡，不用父，以自投怀胎，足谓之道矣，而又求个甚么？马祖云：不是物。又六祖曰：淫性即是佛性。其二老泄尽天机矣。故龙牙禅师云：人情浓厚道情微，道用人情世岂知？空有人情无道用，人情能得几多时？且此一情字，自汉明帝到今，注者纷纷。苟不得慧命之法，便谓此情乃世情之情，学两句套语，机锋话头，谓之得道，哄弄愚人，万世之下，明眼人见之，可取笑矣。既然是坏物，焉得五六祖当时习而哄后人乎？盖五六祖乃如来嫡传。慧命之道，闭而不传与无德者，有之。或问曰：此情是个甚么？华阳云：此情乃慧命之化育，即元关顿开之机缄。其慧命虽藏在元关，静则发生，往外附与外形而起，与我心中之意，偶有知觉焉。是以外形兴动，则谓之情也。故闭阳关法，如来曰：不识动静，学道无益矣。又问曰：何谓之下种？答曰：此情乃生人成佛之顺逆，造道之端，非真意不能逆归。凡学佛之士，既晓形动之机，将我静中之真意，凝入于命宫，时来时凝，久则天机发动，不觉命宫产出菩提，故曰下种矣。又问曰：何所修炼？答曰：既知凝法，当知炼法。炼者，火也。火非风不能焰灼，亦不能化物。故世尊云：微风吹动。又云：火化以后，收取舍利。凡学之士，必当使呼吸之风，逆吹命宫之真火，即将所发生往外之慧命，以息摄回本地，凝凝然似炉中之火种，绵绵然如风箱之往来，薰之炼之，使有形化而为无形。知而修炼，不但本宫慧命不外耗，反得此动机，补助我之慧命之不足处。即儒所谓造化生生无穷。久则命基满足，又谓之寿命不死矣。故如来度迦叶，谓不死阿罗汉者是也。

又《摩诃般若波罗密多心经》曰：时。

盖诸经之句法，都有双意数字，独此曰时，岂不怪哉？此乃如来嘱咐后人，惺悟时之至切至切矣。且时者，又非时候之时也，即禅静中萌动之时矣。古德云：若言其时无定时，清风朗月自家知。儒云：月到天心处，风来水面时。诸翁虽然妙喻，发其天机，却总不肯说出是个甚么时来，且教人将何所用乎？余不惜罪过，与诸人通一线，免堕旁门，早证道果，岂不妙哉？夫时者，即吾身中慧命自动时也。古德谓之活子时。其生之机，形如烈火，壮似焰风，非师传授意息，莫能制伏。别名猛虎，专吞人之性命，吸人之骨髓。任他三教英雄豪杰，不得真传者，无不被他所丧矣。古之志士高人，必先伏此猛虎，始得成其道果。然而其发动之形容，薰薰乎如浴之融暖，烈烈乎似火之将炽，一派壮旺强烈之性，薰蒸下行于淫根，威镇独立，周身之精华，无不听令于他，医家谓之外肾兴。成佛作祖之妙诀，即在此下手矣。若得真传，何必又疑惑哉？且时者，释教之秘也。至切矣！

世尊曰：于竭陀龙宫说法。

上文一节言时所用之实处，无不在其中矣。又恐世人落空，故此专言真实之所，使人下手则不落空矣。盖龙宫者，西天梵语之譬喻也。中华名曰丹田，又曰炁穴，医曰精窍。其名亦多，西天又曰净土、曰界地、曰苦海、曰海底、曰极乐国、曰优陀那。其名众多，总是和合真种之处也。所以《天台止观》云梵语优陀那，此土丹田是也。故近代得道者，恐人不悟，又曰炉矣。此乃祖师慈悲示人切近之妙喻，使人知有实所。譬如铁匠欲成锋芒美器，非炉莫能成功，修炼亦复如是。盖炉何也？化形成物之所，其法易明。故《心经解》云：收来放在丹炉内，炼得金乌一样红。光明如来云：炉中火发。又云炉中发火泄天机，不悟西来即是迷是也。

圆通禅师曰：北斗里藏身。

北斗，即上文龙宫是也。藏身，即前文凝集是也。祖师教人，常将我之真念，藏于北斗，则心自空，命自固矣。故傅大士云心空及第归是也。

寂无禅师曰：凝神收入此窍之中，则炁随神往，自然归于此处。

且寂无得如来、达摩之全旨，慧命之嫡传，故能隐显莫测，变化无穷。雍正年间，屡在太邑化阳身数十，家家有个寂无，谈笑饮食，隐则无踪。或与人金银美女，或显虎狞水火，从学之徒，凡心欲念无不消焉。盖凝者，移也。窍者，即丹田也，亦曰炉矣。此表炁之所发，当用功之时也。盖炁之动，附于外形而出，若任其出，将何为道本哉？所以祖师示人，此时速凝神入于丹田，炁得神之翕收，则炁亦归矣。且此炁者，又非呼吸之气，乃先天之炁也。即孟子所谓浩然之炁者矣。此炁自我释教诸得道之宗师，不肯泄漏，尽是譬喻外物，使人自悟。有明白者，然后密付，故曰教外别传。炁之别名，释教曰柱杖，曰锡杖、曰禅那、曰摘芦、曰白雪、曰金莲、曰散果、曰洞水、曰海水、曰明星、曰西江水、曰曹溪水、曰水牯牛、曰海底灯、曰炉中火、曰牟尼珠、曰海底泥牛、曰海底明珠、曰海底开花、曰炉中香烟、曰事、曰物，众名纷纷，不可胜计。究其实事，无非此一炁也。故黄叶禅师参求六祖得道，修炼功圆之时，自叹惜曰：道无非炁也！此一言泄尽天机矣。

又曰：功夫不间断，息息归此，或一月二月，便能自觉窍中融融，暖炁旋动。

息者，呼吸之气也。佛喻之风矣，亦名柱杖，犹如老年傍杖而行。修慧命者，若无此息吹嘘，漏尽不化，舍利不成。故禅师云未到水穷山尽处，且将作伴过时光是也。盖人呼吸之气，原根本在丹田，但人只知出，不知进耳。得真传者，丹田之神，能以接息。故禅师云无孔笛，颠倒两头吹，才得神炁相合，久则自暖，法轮自转。一月二月者，年老年少之分别耳。少年月内，炉中自有效验之机发；年老或数月方有浑合之信至，暖炁才有动机。

净光如来曰：金童一惺弃皇宫，不觉犀牛法海中。欲要觅他归故里，灵山塔下始知踪。

太子即世尊也。世尊思修，有天神变白马，乘太子出皇宫，腾空而至雪山，自金刀落发。先未得真传，以修旁门，所以漏尽无成，形骸尫羸。后得阿私陀，以传慧命之正道，始成佛位。故《法华经》云：仙人授佛妙法，如来因之遂致成佛。又《释家谱》云：私陀见太子形骸尫羸，谓太子曰：可食牛乳，复其本元。太子果食其乳，依然复其三十二相，道果圆满，以求燃灯佛证之。世尊初下工夫，修炼至道，不待以数月期，忽见明星，自叹曰：一切众生皆有佛性，奈何不得斯道之过耳？世尊言佛性即慧命也。牛者，炁也。海者，即丹田也。欲觅此牛，其藏处在法海，他处则无矣。故曰：北斗里藏身。灵山，心也。塔下，即丹田也。如来教人修道，先修塔下，而后有牛来归故里之效验矣。故《藏经》曰：人人有个灵山塔，好向灵山塔下修。知踪也者，丹田之内，忽然无中生有也。不待他论，自意念中，觉知融暖和畅，一派春景，其乐无穷。即马祖所谓达于皮毛，畅于四肢矣。归者，还也。故里者，心田也。始由下，中归上，化识性为佛性，煅习念成正念。识死，性现，朗朗一个主人，故曰归故里者也。

圆通禅师曰：群阴剥尽，一阳复生，欲见天地之心，须识乘阴之法。

群阴剥尽者，在年十一月，在人身为北海。一阳生者，在年为冬至，在人身为阳生。天心即阳生之所，邵子所谓冬至子之半，天心无改移是也。欲见此心，须求炼法，而后有可见之验。见，乃真种所产之法，即世尊见明星之见也。

《楞严经》云：愿立道场，先取雪山大力白牛。可取其粪，以泥其地。

且喻道场者，乃修佛道之起手也。阐牛粪者，即是炼慧命之根本矣。世尊教人修道，先修慧命。若不修慧命之纯阳，起手单修心中阴神，安有不遭《楞严经》阴魔之类乎？如今禅门修性而不修命，往往颠倒，反到得疾病死。虽然口称顿悟十地三乘，往往到头虚老。不知雪山白牛粪之美处，空以磨砖作镜，妄以集雪为粮，误了几多少年。既无立命之基，安有性道可成之理乎？是以戏台上优人自称汉高祖、楚霸王矣。盖雪乃白也。白为西方之正色，是喻人命窍之炁也。故如来教人修西方极乐也，即此矣。而良医又明指之曰：两肾之前，空悬一白圈。先天性命水火，即在其中。无形无相，空空荡荡，慧命即在其中矣。若不速自修炼，焉得久居？奔名利而耗散，逐色欲而丧真。出家之人，念诵枯坐，则离炁耗神，是油干灯灭，不到半百而亡，故曰雪山矣。且命即元炁也。炁之刚而无比，色之白而无瑕，故曰大力白牛矣。炁之隐显，包乎天地，载乎万物，广而无际，细而无核，觅而无影，修而现前，超佛越祖，无不是此炁也。即孟子所谓至大至刚，岂谬言哉？然而炁之变化，年壮而自拱，静极而自生，不知保守，则以耗散，故曰粪矣。耗散朝朝如是，不早筑固，命根能有几何哉？即儒所谓用之则成路，不用则茅塞也。盖粪乃劈魔之至宝，成佛之阶级，不取粪而修，则十炼九空。譬如世人，欲起美屋，非其基地，安能居哉？且古之志人，知此粪之出处，静时而养，动时而取，收摄还我本地，用火薰炼，筑固自己基址，则谓之泥道场矣。但既有场基，又不可少善知识，时时刻刻，将我之真意，坐居其中，一念不起，八风安能摇动？即康节所谓一念不起，鬼神莫知。不由乎我，更由乎谁？独独惺惺，任他千魔百怪，我在这里隐身，安然自在。故曰：和尚坐道场，则不遭魔类矣。即阿难所谓坐于中流水面，跏趺入灭是也。此篇注者如作者同一鼻孔出气者矣。

《楞严经》又曰：必使淫机，身心俱断，断性亦无，于佛菩提，斯可希冀。

且自古得道者，莫不先断淫机，而后能超佛越祖。世之为释子者，身心断淫之说，无不知之矣。独有淫机一字，举世罕知。不但不知修炼之法，而所以然者，身心亦不能实使其不淫也。何以故？且淫机一发，形如烈火，速似焰风，苟不得其法，安有不牵连身心之忧患也？且若无其机，身心安然，无所忧患矣。故世尊知其机之利害，难以自了，是教人以使之。且使之者，非空使也，而必有使之法焉在矣。故蔡禅师云：祖意如空不是空，灵机争夺有为功。且此法至简至易，非夙有善根者，立而难闻。既无所闻，淫机焉有自断者哉？若不迅早虚心求师，任尔千修万炼，难免其患。所以近来丛林多有业障，善知识者，不得其法，多有私下身前身后行淫，故毕书二大人将此等僧，充军问徒，是天谴其罪矣。问：淫机何物也？答云：淫机即是世尊所谓淫根也。根之形容在外，而机在内。不知修炼，焉有不牵连身心乎？即孟子所谓炁亦能动志之说。问曰：有何法制伏？答曰：得诀者，其机之将发，以神主使其机之自息。即孟子所谓志者，帅也。以呼吸摄之，使其炁之自归，即达摩所谓采取也。神即为火，息即为风，机发虽是炁，而内实有漏尽之资。若不在此锻炼，则又牵连身心矣。以丹田为炉，以阖辟为箱，以火而炼，以风而吹，以暖信为效验，以畅快为无事，久久锻炼，则机自死，淫性自断，断性亦无，身心太平。三种淫事无所集有，于佛菩提，何难冀也？此乃万圣千祖不传之秘法，余今尽泄矣。为释之子，不修三种淫事，自谓善知识者，即《楞严经》五十三种之魔矣。又或谓余之错矣，后学者且当本文证之，世尊岂有错乎？

寂无禅师曰：其机既发，凝神入于丹田，当用武火收摄而归，以薰以炼；机之未发，以神照之丹田，当用文火，不离而守，以烹以蒸。似此悟入，才得真种发生。

且机之发者，乃丹田之炁动也。既然凝神，则此机动，受神制伏，自然两不相离，如磁石之吸铁，隔碍潜通，和合为一矣。祖师又恐临时炁之生旺，猛虎难伏，故曰用武火。此真乃泄尽天机，慈悲至已尽矣。万世之下，学佛之士，无不沾恩矣。盖武火者，乃修道之密法，成佛之秘机，佛佛心受，祖祖口传，悟且甚难。故五祖云：师师密附本音。世尊达摩虽有火化、风吹二候之言，而文武之用度，未行竹帛。故世之无双修，而亦不能信。自达摩寂无后，无有形神俱妙之高僧矣。问曰：何谓武火摄归？答曰：武火摄归者，乃呼吸之气，摄真炁归源，而又离不得真意之为主宰矣。故曰：一意驰二炁，鼓舞摄归，总在乎意之能耳。盖炁生，易下流顺出，故以呼吸摄之。若不借呼吸消息之鼓舞，则一神而难摄，炁亦难归。二炁原有兼用，故禅师云：你有个柱杖子，我与你一个柱杖子。即喻此二炁同用之机也。当呼吸之机，我则从阴跻迎归炉，即达摩所谓采取也。或十迎，或数十迎，外形倒则止矣。明此二炁阖辟之消息，则元炁自归炉矣。用二炁之时，炉中之意，不著于呼吸，依于元炁，采取不过借呼吸之机，以为采取之具，即六祖所谓往北接度是也。且元炁既归炉，又当薰炼，以意定而为火，以息嘘而为风，熔灼一时，漏尽之资，则尽化而为炁。放心安容，此乃武火之功也。问曰：文火何也？答云：文火者，不存而守，不息而嘘，时时刻刻不昧，惺惺绵绵不断，息息归炉。即古德云：杖往杖来无间断，舍利成全合本初。切忌昏迷散乱，一念不起，一意不散，犹如炉中火种。如此修炼，何患真种不生，舍利不产，大道不成哉？

《释家谱》世尊曰：对斗明星而悟道。

对，即中华名曰返观是也。斗，即北斗喻丹田是也。明星者，乃丹田之炁发晃是也。正是真种所产之景。所以兴阳禅师云：匝地红轮透，海底亦开花。即此矣。

圆通禅师曰：北斗藏身虽有悟，出尘消息少人知。

北斗藏身者，是藏神在此。而起手若不在此而修，则不能出尘矣。凡出尘者，即转法轮之消息。当转而不转，则种子产而无归，又废前功，即兴阳所谓退一步则失事。故曰：出尘消息少人知。此以上尽是言和合真种之法。

此上数者《慧命经》之妙法，和合真种之天机，具在斯欤！而其风火之功，亦不外是矣。

此总结上文，和合真种风火之法。古圣不肯全露，故人难悟大道，尽入歧路。余浅直解明，以晓同志，庶不误入外道，早成正觉。世之有好佛者，果潜心此经，自修自证，以成大道，岂不乐哉！

予故曰：自始凝神返照龙宫，浑然而定静，以双忘而待动，以意炁而同用，以神火而化，以息风而吹，以武而炼，以文而守，久久薰蒸，刻刻无间，意炁两不相离，则和合凝集之法得矣。

此总序和合所生真种之法。盖龙宫者，遵如来之梵音，此土名曰丹田。丹田之内有水，故曰龙宫。水性沉重，朝朝下流。神即是火，火性轻浮，刻刻上焰。世人沉下浮上，两离分散，放不能成其道。佛祖以火凝在水中，则心自空，火不焰上，水得火煎，水不下流，化而为炁，炁则自然上升。当凝神之时，内念不出，外念不入，空空荡荡，不著不滞，回光返照，既照则忘形忘意。但用意即是不忘，但忘即不能以意照之。心无不存之谓忘，欲无不泯之谓照。忘与照一而二，二而一。当忘之时，其心湛然，未尝不照；当照之时，纤毫不立，未尝不忘。忘照纯一，浑然定静，天地人我，莫知所之。且待而候动，不觉融融和和，外形勃起，以意迎炁而归，既归本地，以神注定其中，当以呼吸吹嘘，久则文火，勿忘勿助，行住坐卧不离这里，何患真种不产哉？

不闻得道古儒之言乎：恍惚阴阳初变化，氤氲天地乍回旋。

此以下言真种所产之时。古儒，即邵康节是也。予之释教，竟有无知无识者，谓儒不知大道。自打七参禅，口头三昧，谓之得道，诚可笑矣！不但儒闻而不视，高僧亦自夹鼻恐臭矣。盖恍惚者，静定之中浑然一团，外不见其身，内不见其心，恍恍惚惚。初变化者，即此恍惚之间，忽然不觉融融和和，如沐如浴。故寂无禅师云六合同春乍者，即兴阳禅师云匝地红轮透。回旋者，真炁旋动，正是元关透露，而真种产矣，有无穷之妙乐也。

六祖《坛经》曰：因地果还生。

地者，名净土，又名苦海，又名优陀那，巧喻异名，无非果生之处也。盖果还生者，因以前能明，有情来下种，和合之机，到此方有果也。果，即菩提子也，又曰舍利子。

无量光明如来曰：分明动静应无相，不觉龙宫吼一声。

无相者，释曰威音，儒曰无极。盖此物本来无相，因静定而生。龙官者，即上文因地是也。吼一声者，即上文果生也。儒曰杜宇一声春晓，乃阳炁之所生也。能知此一声之机，则涧水可流，西江可吸，海水可灌顶也。古德云：地雷震动巽门开。又云：雷从地响矣。

紫摩金光如来曰：海底泥牛露半形。

海底，即我之丹田北海也，世尊名之曰龙宫，又曰恒河，兴阳禅师亦曰海底，是藏慧命之源窟，故曰海也。泥牛者，即慧命也。世尊名之曰牟尼，即我身中神炁和合所炼成之真种也。露半形者，乃真种将产之法象也。此时必须以静而待之，不可急于收取，任牛之自露全形者，方可兴功。不然念动牛惊，依然隐而无踪。圆通禅师谓：太早生。故寂无禅师云：必须元窍生物，斯可阳炉发火。固莫为之先，亦莫为之后。若夫机未至，而先助长，则外火虽行，内符未应，适自取焚躯之凶矣。奚可哉？

圆通禅师曰：梅花未发太早生，梅花已发太迟生。

梅花者，乃阳之首，而为报春之信也，即喻我身中阳炁所发之景矣。未发者，是喻阳炁将动未动也。此时如或妄采，而炁嫩则不升，故曰太早生矣。已发者，是喻阳炁已动也，此时即当取收归源，若不归源，炁则散而无依，故曰太迟生。圆悟禅师云：进一步则迷理，退一步则失事。诚所谓也！

又曰：恁么则风霜都吃尽，独占普天春。

恁么者，即喻时当令也。风霜吃尽者，是喻无阴炁之谓也。春者，阳也，是喻丹田一派纯阳之炁，其中景象如沐如浴，周身融和畅快，不可胜比。内外尽是阳春，乃真种所产生之真景也。

又曰：切须盗著。

此乃祖师嘱咐后人，如或见此景至，即当兴功收取。如或不收，则是当面错过，此物又行熟路。故兴阳云：退后则失事。诚有言也！岂不悟哉？故曰盗著。盗者，强夺也。当此之时切须勇猛，以我之意宰之，用我之息摄之，将此真种归于丹炉，而后再用法轮之功。

寂无禅师云：至于六合同春，物物得所。

且六合者，周身也。春者，喻周身之暖信也。物者，乃释教之别名，即儒所谓元炁也。功到时至，此物当产之时，不知不觉，忽然丹田融融洽洽，周身苏绵快乐，痒生毫窍，身心无主，丹田暖融渐渐而开，阳物勃然而举。忽然一吼，呼吸顿断，心物如磁石之相翕，意息如蛰虫之相含，不觉入于恍惚，天地人我，莫知所之。浑浑沦沦，又非今之禅家，枯寂无为。恍惚之中，心自不肯舍其物，物自不肯离其心，相亲相恋，纽结一团。其中景象，似施似翕，而实未见其施翕，似泄似漏，而实未至于泄漏，其妙不可以言语形容。故《心经解》云：一阳初动，有无穷之消息。少焉，恍恍惚惚，心以复灵，呼吸复起，丹田之炁，自下往后而行。肾管之根，毛际之间，痒生快乐，实不能禁止。所谓炁满任督自开，此之谓也。迅时速采归源，转大法轮。不然，此物满而又溢，则前功废却矣。盖此篇全泄天机，余三十余年方得妙道。后之修士，行工到此，切记！切记！毋忽却其中景象，但得二三，即是真种所产矣。固不必规规如此，而又在禀受形体有同异之别也。

达摩祖师曰：二候采牟尼。

此言采物归炉之候也。盖二候者，前活阳生时，谓之一候，累积阳满真种产时，又谓之一候，故曰二候矣。采者，此物产时仍行熟路，顺下而漏，故用呼吸采之以归炉。牟尼者，物之别名，儒谓之元炁也。

又曰：二候采牟尼，四候有妙用，六候别神功。

前所谓二候者，是生与产之二候也。此所谓二候者，兼于采封之二候也。学佛之士，须当著眼，不可一概而论之。观其法轮六候图，则明白矣。盖此二候者，真种产时，以採归炉谓之一候，而炉中封固又谓之一候，故曰二候矣。既归炉矣，即当速升降牟尼，以转法轮，成其舍利。升为一候，降为一候，沐浴为二候，共之四候，故曰四候有妙用。采封、升降、沐浴，总共之六候。归根温养舍利，无所事也，故曰六候别神功也。

六祖曰：往北接度。

往者，以心去也。北者，丹田也。接者，以心接物也。度者，即升降往来也。

寂无禅师曰：采取以升降，从督脉上升泥丸，从任脉降下丹田。

任督二脉者，即法轮往来之道路也。任脉者，起于丹田前弦，循环腹里，穿二喉之中，上顶也。督脉者，起于丹田后弦，并绕脊里上风府，入脑顶，与任脉会合。二脉通时，则百脉俱通矣。采取由此而行，法轮由此而转。能识此道路者，则舍利子亦由此而成矣。

《易经》曰：阖户谓之坤，辟户谓之乾。一阖一辟，谓之变；往来不穷，谓之通。

此用二炁，转法轮之消息也。且释藏修道之经文，前辈所称者，《楞严》、《华严》谓之首也。儒所修道之经文，莫不以《易》谓之首也。太邑海会寺方丈龙江问曰：西方梵语，未见有《易》之说，今载此，不合释教之道也。答曰：苟执其一，不明其二。尔所修者，旁门而已，老昙之道。未曾望见，千百世以上，千百世以下，此人此心，三教岂有二道者哉？殊不知《易》之源头，乃道之祖也。问曰：既为道书，今时儒士，以《易》为时文卜筮之书，未闻其修道，何也？答曰：时文卜筮，乃在尘之儒耳，非出尘之儒也。且古之至儒，究先天之理，参阖辟之机，格物穷源，性命在我，不由乎造物，浑然天理，出乎众外，故曰儒矣。问曰：修道何也？答曰：道用先天，借后天之爪板，转法轮也。阖户即是吸机，吸机者往下也，故曰坤矣；辟户即是呼机，呼机者往上也，故曰乾矣。此乃后天一边之理也。变者，乾坤两卦之消息也。犹如御车然，乾坤为毂，变为轴，车本不能自运，惟赖两头之轴。两头之轴，又赖两头之毂。两头之毂，又赖阖辟之吹嘘。车待轴而转动，轴又待毂而运旋，毂又待阖辟之催逼，其用方全。如或不透，再参《六候图》中，无不尽其妙也。往来不穷者，即先天后天二炁转运之消息也。通者，通达元关乾坤共运之机也。若以口鼻一呼一吸，谓之往来不穷者，则去先天大道远矣。问曰：若何为哉？答曰：以后天之息，用先天之息也。呼机为辟，为乾；吸机为阖，为坤。乾坤者，天地之定位，在人首即为乾，腹即为坤。变乃乾坤中之主宰，即我之真意，使二炁转运机耳，犹如南北斗星焉。往来不穷者，即二炁之转运，尔来我往，犹如乡人织布之梭也。尔上我下，我上尔下，故曰往来不穷。虽然如是，而先后又不可并主重用，升降之际，意虽主斗杓，其神重在先天同行，不过借后天阖辟之机，以运先天耳。又问曰：弟子愚蒙，恳求至理，方敢自用，但只是泄漏有过于言者？答曰：世尊云度尽众生方自度，焉得有过乎？况且释教，今时又无此双修。答曰：此乃转法轮之秘机也。千圣不肯明言，万祖不肯指破。妙中更妙，微中又微。非凡夫俗子可闻，非夙有善根者不能见之。又曰：弟子恳求和尚垂恩。答曰：阖吸虽是下坤，而坤腹之元炁过我升之，升之者，升于乾。辟呼虽是上乾，而乾首之元炁过我降之，降之者，降于坤。总是先后二个升降。

面背中三条道路，共乾坤之毂轴，通元关之消息，而主宰在乎意，运行总在乎神。一吸一升，一呼一降，不可差之毫发。循规行途，数之限步，不可不及而太过。乾九坤六四揲成章，合乎造化，同乎轮转，不偏不倚，正正相当。任尔三教，是是非非，成乎其道者，不离此方。

又曰：乾爻用九，坤爻用六。

此言转法轮爪之规则限数也。乾用九者，四九三十六，一二三规次皆用四揲之。坤用六者，四六二十四，一二三规次皆用四揲之。且古以后一规至六规为升，升合乾，故用乾爻、乾策。乾爻用九而四揲之为三十六，故法轮升亦用九同于四揲；乾策总六爻之四揲二百一十有六，故升总六规亦二百一十有六，称为升也。以前一规至六规为降，降合坤，故用坤爻、坤策。坤爻用六而四揲之为二十四，故法轮降亦用六同于四揲；坤策总六爻之四揲一百四十有四，故降总六规亦一百四十有四，称为降也。合之得三百六十，而完一转法轮度数之义。但其中犹有沐浴二规，不用九六四揲，则不满三百六十之义，只有三百。前言三百六十者，而沐浴不行阖辟，无数六十在其中矣。

《华严经》曰：诸佛定能应时，转妙法轮。

此乃沐浴二规之法喻也。定能应时者，即沐浴二界地也。儒谓之卯酉二时，释亦谓之时也。若不曰时，因何有应时也？定者，谓此二时不行呼吸，神炁相抱相守，定而再转。儒谓此二时，乃生杀之方，刑德相反，不宜有事，定守无所事也。且行法轮之时，而规规有沐浴法。问曰：只闻东西为沐浴，未闻规规有沐浴。请开示。华阳云：转法轮时，呼吸之气，如车水板一般，一板一板而运上，一板一板而退下。既有规则，焉得一息而运至于天耶？纵运亦不合法轮之辐爪，不成规则之步位。若此混运则道不成矣。问曰：弟子愚蒙，难以悟入，再求开示。答曰：行法轮之时，呼吸之气，有回转之机，就在此回转处而有沐浴也。问曰：何为沐浴？答曰：呼吸退为沐浴，呼吸进亦为沐浴，在前后之分耳。此古不泄之机。

《释家谱》世尊曰：入池沐浴。

池者，乃东西地也。世尊昔见明星之后，入此二池而沐浴，此时薰蒸乐者，即喻此二方也。此法自汉至今，得者藏秘，惟有寂无始露其法也。

《华严经》曰：为践如来所行之道，不迟不速，察谛经行。

道者，路也，即任督二脉也。不迟不速者，以呼吸定其法则。察谛经行者，凡行法轮，神炁必须同行同住。若泛然于道外而行，渺渺茫茫。不由道而循行，此不得成舍利。

如来曰：不得勤，不得怠。

凡行法轮合乎自然，同乎大道。若勤则太过而风大，法轮不能转运，而焰无所制；若怠则不及而风小，不能成长旺之功而变化也。

燃灯佛曰：常转法轮。

法轮者，西方之梵语，此土曰升降、曰进退，即真种运归源也。常者，凡真种产之时，必当运行一转，如若不运，则漏尽不能止，而舍利亦不成。又不可一转而不歇，虽无大害，亦迟其产机矣。

世尊曰：当转如是妙法轮。

且妙者，不可以言语形容，故曰妙矣。若夫无言，后学又从何所悟入？此两者在得师与不得师耳。大道最秘，谁敢全泄？余见世无双修之客，特指其是以示之，使学者尽其精微。夫妙者，消息也。知之者，最简最易；不晓者，实艰实难。譬喻自鸣钟，即法轮也。天地之造化，尽归于此。乡人不得见钟，但看水碓水磨，其理一也。问曰：钟与碓磨，何比道也？答曰：钟之锤即喻呼吸，钟内轮子即元炁。水冲者，喻呼吸也；转之者，喻元炁也。但碓磨消息似同，其法又未甚全，而自鸣钟以全大道之功。何谓也？碓磨只见其进，不见其退。钟内轮子，顺转则为进，顺极则逆，而逆转者，则为退也。

六祖曰：吾有一物，上柱天，下柱地。

物者，儒曰元炁也。柱天者，即上升于顶也。下柱地，即下降于腹也。

《释家谱》曰：海水灌太子顶。

海者，丹田也。水者，元炁也。释教喻名曰曹溪水，曰洞水逆流，曰一口吸尽西江水。灌顶者，即上升也。太子，即如来也。

世尊曰：火化以后，收取舍利。

此言舍利将成之时也。火即神也。舍利全得火以成功，然而成者，必有所成之效验，非空虚而无知也。其舍利成之时，虚室生白，而丹田如汤煎，龟缩不举。即用收取之法，运过脊后三关，还之中宫，以养道胎，故曰收取也。

《华严经》曰：具丈夫形，成就如来，马阴藏相。

马阴藏者，龟如线焉，缩而不举，方为舍利有成。如或微动，不可认成，必须法轮炼之。若不锻炼，则炁嫩而力微，难以冲关。须待有冲关景，而后可移。既然有景，法轮当止。若再妄行，舍利已成而被火逼漏，依然是个凡夫。或老者病者，外肾不举，认为舍利有成，则误也。乃无漏尽之资，必加功修，有所举动，而后有可望矣。

世尊曰：能不死阿罗汉。

不死者，言其寿长也。如果外肾不举，舍利成就，故此不死。如佛弟子迦叶，住世七百年，后遇世尊传过关之法而成一祖。如宝掌和尚，住世一千七百十二年，后遇达摩，传过关之法而后超脱。此是得舍利，未明道胎，故住于世矣。

此以上皆言转法轮成舍利之功，而慧命之道尽在斯欤！

此总结上文成舍利之法。

予曰：成舍利之道，功法甚多，曰真神、曰真炁、曰真意、曰呼吸、曰主宰、曰运行，难以备记。凡临机转法轮之际，一意驭二炁，而运行之法，又在乎神之协真炁而同途，不可起于他见。于十二规，全仗呼吸催运，以息数定其法则，自采以至于归根，不可须臾离也。离则断而不续，不成舍利矣。

且成舍利之道，功法虽多，乃至简至易之法。初行似难，熟则容易。譬如乡人织布，临机之时，手足头目，上下左右，照顾接送。初学其法最难，然而熟者，临机之时，不知不觉，手足头目，上下左右，照顾接送，亦不知从何而主持，乃自然而然之消息。若有所执，则不能成乎物矣，而大道亦然。凡转法轮之际，意主丹田而为轮心，神运炁而为轮爪，呼吸催逼而为轮毂，亦出乎自然而然之消息。有何难哉？不起于他见者，转法轮之际，外除耳目，内绝思虑，一点真神，领炁循环。稍有他念，炁则散于别络，空转无益。且数者，每步四揲，升为阳，阳为乾，乾用九，四九三十六，乾策总六爻之四揲，二百一十有六。降为阴，阴为坤，坤用六，四六二十四，坤策总六爻之四揲，一百四十有四。合成三百六十数，成其法轮一转之途步，限度不差丝毫之规，则妙矣哉！至矣哉！是道也，苟不用此，万无所成。此法自汉至今，秘而不泄，佛佛密受，祖祖口传。余备全而泄尽，愿有志者，早成大道。夫三百六十数者，实非三百六十数，乃譬喻耳。且轮之爪二十四根，而以前后转一回，即成四十八，谓之一回法轮，而轮之外幡盘，即成三百六十数，实无差也，故曰三百六十数矣。

不闻世尊与迦叶之言乎？曰：正法眼藏。

此乃采舍利秘法天机，故曰正法矣。眼者，神之所栖。眼之所至，神亦至焉。

又与阿难曰：若不知心目所在，则不能得降伏尘劳。

此乃《楞严》之妙旨，取舍利之密机。若不以心目取之，舍利不能出炉。故上文所谓正法眼藏。能采之者，实有异焉。至于三五日间，丹田渐次温暖，团成牟尼，形如火珠，效验渐次而至，妙境不可胜比矣。盖采之时，专视不可须臾离也。离则火冷炁散，不成牟尼，故曰七日思惟。岂可轻易哉！夫若不用此法，而用别法，舍利万无所得，无非长生而已。

《法华经》曰：我今为汝保任此事，终不虚也。汝当勤心精进，行此三昧于七日中，思惟如是事。

事者，释教别名，即儒所谓真炁也。炁得以前风火之法，炼成舍利，故曰不虚也。又须昼夜无歇，念兹在兹，故曰：勤心精进。万虑尽空，一点灵光，专眸舍利，效曰：思惟如是事。七日者，乃采舍利之总诀，即儒所谓七日复见天地之心。又云：七日一阳来复。而物之采，或五日而得，或六日而得，岂有定哉？

世尊曰：六种震动。

此言舍利所产之景也。六种者，即身中六处也，非世界六处矣。眼有金光，耳有风声，鼻有气搐，脑后有鹫鸣，身有踊动，丹田有火珠驰，是为六种动矣。

又曰：眉间常放白毫光。

此乃舍利已成之时，常于暗室之中，或见白光，一二四五，俱无所得，不多不少之间，采而即得矣。佛道妙用是其时也。且舍利将出炉，自丹田至目，一路皆虚白晃耀，如月华之明。若未明前之功法，外肾不缩，如马阴藏之形，或有光者，乃属想妄而生，非舍利之光也。

世尊曰：芦芽穿膝。

芦芽者，过关之巧喻，即丹田所炼成之炁，名曰舍利，或名菩提，或名明珠，其名甚多，无非此炁也。穿者，穿过后三关也。若用意穿，属于导引旁门，而不用意，失于相随之机，此两俱不能过。不引不失之间，内有天机，必待师传，谁敢妄泄？此乃千佛万祖至秘至要之诀，自当恳切求师，而后有所望焉。

达摩祖师曰：折芦渡江。

此亦过关之妙喻。奈何凡僧未得真传，便谓祖师折芦渡江，以至熊耳山下。岂不谬乎？海不能渡，焉能渡江乎？然祖师生于南天竺国，得法欲东游。是国王以巨舟，实以重宝与之渡海。凡三周寒暑，至广州登岸。先结梁，不契。后结魏，了其大事。盖折者，采也。芦者，舍利也。渡者，运行也。江者，即通行之道路也。

世尊曰：一箭射透九重铁鼓。

箭者，真炁也。射者，神炁同行之法也。九重者，人身脊骨有三关，尾闾、夹脊、玉枕，三关左中右皆有窍，故曰九重。当过关之妙法，必由中窍而运行，若驰别路不能得道矣。

又曰：禅悦为食。

且禅悦者，快乐之境也。食者，食舍利之妙喻，非饮食也。即真炁从上顶入喉，还于中宫，故曰食也。且当未食之先，有蹊路之危险，须当防虑。舍利漏泄是以下喉窍实，蹊路鼻窍虚，实而不行，虚则泄矣。若不求师亲指，所成舍利，无得通挟鼻牵牛之法，妄驰虚窍，费尽千辛万苦才得舍利成就，以此尽废，岂不痛哉！

又曰：法喜充满。

法喜者，即真炁也。真炁既归中宫，渐渐不食，故曰充满。其间有三月不食，有四月不食。定力专者，得断食速。定力散者，得断食迟。且断者，非勉强也，炁满神定，自然而然不食矣。

世尊《本行经》曰：若至恒河水南岸，安稳住定如须弥。

水者，乃梵音之巧喻，是所炼成之舍利也。南岸者，即中宫也。舍利既归中宫，神炁犹如磁石吸铁，两不相离，一得永得，无所妄驰，安稳自在，即儒所谓允执厥中。而识性渐渐消磨，真性渐渐灵觉，妄念无，正念自存，即《华严经》所谓晏坐静室，恒作是念者是也。

《楞严经》曰：行与佛同，受佛炁分。如中阴身，自求父母。阴信冥通，入如来种，名生贵住。

且行者，非行路也，亦非行事也，乃修道胎内功之行矣。舍利既归中宫，而神受此佛炁制伏不驰。神得炁定，炁得神住，相亲相恋，熔化合而为一。所谓行与佛同，受佛炁分。性即属阴，所谓阴身。佛炁即为父，呼吸即为母。到此节，又不可枯寂无为。佛炁有生活之理，呼吸有资养之机，必当以性求二炁之培补。佛炁生时，使而归源，助我胎之圆满，呼吸绵绵，使而朝此，助我胎之化育，所谓自求父母。又不可执其一而迷其二。到此，太空有一炁自明堂而来，归于中宫，我则鼓动阖辟，使入周身，逐其周身阴炁，变成纯阳之体。三百六十骨节，八万四千毛窍，无不通达，所谓阴信冥通。凡躯自忘，道胎以存，一派天真佛体，所谓如来种。虽居道胎，无形无象，定慧圆明，所谓生贵住矣。

世尊曰：于欲色天二界中间化七宝坊，如三千大千世界，说甚深佛法，令法久住。

欲色者，乃西方之梵语，中华名曰下中二丹田也。放《止观》云：西梵优陀那，此土曰丹田。化者，神之妙用。养道胎之法，虽在中田，必兼下田，合化成一虚境。若神之执住中田，则道胎有所滞碍，而非七宝坊矣。三千，即上中下三田也。俗僧谓过去一千，现在一千，未来一千，名之曰三千，岂不谬乎？盖炼舍利时，住于下田用功，谓之一千说法矣。然必由上中二田之循环。养道胎时，住于中田，有十月之功，故曰令法久住，亦谓之一千说法矣。然必由上下二田之路过，而后出定之时，住于上田，亦谓之一千说法矣。故曰三千也。

《华严经》曰：以定伏心，究竟无余者。

且定者，非兀坐枯禅，顽空强制而能定也，是有自然之定静。夫舍利归于中宫，识死性活，法喜禅悦，真安妙乐，无内无外，浑然一团。禅定，非凡僧之可比。朗朗兮，性如秋月；融融兮，命似醉薰。心目内观舍利，薰蒸其骨肉如沐浴，而心性似太空。了达无为兮，安寂六根；静照八识兮，空其五蕴。虽有循环之机，而真性安然无余矣。

世尊曰：如理而来，如理而去。

上文谓得舍利之证验，此明初入道胎之修法。且来去者，即喻呼吸之气也。示人修道胎时，必依于息，而后能离尘离境，至于寂灭。故曰：如理而来，如理而去。所以禅师云：未到水穷山尽处，且将作伴过时光。盖为人自离母腹，呼吸之气及元炁皆发散于外，日用长行，丹田本无了胎中之息。因得神凝炁住，炼成舍利，归复于此。又必以呼吸气，亦归于此。元炁为结胎之本，呼吸为养胎之源，又当知以心主宰而定息。息未定时，以心调之。息不调则不定，不能证道。初入胎时，调息之法，岂可少哉？如理而来，如理而去，即调息之义也。所以傅大士云六年雪岭为何因，志定调和气与神。一百刻中都一息，方知大道显三乘是也。

如来曰：有余涅槃。

有者，有息也。凡初入道胎之时，心依于息，息随于心，不急不缓，听其自然，又不可随其荒荡泛滥无知。真息在内，本有息之胎，而若空空无息。非果无息，而实有也。故《金刚经解》云：不知谁解强安排，捏聚依然又放开。莫谓如来成断灭，一声还续一声来。即此心息相依之义也。

《梵网戒经》曰：如如一谛而行，于无生空。一切佛贤圣，皆同无生空。

如如一谛而行者，即先天炁及后天之气相兼相连，氤氲滋补胎源之机，不急不缓，如如而行也。若今之打七参禅谓谛行，不亦谬乎？故《华严经》云：如来大仙道，微妙难可知。当其氤氲之时，神炁浑合，如沐似醉，骨肉融和。欲色二界中间，不执不滞，空空洞洞，故曰无生空也。

世尊曰之空不空如来藏。

上文谓无生空，又恐人堕断见矣。故此曰：空不空。所以空而不空，正是寂而常照也。不空者，又恐人堕常见矣，不空而若空，正是照而常寂也。

燃灯佛曰：生灭灭已。

生灭灭已者，胎中之息，未甚至于静定，而屈伸之理尚有，故曰生灭。必守致于无，无其屈伸之迹，故曰灭已。只知有神，不知其有胎中之炁，谓之万法归一矣。了心之法，必依于胎而住，所谓归于法者，归此也。若无道胎舍利真元之炁，强住心谓之灭已而证道者，则妄也。

《金刚经》曰：菩萨但应如所教住。

且菩萨修佛，心必须应如所教住，而后证佛。故经云：菩萨欲要修佛，应当如佛所垂教而住。教者，即道胎也。且欲得道胎之住定满足，先住其心。住心之要，又必依真息三昧而住定，则不堕于六尘而逐迷惑。如是正定而成正觉也。即《华严经》所谓初禅念住，二禅息住者是也。

《楞严经》曰：既游道胎，亲奉觉胤。

此言神入乎其炁，炁包乎其神，昏昏默默，浑浑沦沦，如母胎一般之景象，故曰道胎。又曰：父母未生前。自造自化，具大总持，故曰亲奉觉胤者矣。

《金刚经》曰：菩萨于法，应无所住，行于布施。

前文谓了心，必先依于胎息而住也。心既住已，不可贪着于息。若念念不舍，住于有息，则息又缚心，同于六根之缚心，是为不了之心。故此曰：于法应无所住，行于布施。法即息也，心既住已，当以施舍其息。古德云过河须用筏，到岸不须舟是也。

《华严经》曰：安住寂静，诸禅定智，入不死道。

安住寂静诸禅定者，鼻无出气，两手六脉俱住，浑然大定，绝无生灭，即《华严经》所谓三禅脉住。诸根既住，则常乐我静。智者，禅定中之真觉也。安住寂静禅定，成正等正觉，真入不死之道，如来实自取证者矣。

世尊曰：无余涅槃。

无余者，无出入之息也。涅槃者，非死之谓，涅槃是禅定三昧之乐也。六根灭尽，诸缘无住，一性圆融，慧光朗彻法界，是无余涅槃之妙境矣。即如来所谓分明不受燃灯记，自有灵光耀古今者是也。

《华严经》曰：恒以净念，住无上觉。

净念者，不住尘妄，亦不住于法缚，乃不生不灭，禅定中之正念也，即《华严经》所谓四禅灭尽定是也。无上觉者，佛道圆满之正觉，慧光朗彻，无昼无夜，得大自在，俱足六通，实谓之无上觉也。且念住之时，则慧自发明。切须慧而不可用。若不守定，贪其胜心，用则着于魔境，被识神所害，废损前功矣。

燃灯佛曰：寂灭为乐。

寂灭者，非死亡之谓也，乃胎圆性彻之实证矣。故《楞严经》曰：觉道圆满，佛性景象。寂寂兮慧智朗彻，耀耀兮定觉无为。心无虚妄，性无生灭。即六祖所谓禅心无想，禅性无生。六脉全无，鼻息灭尽。故曰寂灭。道胎佛性，融融然如杲日，故曰为乐。又曰：真空无为。且到此时节，雪花飘空，出定景到，移念于须弥外。未到大定，无出定之景到，妄出则入魔道，有景到而不出，谓之守尸鬼，亦无神通之智慧，又是一愚夫耳。故弥勒佛云饶君八万劫，终是落空亡者是也。

予故曰：舍利过关之妙法，以静而照，以柔而用。蹊路险危，防上下之驰散。待动而引，柔护而行。以文火而薰，以二炁而养，以寂照而并修，以双忘而定静，则道胎之法得矣。

此重复明得舍利养道胎之法也。且静照者，即取舍利之正功。不静则不生发，不照则不出炉。取舍利静照之法，岂可少哉？故世尊曰：心目所在。蹊路者，阳关、大便处、鼻窍，即漏尽之所也。必先以法器制之，保护危险之患。此之三窍，若无真师授受，必在此妄驰失丧矣。非引而通，动而并行，全赖念头护持，故曰善护宝珠。当此之时，如过小桥，故曰：待动而引，柔护而行。胎因舍利之炁有，若非呼吸之化育，焉有出定之佛子？如昔在母胎时，得二炁而成形，又假呼吸化育。母呼一呼，则胎亦呼一呼；母吸一吸，则胎亦吸一吸，而道胎亦然矣。初结道胎之时，假呼吸之火薰养。及至五六月，二炁渐微。而至八九月间，二炁全定，只知有神，不知有炁。当空之时，而顽然乎空者，则堕于断见。故空而又若不空，此正是寂而常照也。当不空之时，而只知乎不空者，此堕于常见矣。故不空而又若空，此正是照而常寂也。一到大定，浑然合一，则出定之景至矣。此以上之真诀，千古不肯明言，颠倒比喻，使人难悟。余凑合逐节，以成全旨，真乃万世学佛之舟梯矣。

不闻《华严经》五十卷之言乎：世尊从白毫相中，放大光明，名如来出现。

此以下言出定之景也。上文只言养胎，而出定之时又未显然。如来恐后世不知此理，舍大慈悲，故曰从白毫光出。万世之下，方知有此为凭据矣。盖出定天机，非俗僧可得也。自汉至今，能几人知哉？此乃如来当时自所取证出定之验矣。出之时，或放白光，或放金光，本性有所见，即当求师，用收光之法。如若不收，其光则驰散矣。有形不能化至无形，性虽妙而形不妙，是未得世尊、达摩、寂无之全法。学者当急寻师，不然错过其机，再无有也。

寂无禅师曰：胎圆节至雪花飞，念动飘空上顶机。莫谓如来枯寂道，法身出寂又归依。

此乃出定之时，当出而不出，则滞于法身，为定之所缚，不能神通千百亿化身。胎圆节至者，道胎圆之极也。见雪花离凡体，而念动向太空，不知此机，是未得师也。如今之丛林枯坐摄心为道，自高自大，哄弄檀越后学，自误而又误人。不知如来白光、祖师雪花，空自为僧，赖佛藏身，食檀越之信资，忘父母之大恩。为男子身，顶天立地，不悟此道，岂不愧哉！且法身出定，离凡躯时，即速依然归于泥丸，养纯一七再出。初出之时，或见佛祖、菩萨、美异之景，切不可认他，此乃魔之变化。若认即著于魔，为魔所诱，迷失自躯无归宿矣。即此归寂，佛果未圆，难自立脚，岂不生于后世？必须修持九地，至于十地，更加持上至十一地等觉，以超出无色界上者也。盖初出之时，离身三五尺，慎勿惊恐，一切莫认。直等一金光如车轮大，以念入于光中，收摄性中，是为化形之妙本也。

《楞严经》曰：形成出胎，亲为佛子。

十月道胎，得二炁滋养，胎圆性定，谓之成形。出定智慧广大，无所不见，无所不知，出有入无，聚则成形，散则无踪，光周法界，神鬼侍护。故曰称为佛子矣。

《法华经》曰：世尊放白毫相光，照见东方万八千世界，靡不周遍。下至阿鼻地狱，上至阿迦尼吒天，南西北方皆如是，照见周遍。

且法身出定，久则无所不见，犹如掌心。阿迦尼吒天者，色界天顶之名，即色究竟天是也。道胎十月得定，功行已至此天，故出定所以至此天也。四方上下无所不见，非要见也，乃自然而然耳。

大觉金仙如来曰：从肉髻中，涌百宝光。光中涌出，千叶宝莲。有化如来，坐宝花中。

此即《楞严》示人朝暮念诵之文也，而凡僧不知其所由来，空此念诵矣。盖金仙者，即《华严经》世尊之所自称也。或名大仙，或名七仙，或名众仙，岂有定哉？了然问曰：佛教今时之僧，谓仙为小道，如来又何自名此四仙也？答曰：佛原无彼此之分，所分之者，乃凡僧耳。如来自曰四仙者，正是使天下修道者，不执门户，以总归于世尊慧命之道也。又问曰：《楞严经》谓十种仙报尽还坠，何也？答曰：十种仙还坠者，而起手修之时，原非慧命之道，乃旁门小法耳。所以成者，亦小果耳，故有所坠也。若得慧命起手，则不名十种仙，而名金仙矣。且金为西方，实即炁也。炁属阳，神属阴，阴得此阳，故成阳神。阳神者，众人有所见也，亦得取物。阴神者，众人无所见也，无能取物矣。

世尊曰：初成正觉，乃入龙宫入定七日。观菩萨树王，入定七日，至二七三七，于乳汁林，入定七七四十九日不食。

初出定时，养至一七再出，又至二七再出，至三七再出，至七七一出。乳汁者，西方之梵语也，此土谓之乳养。譬喻儿出母胎，虽具人形，不能远行言语，全得母恩朝夕乳养，而后自行言语，智通广大，而佛子出定之后亦然。朝夕之乳养，在泥垣。到此不饮不食，养培智广变化，一而化二，二而化三，化化无穷。故曰千百亿化身也。或问曰：《五灯会元》谓入定为外道，今此所言入定，岂不是外道么？答云：《会元》言入定为外道者，是言未得慧命舍利之道，空此摄心入定，乃阴神之活计耳，非阳灵也，故曰外道。此世尊言入定者，是得慧命成舍利之道胎，出胎后入定也。《会元》不分其法，则混此一言，迷误后人。况且六祖慧命之道，实秘而未传，所传者无非孤性而已。故不知世尊七七四十九日一定之道也。苟不明世尊慧命道胎，谓入定为外道，焉得世尊当初修外道乎？后世又敢称为至尊也？世尊又曰：八万劫中一定，岂又是外道乎？此文七七四十九日不食，乃世尊自所取证也。苟三日不食则呜呼，何足为道哉？学佛之士，速早求师指点慧命、舍利、道胎，而后有所望焉。不然十炼九空，甘自枯死，纵妙无非识性孤魂而已。

世尊曰：护念法令久住。

此即言归于泥丸，乳养之功也。上文言乳汁，即护念之法矣。久住者，真念当定住于泥丸，故曰大定者矣。

《华严经》曰：虽证寂灭勤修习，能超如空不动地。佛劝令从寂灭起，广修种种诸智业。

上文言久住，得生灭灭已而寂灭之。虽然寂灭，必加修而久远，寂灭如虚空等全然不动之地。佛嘱人曰：必要从此初得寂灭，勤加修习。智慧进进不已，空而又空，虚而又虚，故曰：虚空界尽，我此修行，终无有尽。

《华严经》又曰：恒住涅槃如虚空。

性如虚空不著虚空相，故曰虚空。若著虚空相，即有个虚空在，而为虚空所碍，则不为虚空矣。而虚空者，乃自然而然，非有然而然者，故曰如虚空者是也。

又曰：心常正定，灭除觉观。而以一切智觉观，从此不动，入无色定。

此即复言还虚空之性也。能到虚空境界，真心常定，一切智观灭除，浑然无极。或一定三载，或一定九年。一点金光真火收藏于内，日久月深，则凡躯亦化而为炁，神既妙而形亦妙矣。如世尊既灭度，母来悲啼，涌至虚空，又与母说法。如达摩在少林灭度，又只履西归，在路亲与宰相言语辞别，寄信与少林，宰相回寺，开棺视之，并无形骸，一空棺而已。如寂无在太邑，凡身变化百千，隐则无踪，或与人金银，或与人美女，或显虎龙，或一时回转万里，禅师隐于庐山还虚。此常定之心，岂可少哉？故世尊云八万劫一定是也。

《圆觉经》曰：如来圆觉。

圆觉者，真性还虚，虚之极至矣。无凡无圣，无昼无夜，一性太虚。即邵子所谓道通天地有形外，思入风云变态中。天地劫坏，这个不坏，故《弥陀经》所谓成佛以来，至今十劫者也。

《华严经》曰：法性如虚空，诸佛于中住。

且性既如虚空，则无所事也，而又曰于中住者，实有一还道理，人多不悟。殊不知此乃炼虚之妙法，真性复归中宫之秘诀。且中宫者，如来谓之毗卢性海。将此真性，住于性海，如龙养珠，一切不染，依灭尽定而寂灭之。纵有光现，敛而藏之，定而又定，久而性光化为舍利光，从性海中冲出，化万万道毫光，贯于太空，与古佛如来相会。所以大觉禅师云：一颗舍利光华华，照尽亿万无穷劫，大千世界总归依。又荷泽禅师云本来面目是真如，舍利光中认得渠。万劫迷头今始悟，方知自性是文殊是也。

此以上皆言舍利之过关养道胎，出定还虚之妙法。而慧命之道，尽在斯欤！余不敢谓此集为自论之妙道，是皆荟萃先圣之真传，即后来万劫励志者，悟佛道、修慧命之根本。使见之者，即自了悟，契合佛祖之真旨，而成己又成人，则佛道之果证矣。

正道修炼直论　第十

华阳曰：修者，以破而补囫。

盖人之生也，原禀性命完全之体，及其年壮炁满而自漏。当未破时，若遇明师指点，不用补法，就此顿超，直入如来之地矣。已破之者，必当补完全体。且补之者，必借动机，将发往外之炁收回，补不足之炁。补到炁足，生机不动，便成马阴之相，谓之不死阿罗汉矣。

炼者，以火而化物。

且物非他物，即我之元炁也。元炁虽藏炁穴，动时向外，变为漏尽之资。今既归源，则用火转化而为炁矣。

火非风则不灼，

上文既言火以化物，恐人不知用风，则物难化，故此必要呼吸吹嘘，火才得灼，而物才得化而为炁。

物无所则无居。

居即炁穴也。物之生时，原从炁穴而出，今仍归炁穴，而用火风亦在此矣。

是故至人参乎大道，修乎性命，风火物所，并而同用。

以意入于炁穴，以呼吸逆吹之，岂不是同用者哉？

上下万古成乎其道者，莫不以此而为要也。

盖千百世以上，千百世以下，此人此心欲成乎其道者，无非性命，而性命合一者，无非风火。所谓天下无二道，圣人无二心也。

奈何知之者稀焉，昧之者众焉。

且世之学佛者，曰念经拜佛，曰受戒。方丈最高者，曰参禅打坐，说到性命二字，举世罕知矣。

执性乏命，不识动静，往往到头虚老。

盖今之学佛者，谓佛修性而不修命。殊不知如来大藏之教，性命双修，有无原是并用。以执死禅，不识动机。初习者，如佛无二，久则无所效验，自生退悔，一场空死，有何益哉？

命动而外耗，耗尽呜呼，性何居哉？道何存哉？

今之为佛门者，不得如来之真传，执性不知命宝，慧命发动，不得知其法收住，虽不变为漏尽，亦自耗散。耗尽焉有不死？既死又将何物为道哉？

是以至人察乎动静之消息，合乎并修。

且世之凡夫，才欲修炼，便已离别父母妻子，孤自深山穷谷，或高庵大寺，谓静可以修道，诚可笑也！苟未得真传，如此枯静，不识动机，如痴猫守空窟，有何益也？教紫磨光如来云：不识动静，学道无益。至人静其心，以候肾之动机，移入动处，合并而炼，心肾相合，即是性命合一。所以古云一合相者，即此矣。

命者，根于肾，肾动则水也。

命者，即元炁也。炁动即变为水矣。

性者，根于心，心动则火也。

性者，乃真意也。意动即变为火矣。

以火入于水中，

以心中之意入于肾中之炁。

则慧命而不外耗。

炁得意协住，则不外驰矣。

以风吹火化，而成真种。

盖风者，呼吸之息也。火者，意也。上文言炁得意协住，故不外驰。其中尚有漏尽之霞影未化，故此必要呼吸之息，逆吹炉中之火，化此霞影，漏尽变而为炁。不然此物作怪，搅乱心君，思想欲情，即孟子所谓炁亦能动志也。《楞严经》亦谓之阴魔。务要绵绵久久锻炼，将此阴魔，化为阳光，则身心自然安乐，情欲自然不能搅动。即世尊所谓入三昧火中而降火龙者，即此矣。此道释门之秘也。有志之士，得者如法锻炼，用之得力，欲不用除而自除，心不用静而自静，所谓以道制心而心自道。是道也，能用之久者，天机忽然发动，无中生有，即名真种矣。

其法简易，

难修难成者，尽是外道。如果有缘得此道者，至简至易，所谓八十遇正道，即成道矣。

悟之者，修真种而成舍利。

悟者，非无诀无传。如今之禅门，空空教人悟想，则谬矣。此即实有真功真传，教人转手采取真种，锻而成舍利矣。

静时而候，

机之未动，仍以静而待之。

动时而取，

机之既动，以意取之。

同炉而炼，

意炁合会一处。

故曰火化。

世尊谓之火化。

行乎如来之道路，

路者，即任督之脉络也，亦谓之法轮路矣。

宿乎世尊之树下，

盖树下者，即丹田净土也。昔日世尊修炼在于菩提树下入定，即此处矣。

斯谓之行住矣。

道一禅师云未有行而不住，未有住而不行，即此也。

且火之行住，实随物之变化。

且物之行，则意亦当行。物之住，则意亦当住矣。

阴魔现时，即当以武火锻炼，免其奔驰漏尽之危险。

盖阴魔者，即身中之阴气也。阴气之变现，或梦寐所见阴人，或是身体发障，或是坐静偶见阴人，或梦寐所见虎怪，俱是阴气所变化，走漏舍利之坏病。必当风火猛烹极炼，烧得里头鬼哭神嚎，将阴魔炼尽，而后则无危险之患矣。

净静太平，常自柔和而温养，以为护持宝珠之坚固。

身体无所怪见，以意照顾温养。

且如转法轮之际，文武兼而并用，其中精微之奥妙，又在师传而自悟也。

盖行法轮之功，升降为武，沐浴为文，而升降之中，亦有文，亦有武，总在师之传受。而精微之处，又在自悟矣。

舍利成之时，止武带文之薰聚，

且舍利成时，即用文火团聚。若不知止，再用武火，所成之舍利，又被武火逼散。此处当知危除，至要至要者也。

斯谓之温养，实喻为保守也。

舍利成时，止其呼吸之武火，用神光返照之文火。且真意又当时刻照顾，保之防危。

当其时也，

时者，舍利将生之时也。

明珠现而百怪灭，

明珠者，舍利也。舍利已成，则显然而露象。百怪者，身中阴气夙病也。明珠一现，阴气夙病顿除，故曰灭矣。

柔运漕溪之大路，

漕溪者，背骨之髓路也。采舍利时，必由此路柔缓而行。若驰别路，是舍利即不能得矣。

道胎立而千智生。

且舍利归中宫，发白再黑，齿落重生，智慧广大，过去未来，无所而不知。切忌慧而不可用也。

温养允证如来定慧。

且到此地位，俱是文火薰蒸，再无所失。所谓一证永证，常自定觉于中央，慧照于性海者矣。

夫慧而不用，勤修禅那，

盖禅者，静也；那者，性也。到此只修自己之定性，以调自己之息火，一切知觉，先后祸福，知而不可用也。

愈加灵智之光辉。

且慧而不用，道胎之性，愈加灵通矣。

寂照常自觉悟，休随昏沉散乱之悔空。

此言寂而常照也。觉者知也。言禅定之中，必要有正觉知见，而后复见性体。《华严经》所谓恒以净念，住无上觉。若随其昏沉，则胎无息，堕于无知，属于枯寂顽空之外道。若随其散乱，则胎无主，火冷炁竭，无所成也。

持守定力，在乎空性一念之诚也。

盖胎中定力，在乎一念之诚。十月之胎，必要念念在胎，念住息定而后胎圆。《华严经》所谓安住寂静，诸禅定智，入不死道者是也。

法性定时，雪花乱飞，

静室之中，偶见雪花飞放，此乃胎圆之时也。

斯谓之出定矣。

见出定之景至，即当出矣。不出则滞于胎，无神通智慧之变化，虽成胎圆，又是一愚夫耳。

盖大道静极之中，而又生乎动机。所谓璇玑复建于子，真物再动于静极。

盖物者，至阳之物也。此物静极复自动矣，所谓阳无剥尽之理。若夫至人，造乎日月，推情合性，转而相与。

所谓重造乎妙道，再立乎戒定慧。

且此一段功夫，古人隐而不露，或是怕泄漏天机，或是未得者有之。凡修炼之士，既得此物来收聚于内，将所出定之法身，亦归于内，合而为一，长入乎大定矣。

定定不已，至于无极而至极者也。

正道工夫直论　第十一

华阳曰：下功之时，处于静室，

静室者，不近闲人之所，恐来搅我之静也。

身如槁木，

坐则忘形。

心似寒灰，

静则忘心。

以灵光为用，

回光返照。

并性命而同宫，

以性入于命宫。

是谓道之首也。

此言修性，而命即在其中，故曰首也。

且静极而动者，

且人能到真静之时，内有一机顿发，即非心也，亦非意也，乃丹田之炁动也。五祖曰情来，六祖曰淫心即道心。学佛之士，若不知此动机，乃无下手之处，虽修无益也。

大道之根苗，

佛祖知此机来，用法收回丹田，炼成舍利牟尼。超凡入圣由此而起，故曰修大道之根苗也。

造物之主宰。

且凡夫不知修炼，因此机动无法制之，则心亦动焉，即孟子所谓炁亦能动志者也。如此男女交合，则生人道矣。而万物亦因此机动，雌雄自合，亦生万物。世人因自好色，谓修道者亦是好色，实不知其法也。佛祖专候此机之才动，不等心之转念，以火炼之，以风吹之，外肾自缩，心如凉水，何好色之有乎？且焦螟虱子岂有色心乎？此乃道之化育天地之真机，自然而然，非有心也。凡圣之变化，总在此顺逆之间耳。

炁旋窍开，

且炁者，古人曰物、曰水、曰窥阁事，其名甚众。窍即丹田炁穴也。开即命门。医书谓两肾中间为命门，误也。此门即在脐下，女人谓之子宫门，正此也。男女泄精正在此处也。

慧命之情，喜向乎其外，

盖慧命乃世尊巧喻之别名，中华所谓元炁者也。人自受胎，禀造物主宰之炁，而在其内，佛性亦在焉，所谓天命之谓性也。通八脉与母呼吸相连，口鼻绝元气也。及其囫地之时，口鼻一通，八脉不通，元炁内藏。及其年壮，元炁拱关而出。《楞严经》谓之漏尽通矣，窍即开矣。自后其机一发，无路可行，顺此熟路而出。余有俗堂弟，字道宽，法名原明。久住金山，以得金山之法，后住怀邑勇水庵为方丈。曰：禅教原不问此事，似过涵灌，只悟自性，不必究他。余曰：既有走漏，则与凡夫淫媾似也。《楞严经》云：淫身、淫心、淫根不断，如蒸砂石，欲其成饭，经百千劫，只名熟砂，必入魔道，轮转三途，终不能出。禅教何得不问也？世尊慧命之道，佛佛相应，祖祖相传。若能自用，则三种淫事，一炼自断，其中有深旨。

摄乎其内，

摄乎，以呼吸摄之。呼吸非意则无主矣。内者，丹田也。

绵绵若存，念兹在兹，和合熔化而为真种之胎源，实为正道之真传矣。

上文所言摄归之法，此则表时刻温养之功。且命既归源，又当时时呼吸嘘之，刻刻以意守之。似炉中之火种，意炁双熔，变为真种。实为性命双修，久则无中生有。除此之外，尽属旁门，终无所成也。

古之曰火化，

火者，真意也。

曰和合，

性命合一。

曰对斗，

对者，返观也。斗者，丹田也。

曰跏趺，

跏趺者，以真意坐于吾身北方水面入灭，为初关下手之法也。昔商那和修尊者，见阿难坐于中流水面，跏趺入灭，三至参求，后阿难付以正法眼藏，而为三祖者是也。

是阐明此道之用也。

千万般之巧喻，无非性命二物而已矣。

功到时至，

且非一朝一夕，日集月累而后，方可望也。又在乎老少勤怠之分耳。时者，非天时之时，即吾身物产之时也。

无物之中而物产焉。

物产心有所知，若兀坐顽空，则当面错过矣。

斯时不令其顺而逆之，

物产原是下流顺出，故用意息采之。

达摩谓之采取。

顺出谓之漏尽通，逆回谓之采取也。

物既归乎其源，

源即丹田也。

则有法轮之妙运。

后升前降，谓之法轮。

起阖辟之消息，

阖辟者，内外呼吸也。外面之呼吸降，则里面之呼吸升之；外面之呼吸升，则里面之呼吸降之。

徘徊上下，

徘徊者，活动之意。上即顶也，下即腹也。六祖云吾有一物，上柱天，下柱地者，即此矣。

立乎天心，

天心名曰中黄，居于天之正中，一名天罡，一名斗柄。在天为天心，在人为真意。中宫若失真意，犹如臣失君主矣。凡转法轮之时，必以真意坐于中宫，而为车轴之心，使爪之运转矣。

依乎任督，

凡转法轮之时，意命必须依乎任督而行。或意行而命不行，或命行而意不行，则不成舍利矣。

归根复命，

还于本地也。

故谓之四候六候者也。

采封升降沐浴也。

数足物灵，则有采取过关之诀在焉。

夫既明前所用功之法，久久行持，窍内满足，一静则天机发动，周身融和快乐，阳物全然不举，故曰数足物灵也。且物既灵，即当采运，过后三关，归于中宫。其诀最有秘密之妙，不敢言者，而放言之矣。

夫或采而不生者，

不当采而采者，其物嫩之矣。

或生而不取者，

生而不知，则当面错过矣。

是不得诀之真故也。

此皆未得师传之过矣。

且欲得诀之真者，又当虚心求师，久久护持，

盖世之学佛，不得其全诀者，皆因已有所知所能，轻师谩法，故不得其全诀矣。若能虚心恳切，执弟子之礼，行弟子之事，久久真心护师成道，岂有不得全道者乎？

培德舍力，

盖德者，道之体，性之用。欲觅师道，而不修德，焉得遇之？德和道者，如鸟之羽翰焉，缺一无所用也。力者，财也。古云：法财两施，彼此同成正觉。苟日称修道，分文不舍，沽名钓誉，假佛遮身，就有佛道高人，泛而不视矣。

然后大道有所得也。

世之学佛者，谓坐而有所得，岂不谬也？如刘志略乃坐怀而得，因结交有力，与六祖同藉其力也。

盖出炉之消息，

炉即丹田也。

又赖意之静观，物则生焉。

盖意观者，如来云：若不知心目所在，则不能降伏尘劳。物之出炉与不出炉，总在乎意之力也。且物又是元炁之喻名耳。

如来谓之炉中火发。

此即紫磨光如来之言也。火者，暖也。发者，动也。此是牟尼产之景也。

斯时牟尼露象，

上文言暖者，乃内景也。象者，外景也。

不惧不惊，

或者乍见此景，未得真传，认为外物，而不禁惊讶，则心动神驰，舍利亦散。欲望成道不亦远乎？

动而并行，

命行则意行，命住则意住，故为并行者矣。

切防蹊路危险之患。

蹊路者，前注于集说矣。

渡过洹河之渡口，

洹河者，背骨之髓路也。上下有不通之处，必要真意度过此处，故曰渡口矣。

由漕溪而上鹫岭，

漕溪者，即上文髓路也。鹫岭，在头之后也。

达须弥而下重楼，

须弥，头之顶也。重楼，气喉也。气喉有十二节，故曰重楼也。

往南华花世界，

且往者，慧命之来也。昔日法华会上，龙女献珠，往南方女转男身，成证佛位，即此喻也。盖南者，心窍也。心之喜动而不喜静，喜新而不喜旧，时刻迁移，进出无时，莫知其乡。自无始而至今，四生六道，无有休息，所谓人死不知心。今幸得慧命来相制伏，变种性为真性，炼识神为元神，犹如铅之制水银一般，则水银死，而无驰弄之性矣。若不得此慧命来入心窍，而亦不能自定，纵有所修，无非后天之识性，非先天之性也。先天之性，囫地之时，落于命中，故曰天命之谓性。学佛者，自当惺悟先后之性，若不自惺，终无所成也。

坐登佛光宝殿。

宝殿者，心下一窍也。乃养道胎长定之处也。

忽然溶溶如谷云，霏霏似春雨，盘旋敛聚于中宫，斯谓之结道胎。

盖舍利登中宫之时，周身如云之腾，似雨之施，百脉冲和，畅于四肢。急将心目左旋右转四九而定，右旋左转四六而定，性命盘聚于中宫，结成道胎矣。

安乐太平之禅定，

到此无损无失，一得永证。何得不安乐？自然禅定寂静矣。

勿助勿忘而养，常寂常照而温。

且初结道胎时，后天之息，本似于有，而不著于有，故曰勿助勿忘。道胎既结，则意在乎其中，寂然不动，又不可随其昏昧，心须常觉常悟，故曰常寂常照。

静定之中，忽觉一轮浩月，悬于当空，

且此月，从丹田升于目前。

留而待之，

以真意留之。

一轮红日，升于月中，

日月合并。

收而藏之。

用法收于中藏。

定静之中，习乎寂灭，

一念不生。

有无之场，还乎浑然，

真性虚无。

故曰：无为者矣。

空虚之至极矣。

且大道无穷焉，静极而生乎动，一物上合于道胎，

盖万物极则还原，而大道亦然矣。静极生乎动机，有一点纯阳之物，从涌泉自升于中宫，与道胎相亲相恋和合，合而为一者矣。

而法轮之又重转矣。

且此物既归道胎，则自往下，由尾闾上顶，降于中宫，是谓助胎源之至宝矣。

静而又静，灭而又灭，

鼻无出气，手无六脉，则大定矣。

胎圆施尽，天花乱坠，

有天花坠，则知胎足。无天花坠，则胎不足矣。

则佛子之定念，当移而超出三界，

见此景至，即当移念出定。三界者，下丹田中宫，顶门谓之三界也。

是谓如来之出现矣。

《华严经》云世尊从白毫相中，放大光明，名如来出现者矣。

且出定之初，防被外魔之侵挠。

盖初出定时，恐有诸佛菩萨来言语，切不可答谈。只提正念，遂出遂入，不可远游矣。

一轮金光，本是我所有之灵物，取而归之，为化形之妙药。

且出定之初，万物不可著。只候自身中一轮金光现于空中，将法身近于光前，以法聚光，取于法身内，遂即法身入于凡身。久久乳汁，则凡身立可化为炁矣。恐不得此金光者，则凡身不能化为炁，故有留身之说者，谓此也。又在德行之故耳。此即万古不泄之天机，今则泄矣。

收而养之，子又生乎其孙。

且初出定时，原是一身，定久则百千亿化身矣。

愿备行满之时，隐于深谷绝迹，还虚合乎妙道，

功满隐入深山古洞，无人往来之所，兀然端坐，炼形化乎炁，神亦还乎虚，形亦虚矣。

是谓如来末后之事也。余愿同志者，休误入于口头禅三昧之外道，认为正道，则非正道也。

正道禅机直论　第十二

华阳曰：佛道性命喻龙虎，龙虎喻动静，动静喻禅机，何喻之杂也？

且人从禀受，无非性命而已，另外又有何物哉？人若成乎道者，先将保守性命。性命之藏处，别名曰龙虎。龙虎之行住，又曰动静。动则为机，静则为禅。千名万喻不出性命。除此性命两物，都是诓哄愚夫，阻之进门耳。

古佛曰：不识性命，则大道无所成。

千门万户，费尽心机，实不知性命。或修性，或修命，亦无所成。

佛佛祖祖，莫不由此性命而为之修炼也。

且自古成道者，未有不修性命而得证果矣。

夫既曰性命，而又曰禅机者，何也？

心静者，为禅也。肾动者，为机也。

且人从禀受，性命原是一团，

盖人受胎之时，父母二炁合成一炁，一点灵光之性，即在其中。古人所谓三家和合有其身，真不谬也。

及其生也，分而为二者矣。

且人之生时，囫地一声，性分于心，命分于肾。二物所隔八寸四分，至老莫能相会矣。

当其节至体旺之时，

人到十五六岁，丹田之炁自动。

而慧命之元宝，

元者，即所受先天之炁也。

即有变化，拱关向外之机者在焉。

盖先天炁之隐于丹田，后天足时，则先天炁自动。动而不修，拱开阳关，则变为后天有形之漏尽精矣。

不令其顺出，趁此之机，

机者，在内有景。在外者，外肾动也。

回光返照，凝意入于北海，则元宝亦随意之还于北海矣。

寂无老师云：凝神收入于此窍之中，则炁随神往，自然归于此窍矣。又世尊云：心目所在。

故谓之和合凝集。

以心合肾，谓之凝也。

因其有变化之顺逆者，

顺者，元精亦为漏尽。逆者，元炁亦为物也。

故曰机也。

机者，动也。

若不曰机，则人不知慧命所动之至宝，

夫命者，元炁也。炁动虽不泄漏，则亦外耗，耗尽呜呼。修炼者，不令其外耗，收藏于内，则成其道也。生人亦是此炁，故曰至宝矣。

以兀坐顽空，

如今之禅门，不知慧命，摄心死坐谓道，谬矣。

迷却性命配合之真机，

不知性命凝合，空自磨砖作镜，有何益矣？

且落于枯寂，将以何者为真种哉？

不知和合凝集之法，则无真种产之景矣。

及其机之息也，默照浑然，故曰禅矣。

且机息者，命不动，阳不起，故曰机息。机既息矣，回光静照，无事无为，故曰禅也。

时至，忽然而动，又曰机矣。

盖时者，非天时之时，乃真种产之时也。能知前所用之法，自有真种产之时也。

急当采取，

收回于本宫，不收则错过矣。

圆通谓之盗著。

盗者，取也。

起阖辟之消息，

阖辟者，内外之呼吸也。消息者，元关之机耳。

运法轮之元机，

此即真种通任督之道路，呼吸催逼，故曰法轮元机也。

真种灵宝，当归根深藏，

藏于下丹田之所矣。

古人谓之返本复命也。

运行又归于命之原窟矣。

然取得此种来，

由法轮之机如意。

斯谓之舍利。

舍利是命得性炼成，谓之舍利矣。

去其有为之功，

去其风吹运行之法。

用其无为之法，

以回光返照。

静默而寂照之，又曰禅矣。

此乃采舍利之功，有七日之照也。

斯谓之心目所在。

在者，心目在于舍利之处。

且舍利之珠成，

团成一个。

形如朱砂，光似雪，

里面红，放光则白矣。

融似汤煎，味如蜜。

丹田融暖，口中如蜜。

活活泼泼流通而出焉，又曰机矣。

出者，出炉也。

不惊不疑，

以意定静。

待而动取。

伺候动而同行。

实谓之妙法，善取之方也。

除此之法，再无别法可取，所谓柔能制刚。

迅此动机，

动者，珠动也。

徐徐穿过三三之铁关，

盖徐徐者，不前不后。前则谓之导引旁门，后则谓之存想外道，故必相依而同行。三三者，脊骨之窍，左右有孔，从中而直上矣。

斯谓之超凡入圣。

炼舍利在脐下，既成舍利，必要超脱离出幻境。不超终有所患也。

牟尼之宝珠，既归中央，

心下肾上。

柔守而定照之，又曰禅矣。

常以温养。

禅定之中，融融无为之乐也。

一团太和之天理，似醉如薰，佛曰禅定之中三昧也。

且无为之中忽有为焉，又曰机矣。

太空中一点甘露。

夫既曰无为，而又曰机，何也？若不曰机，则人不知有此妙物，孤守于胎囊。

不知大道天人有相助之机也。

顺此机之妙物，收附于胎中，

以意逆至于中宫。

寂照而长定之，又曰禅矣，

依然温养。

斯谓之生灭灭已。

二炁永定矣。

夫寂定之中，一物超然而出，又曰机矣。

从丹田而来，有华而无形，悬于太空。

稍稍而待之，又曰禅矣。

二三息之间。

随而又出焉，又曰机矣。

亦从丹田而来，有华而无形，与前物相合。

收而藏之，

用秘密天机法，收于胎中。

寂照柔而默守，又曰禅矣。

无事于无为，常寂而常觉。

寂照柔默之中，二物从涌泉而出，又曰机矣。

有二道纯阳之物，从涌泉直升于顶，降于中宫矣。

取而静定，又曰禅矣，

鼻无出气，六脉俱宁。

斯谓之寂灭也。

从无出入之迹。

且寂灭之定久，纷纷白雪满空，又曰机矣。斯实出定之辨机，

乃是真景。

不令其迟阻，

速以出之。

若夫滞于胎中，缺少神通之变化，

又是一愚夫矣。

即当而出之，从顶而出。斯谓之超出三界。宁而待之，

离凡身一二尺候之。

又曰禅矣。一片金光来，悬于当空，又曰机矣。收而入之，定而又定，又曰禅矣。久久长定，形神俱化，而禅机之说，从此毕矣。

上下万古禅机，从此今则尽漏泄矣。

余愿学佛者，休误入于邪师外道，口头之禅机，认为真机，则非禅机矣。

杂类说　第十三

华阳曰：成乎其大道者，莫不因夙缘而得。

大道者，乃性命之双修，龙虎降伏之法。若孤修枯性，则非大道矣。夙缘者，累劫所修之因，今世幸遇双修。如朱涂乃童真生于高房内室，富贵之家，不能访道。偶尔幸遇，串通消息，已得余之所指，成其道果，是其前因也。晋时有祖师，留记曰：一千四百有余之年，涂子童真扫径迎。岂不是前所修定者，即当过关出定，恐有退堕之念。会然曰：他家只有他一人，岂有不生子以接传后代？答云：太上、如来、鸠罗摩亦有子。问曰：道既已成，再生子，岂不走漏？答曰：上等仙佛以神交，或以炁交。凡夫则不能矣，欲生其子，必以形交，故有走泄，伤其元本。昔日如来往山之时，夫人曰：你去，我日后何靠？如来回头指之曰：日后你生一子。后果生子。又鸠罗摩乃西天十九祖，中华国王请至此土说法之后，对王曰：臣僧欲生其子。王果与他宫女。众僧此时皆不悦。罗摩知其情，谓化王以针供众僧。众不敢食，罗摩独食一钵，此时说法曰：食得针，取得亲；食不得针，取不得亲。次日其针从诸毛孔而出，后果生子。此乃性命双修神通之变化。既成道矣，何忧子乎？

或见或闻而入，及其成功一也。

上文言累世修为有根基，此言今生初修，或见人所修而自修之，或闻人所修而自修之，一到功成行满之时，与前人所修一也。所谓悟即众生成佛，迷则佛是众生者也。

又必在灵心决断之力也。

凡学道者，必要一点灵悟，不可听他人之言，总在自己之见识。

不被旁门所惑，不好小法所能，

志者，见旁门小法，自然不惑不喜矣。

善自虚心恭迎，

高人志士，善自求人。

不执门户，

三教俱有隐师，遇者即当求道，休执迹矣。

搜寻古之遗言，求师悟道，以此印证真伪。授受之际，必须审察，逐节可合不可合之功法。

且未得诀者，先当广看三教经文，搜寻真要。遇师之时，且看与此性命双修合与不合，若前后颠倒，则非正道，纵修无所益矣。

如果诀真，然后行之，可成也。

诀真者，何以见得？盖真道者，下手必是双修，行一步自有一步之效验矣。

不被旧习所弄。

旧习者，昔日所作所为，今日不起不现，为炼心有力矣。

不被魔障所侵，

且学道之人，有一段工夫，则有一段魔障，或内魔，或外魔。一点真念，藏于命中，寂然不动，为炼心之纯熟矣。

疑心顿脱，真心长存。

夫既得真师口诀，往前勇猛而进，念念存真，为道之主持矣。

未来、过去、现在浑然，

未来不思，过去不存，现在不喜，三心俱忘，浑然天理。

见物内醒而不迷，

即六祖所谓见物心速起。

闻声内定而不入，

《心经解》云：任他世事纷纷乱，堂上家尊镇日安。

坦坦果日当空，

十二时，一点灵光常不昧。

寂寂返照朗然，

定静之中，回光返照北海。

八风无所摇动，

眼耳鼻舌意不动，故曰八风矣。

则大道有所望矣。

如此炼心，然后下手行功，有所效验，则道必有可成。心若不熟，功无效验，道亦无成也。

夫至道不孤行，

且此道必要侣伴之护持。

力微忝弱，无所成焉。

盖力者，财也。有法无财，功难成就。六祖藉神会禅师之给付，二十八祖因香至国王之财，二施等无差别，同成其道。且以有积金盈匮，聚钱如山，而不信有成佛之道，甘自为鬼，何足为贵哉？

须仗有德，同归知觉。

且德者，最难得矣，必要有佛祖之心怀，方为道中之德。如六祖将抵韶州，路逢刘志略，遂结为友，此乃同知觉这道之德也。

访侣护之真伪，须当久探彼之怀因。

盖人之善恶，事久不察而自现矣。

或好胜心，或图有为福德，

且胜心者，谓我好则喜之，谓我丑则不悦之，此人不可学道矣。且有为者，看经拜佛、修桥补路、修庙受戒，俱是图有为福德，于道无干。六祖所谓有福孽还在，岂可图之哉？

或执己能，

世之无志者总谓己能。

或谓佛祖天生，

凡夫不得真传，便谓得道者，天之所生，殊不知大道人人有分矣。

这等切莫露机。

遇此上四等之人，一言不可发。

或重财而轻义，

重财之人即无仁德，不足以载道也。

或有始而无终，

先甜而后苦。

或言善而心恶，

沽名钓誉。

或殷勤而诱哄，

小人谦柔而进。

或祖宗无德，

祖上无德，子孙修炼，天必不付其道。

观此深秘藏真。

遇此上五等之人如痴似愚。

若得其丈夫之真者，彼自究竟根源，

常自悟性命。

累搜佛祖之秘密。

且秘密者，即性命也。自搜性命，足可受道矣。

生怀忠孝仁义，

生来天性，前劫即有修之根矣。

慈善济物，

广施仁德之心。

五戒全真，尊师重法，誓立愿深，斯谓之道侣护法矣。

遇此等之人，方为学道侣伴矣。

而后露如来之秘密，泄祖师之元机。

到此方传大道。

所谓施者受者，同成正觉。

施者，师也。受者，弟子也。弟子能护师成道，而后可传道矣。

又云：财法两施，同登彼岸。

彼施我财，以济其事；我施彼法，以成其道。故如来云财法二施，等无差别者矣。

夫下大功之际，

且大功者，即过关十月之功也。

择于静地名山，

静地者，不近人之往来，亦不近坟丘。坟丘阴气侵害。山要古人成道之所，则无外魔，即有正神护佑矣。

房屋不宜高大，

高大招是非。

墙壁坚厚，

以避恶虫。

明暗得宜，

明则伤魄，暗则伤魂。

饮食最当净洁，

专食素饭素菜，戒诸香五辛。香则散炁，五辛生淫精。

备购诸般法器。

且入室之时，床下安雄黄一斤，以辟邪气。悬古镜一面，魔来时，镜中即现原形。桃剑一把，以辟外魔。坐下必要和厚，不生烦心矣。

入室之时，师徒誓立同心。

修此大功，必要同心合意，方敢入室。稍有不真，下功之人，岂不损坏耶？

功成道备，当以游戏人间，接引群迷。

功成出头，阐扬妙法，接引后学。如六祖道成，遇风幡而出，接引后人，说法度脱。且今之林下，未成道者，先以说法，则谬妄矣。

广施慈德之法雨，普济登岸之妙药，物我同途，是古佛圣贤之愿也。

决疑　第十四

了然　六问

问之一曰：拜佛不见成道，何也？

答曰：佛在太空，何须拜也？《金刚经》云：若以色见我，是人行邪道，即不能见如来。又问曰：拜无用也？答曰：拜诚意耳，与道无干。

问之二曰：念经如何不见成道，何也？

答曰：经是佛所造，若是念著佛听，何须听他？若是念著自己听，亦不必如此而念。《金刚经》云：若以音声求我，是人行邪道，即不能见如来。佛乃西方人之名字，孔子乃中华人之姓氏，佛何罪于尔？要尔念也。譬如考试求官，欲取第一名，唱圣人姓氏可通否？六祖云：东方人造孽，念佛求生西方。西方人造孽，念佛往生何方？故念与道有何益耶？

问之三曰：受戒不见成道，何也？

答曰：戒者，犯也。戒乃昔日如来当成道之后，以相随者众，故文殊请如来设此戒，以制伏下等人之法，免其多事之故耳。六祖云：心好何须戒？大道在性命之内，此戒在皮毛之外，两不相干，故无成也。

问之四曰：打七一门，释教今时称为最上。不见成道，习者反人人吐血，是何也？

答曰：自如来开化，西天二十八祖、东土六代并无此门，乃僧高峰门人诬设，坑害后人。高峰乃文字之学，非如来之道。况所习者，是闭息之旁门。吐血者，因跪香忍气，伤其脏腑，坐打香板，伤其脊络，就是卢医扁鹊，莫能救之。此门日后，自有至人灭之，以救无尽性命矣。

问之五曰：有打七之人，自称顿悟佛性，现在吐血，反教他人习之，果是悟得佛性否？

华阳嗄嗄大笑曰：凡得道者，百脉流通，一团太和之阳气，全无阴气之阻塞。吐血者，乃阴阳不和，火气盛，阴气阻塞之过耳。命且不保，焉能悟得佛性？不待计较而自明也。

问之六曰：六祖闻经，既以顿悟应无所住而生其心，又何必求五祖？

答曰：六祖所悟者，乃是性道。他自知有慧命之道，故数千里叩求师恩，以传慧命。盖慧命必要师传，空悟者不能得矣。

介邑秀才李思白名堉道号琼玉　六问

问之一曰：弟子昔日最不信释道。闻朱子之言，谓释道乃虚寂之说，故此去之不取。前蒙翟友所送老师之书，初不欲观，后强以视之，乃知有真实工夫在。信心无疑，行持半月，幸得真种产之景到，觉身内八脉齐开，夙有病疾，一夕而愈。今成舍利，真乃有幸矣！弟子闻，今时出家人，开口便言他自悟得性，不用修炼，言修炼有成即有坏，此言是否？

答曰：此图衣食之计耳。又怕别人言他无道行，以夺却主顾，故用钩连之法，何曾有实也？若不用修炼，世尊何必在雪山六年？达摩何必在少林九载？六祖又何必隐修十五年？俱是有凭据。彼言顿悟者，哄弄世人之方耳，一朝气断呜呼矣。

问之二曰：成道是一法修炼，还是二法修炼？

答曰：千万佛总是一法。未得慧命者，则有门户之说；得著慧命，总归一也。世尊所谓余二即非真者是也。

问之三曰：今之禅门传法，可是真法否？又曰：出家人做到方丈，则不用求人，自就是大和尚，登佛位，代佛说法，不知是何法？

答曰：自西天至东土，达摩至六祖，以口传心授。故五祖云：师师密附本音。今时失却真传，乃将纸上传某僧某僧之名为传法者，如优人自称汉高祖楚霸王，说者如放牛小儿唱山歌，哄弄愚夫愚妇。智者观之，真可笑矣！

问之四曰：看话头参禅，可是真道否？

答曰：若释教之旁门，故曰：看话头参禅，以争己胜。若释教之正道，先须双修，行实在之工夫，不问话头。

问之五曰：打坐人凡有走漏，是何故也？

答曰：人至十五六岁，炁满自然而走泄。不得真传，则不知用火功；既不会火功，焉有自住之理乎？若要不走泄者，时刻在走泄之处，用火锻炼，使精化而成炁，炁往上升，不致走泄矣。

问之六曰：今禅门人称修道走漏不碍，此言是否？

答曰：此是第一外道。《楞严经》云：淫身、淫心、淫根不断，必落魔道。经百千万劫，永不能出。况走漏一回，与凡夫淫媾一回，其理一也。天上未有走漏身体之佛祖。其舍利子又从何来？此乃释教下等之徒，不必论他。

僧真元　十三问

问之一曰：正道从何而起手？

答曰：心目所在。又云凝集和合，当知必有所在之妙处。古云反观凝合，要知去处，即在命之所也。

问之二曰：何时下手？

答曰：有物则下手。祖师云：可贵天然物，独一无侣伴。又非心非意，物之藏于海中，动时即有知觉，就在此时下手。

问之三曰：古人谓降龙伏虎，何为龙虎？

答曰：龙即心中之灵念也。虎即炁海中之暖信也。若要龙虎降伏，先以龙宿虎窟，后以虎归龙穴，乃自然之降伏矣。

问之四曰：何为猛虎出林？

答曰：即阳物动也。

又问曰：何以伏之？

答曰：即以龙驭之，以风吹之。

问之五曰：何为真种？

答曰：即龙虎合炼成一物，然后有机动者，故名曰真种矣。

问之穴曰：何为舍利子？

答曰：即真种所产，以得法轮之炼法，数足，外肾不举，故名之舍利子矣。

问之七曰：何为牟尼珠？

答曰：即舍利子所产，以得运过后三关之法，归于中宫，故名曰牟尼珠矣。古人云前三三，后三三，即此也。

问之八曰：何为道胎？

答曰：即牟尼珠归于中宫，与意两相合一。意在珠中，犹如磁石吸铁一般，故名曰道胎矣。

问之九曰：何为六通？

答曰：先有漏尽通成，然后有五通。若独修性，不知慧命，只有五通，漏尽不得成矣。少此一通，不能成佛，只为灵鬼转劫而已。

问之十曰：何为出定？

答曰：即道胎中之珠，炼成一个数足，从顶门而出。

问之十一曰：何为化身？

答曰：即出定之身所化也。

又问：何等化法？

答曰：犹如手之十指动也，要一指动，或要十指动，总在念头也。

问之十二曰：旁门与正道，成时有何效验？

答曰：旁门言成者，由他口内胡谈，无凭无据。正道成舍利时，则外肾绝无举动，成道胎时，手无六脉，发白重黑，齿落重生，出定之时，身外有身。求师当自察之。

问之十三曰：不得正道，日后若何？

答曰：种瓜得瓜，种豆得豆。

太邑海会寺方丈龙江　一问

问曰：自己以此静修，不起杂念，可得不漏而成漏尽通否？

答曰：静修只断淫身、淫心而已，淫根则不能断。既不能断，则漏尽不能成。欲要漏尽成者，须用火风之功。如来曰火化，曰风吹，实有真传矣。

洪都药师院方丈石藏和尚　一问

问曰：忽然顿悟，无凡无圣，一念圆融似太空，静久下身融融和和而动，以至于外肾，何故也？

答曰：此是禅机之妙处，修慧命之下手时。能用法收回本处，故谓之双修矣。

张紫阳八脉经

冲脉在脑后，任脉在脐前，督脉在脐后，带脉在腹，阴跻在囊下，阳跻在尾间，

上三节

阴蹻在顶前

一寸三分，

阳蹻在顶后

一寸三分。

人有八脉，俱属阴神，闭而不开，惟神仙以阳气冲开，故能得道。采阳气惟在阴跻为先，阴跻一脉散在丹经，其名颇多，曰牝门、死户，曰归根窍、复命关，曰酆都、野死、生根，有神主之，名曰桃康。上通泥丸，下透涌泉，真气聚散，皆从此关窍。尻脉周流，一身贯通，和炁上朝，阳长阴消，水中火发，雪里花开，天根月窟闲来往，三十六宫都是春。得之者，身体康强，容颜返壮，在坤地尾闾之前，膀胱之后，小肠之下，灵龟之下，此乃天地逐日生炁之根，产铅之地也。医家不知有此。

潜虚翁又论调息法云，凡调息以引息者，只要凝神入气穴，神在气穴中默住，阴跻不交而自交，不接而自接，所谓隔体神交理最详。古仙已言之确矣。

张三丰真人云，调息不难，心神一静，随息自然，我只守其自然，加以神光下照，即调息也。调息者，调度阴跻之息，与吾心中之气相会于神凝气穴之中也。

潜虚翁三论调息法云，今夫水与水合，火与火合，风与风合，云与云合，常理也。调息者以气合气，何待强为？只要凝神入气穴，神光下照阴跻脉，不期而会者，一气之感通，自然而然也。

九层炼心

初层炼心者，是炼未纯之心也。未纯之心，多妄想，多游思，妄想生于贪欲，游思起于不觉。学人打坐之际，非不欲屏云尘情，无如妄想方除，游思忽起，法在止观，乃可渐渐消镕。止则止于脐堂之后，命门之前，其中稍下，有个虚无圈子，吾心止于是而内观之。心照空中，与炁相守，维系乎规矩之间，来往乎方圆之内，息息归根，合自然之造化，巍巍不动，立清净之玄机，从此一线心光，与一缕真气相接，浑浑灏灏，安安闲闲。此炼心养炁之初功也。

二层炼心者，是炼入定之心也。前此一线心光与一缕真炁相接，若能直造杳冥，自当透出玄窍。奈何定心不固，每为识神所迁，心与炁离，仍不能见本来面目。法在心息相依之时，即把知觉泯去，心在炁中而不知炁，包心外而不晓氤氤氲氲，打成一片，此炼心合炁之功也。

三层炼心者，是炼未复之心也。前此氤氤氲氲打成一片，重阴之下一阳来复，是名天地之心，即是玄关一窍。此刻精气神都在先天鸿濛，初判并不分真精真气真神，即此是真精真气真神。若能一心不动，便可当下采取运行，无奈见所未见，闻所未闻，美景现前，忙无错手，心一动而落在后天，遂分为精气神矣。法在玄关初现之时，即刻踏住火云，走到尾闾，坚其心，柔其息，敲铁鼓，而过三关，休息于崑仑焉。此炼心追炁之功也。

四层炼心者，是炼退藏之心也。前此踏火云过三关，心与炁相随，固已入于泥丸矣。然在泥丸宫内，或有识神引动，则炁寒而凝，必不能化为真水洒灌三宫，前功尽去矣。法在崑仑顶上息心主静，与炁交融，炁乃化为美液，从上腭落下，捲舌承露，吞而送之，注心于绛宫，注心于黄庭，注心于元海，一路响声直送到底，又待玄关之现焉。此炼心得炁之功也。

五层炼心者，是炼筑基之心也。前此入泥丸而归炁穴，已有河车路径，从此一心做去，日夜不休，基成何待百日乎？然或有懈心，有欲心，作辍相仍，丹基难固。夫筑基所以聚精合神也，功夫不勤，精神仍然散乱，何以延年？奉道法在行凭子午，逐日抽添，取坎填离，积精实腹。此炼心累气之功也。

六层炼心者，是炼了性之心也。前此河车转动，聚精会神，则灵根充实矣。从此心液下降，肾气上升，是为坎离交。杳冥中有信，浩浩如潮，一半水气，濛濛如雾，一半云气，是名金水初动，方修玉液还丹，倘用心不专，则尽性之事难了。法在金水初生之日，由丹田分下涌泉，霎时而合到尾闾，调停真息，鼓之舞之，乃能滔滔逆上，至于天谷，涓涓咽下，落于黄庭。如此则朝朝灌溉，心地清凉，血化为膏，意凝为土，土中生汞，汞性圆明，遇物不迁，灵剑在手，孟子所谓尽其心者，知其性也。仙家名为阴丹内丹。此炼心明性之功也。

七层炼心者，是炼已明之性也。前此金水河车，仙师名为内炼，到此还有外炼功夫，以外合内，真心乃聚而不散。盖内体虽明，好飞者汞性，内修虽具，易坏者阴丹。设或保养不纯，则心性复灭矣。法在以虚明之心，妙有之理，和砂拌土，种在彼家，彼家虚而由我实之，彼家无而自我有之，以有投无，以实入虚，死心不动，霎时间先天一炁，自虚无中来。一候为一阳，有如震；二候为二阳，有如兑，时值候，正宜和丹，那边吐出一弦真炁，其喻为虎向水中生。这边落下玄光，其喻为龙从火里出。两支龙虎会合，性情交感，一场大战，名为天地晦冥，身心两静矣。俄而三阳发动，有如乾卦，如潮如火，如雾如烟，如云如霜，如雪如花。身中阳铅晃耀，我即持剑掌印，踏星步斗，鼓动元和，猛烹极炼，透三关而上泥丸，一身毛窍皆开，比前玉河车更不同也。吞而服之，以先天制后天，性命合而为一，即大还丹也。性属火，其数七。命属金，其数九。返本还原，故名七返九还金液大丹。从此铅来制汞，其心常明，汞不动摇矣。此炼心成神之功也。

八层炼心者，是炼己伏之心，而使之通神也。前此七返九还，以铅制汞，心已定矣。但要温之养之，要使身中之炁尽化为神，身中之神能游于外，于是服一年十二月气候，除卯酉二月为沐浴，余十月为进退，故名十月温养。非言要十个月功夫也，否则心虽定而不灵。炼之煅之，灵心日见。灵则动，动则变，变则化，故有出神之事，而不为物情所迷。此炼心成神之功也。

九层炼心者，是炼己灵之心，而使之归空也。前此温养，胎之神已出，而不感随心所欲，无往不宜，高踏云霞，遍游行，至灵足乐矣。但灵心不虚，则不能包含万有，此所以有炼虚之著也。炼虚者，心胸浩荡，象有皆无，清空一静，悟得天地间是我非我，是空不空，世界有坏，惟空不坏，乾坤有碍，惟空无碍，此所以神满虚空，法周沙界也。此为炼之始末，绝无加矣。

李涵虚真人后天串述

予著《道德》、《黄庭》、《大洞》、《无根》诸注，皆言先天之用，而非初学法门也。夫行远自迩，登高自卑，若不明后天次序，譬诸世上功名未举茂才教廉，空想进士翰林也。因作后天串述一篇，为入德之门也。

一收心，二寻气，三凝神，四展窍，五开关，六筑基，七得药，八结丹，九炼己。

太上有言，贵以贱为本，高以下为基。后天滋补，贱下之道也。贱也者，师所谓说着丑也。下也者，经所谓下而取也。培养丹基，纯以精气为宝。其行功法也，先要收心入内，以中为极，以和为则，以神为体，以意为用。寻气以阴跻为先，中是活活泼泼，不见不闻之处，和是专气致柔，抱神以静之功。定中生慧，坐照如初。媾元神而生元炁，展窍开关不难也。元精者，阴跻一脉逐日生人之元炁也。学人采取元精，必寻炁之活动处，而以静合之，此谓之神气交。神气交，则男女媾精，真种化生。真种者，后天鼎之真气。后天鼎者，即元神元炁交合之所也。一名灵父灵母。此气从鼎中炼出，即宜凝其神，柔其意，以柔制刚，自然入我内鼎，和之调之，煅之炼之，潜伏于丹田之中，呼吸乎虚无之内，是名命蒂，又号胎息。忽然而内鼎之间，冲出一物，跳跳跃跃，嘘嘘喷喷，直由冲脉上至心府，即展窍时也。俟其冲突有力时，乃变神为意，引出尾闾，一撞三关，飞上泥丸，即开关也。关窍既开，乃行养己之功，而谈筑基之道。筑基者，采彼炁血，补我精神。精神虽壮，又恐动摇，于是以壬铅制之。壬铅者，二炁媾而生者也。原夫坎宫之气，地气也，离宫之气，天气也。天地交合之时，混混沌沌，絪絪缊缊，结为虚无窟子。虚无窟子旋产一气，即以此炁为壬铅，此得药时也。铅之体有炁无质，以故清而上浮。至崑仑时，要以目光上视，神炁相息于顶中。凝住一时，阳极阴生，始以舌倒抵上腭，鼻息要匀，抵腭久之，乃有美津降下，寒泉滴滴。虽不甚多，然一点下重楼，以意送回黄庭，却又奇怪发声，如湍湃一般，始知大士甘露，原不可多得也。降入黄庭，结为内丹。以后则在欲绝欲，在尘出尘，对境忘情，炼铅伏汞，赶退三尸五贼，销磨六欲七情，骨气俱是金精，肌肤皆成玉质。盖又是炼己功纯方有此效，未可越等而至也。